HEYNE BÜCHER
SACHBUCH

Steven Schwartz

Wie Pawlow auf den Hund kam...

Klassische Experimente der Psychologie

Aus dem Englischen von Michaela Huber

WILHELM HEYNE VERLAG
MÜNCHEN

HEYNE SACHBUCH
Nr. 19/5003

Für Gregory

Titel der Originalausgabe
PAVLOV'S HEIRS. CLASSIC PSYCHOLOGY EXPERIMENTS THAT CHANGED THE WAY WE VIEW OURSELVES.
Die Originalausgabe erschien im Verlag
Angus & Robertson Publishers, North Ryde, Australia.

Der zweite Teil des Buches erscheint unter dem Titel
Wie Lorenz auf die Graugans kam …
Klassische Experimente der Psychologie
im Heyne Sachbuchprogramm

Lektorat: Andreas Huber

Taschenbuchausgabe im Wilhelm Heyne Verlag GmbH & Co. KG, München

Printed in Germany 1993
Umschlaggestaltung: Atelier Adolf Bachmann, Reischach
Herstellung: H + G Lidl, München
Satz: Fotosatz Völkl, Puchheim
Druck und Verarbeitung: Druckhaus Beltz, Hemsbach

ISBN 3-453-06516-6

Inhalt

ZUM AUTOR:

Steven Schwartz lehrt Psychologie an der Universität in Queensland/Australien. Seine Forschungsinteressen liegen auf dem Gebiet der Psychopathologie und der Neurowissenschaft.

Einführung: Psychologie und Wissenschaft

Wissenschaft ist nichts anderes als ausgeprägter, gut organisierter gesunder Menschenverstand. Von diesem unterscheidet sie sich lediglich wie ein Veteran von einem jungen Rekruten; und ihre Methoden unterscheiden sich von denen des gesunden Menschenverstandes lediglich wie die Fechtkünste eines Gardeoffiziers von denen eines keulenschwingenden Wilden.

T. H. Huxley, *Collected Essays*

Stellen Sie sich einmal folgende Szene vor: Ein professioneller Rutengänger – ein Mann, der seinen Lebensunterhalt damit verdient, unterirdische Wasseradern zu entdecken –, schreitet ein Stück Land ab, wobei er ein Y-förmiges Stück Holz vor sich her trägt, das er »Rute« nennt. Er hält jede der beiden Astgabeln in der Hand, während das lange Ende nach unten deutet und bei jedem seiner Schritte leicht über den Boden schwingt. Plötzlich hält er inne, das Holz beginnt auf geheimnisvolle Weise auszuschlagen, und zwar so heftig, daß der Rutengänger Mühe hat, daß ihm das Holz nicht aus der Hand geschleudert wird.

»Hier ist es!« ruft er, »graben Sie hier, und Sie werden ganz bestimmt auf Wasser stoßen!«

Der Landbesitzer, der die ganze Zeit mit der Schaufel neben ihm hergegangen ist, macht sich an die Arbeit. Noch am selben Tag wird genau an der vom Rutengänger bezeichneten Stelle Wasser gefunden. Der Landbesitzer, der dem Rutengänger vorher noch einigermaßen skeptisch begegnet war, ist jetzt restlos überzeugt: Rutengänger können Wasseradern entdecken, weil sie bestimmten »Schwingungen« gegenüber empfänglich sind, die den speziellen Stock ausschlagen lassen. Zumindest dieser eine Rutengänger hier kann das: Der Landbesitzer hat es schließlich mit eigenen Augen gesehen.

Unser heutiges Alltagswissen besteht zum großen Teil aus derartigen Schlußfolgerungen, die auf unserer persönlichen Erfahrung beruhen. Wir hören eine Theorie (Rutengänger können Wasseradern entdecken) und dann sehen wir mit eigenen Augen, wie die Theorie bestätigt wird. Also glauben wir in Zukunft an sie; wir halten die Theorie für wahr. Leider ist ein auf diese Weise gewonnenes Wissen sehr oft wenig verläßlich – und fast immer ist es unwissenschaftlich.

Im vorliegenden Fall besteht das Problem darin, daß die Beobachtungen des Landbesitzers nicht systematisch gewonnen wurden. Zwar war der Rutengänger dieses eine Mal erfolgreich bei der Wassersuche, doch es wäre sicherlich sinnvoll zu erfahren, ob er regelmäßig so erfolgreich arbeitet – es könnte ja sein, daß ihm der Zufall zu Hilfe gekommen ist. Ein wichtiges Merkmal wissenschaftlicher Methoden ist die *Wiederholbarkeit,* die sogenannte *Reliabilität.* Einzelbeobachtungen müssen wiederholbar sein, wenn sie wissenschaftliche Geltung bekommen wollen. Doch Wiederholbarkeit alleine genügt nicht. Wissenschaftliche Beobachtungen müssen auch *kontrolliert* stattfinden. Das heißt, alternative Erklärungsmöglichkeiten für ein bestimmtes Phänomen müssen nach bestem Wissen und Gewissen ausgeschlossen werden können. So kann eine mögliche alternative Erklärung für den Erfolg des Rutengängers darin bestehen, daß er geologische und topografische Hinweise auf Wasseradern kennt und zu deuten weiß. Mit anderen Worten: Vielleicht weiß er nicht deshalb, daß es an einer bestimmten Stelle Wasser gibt, weil er empfänglich ist für die Strahlen, die sein Holz zum Schwingen bringen, sondern weil er die geologischen Formationen wiedererkennt, die untrüglich auf eine unterirdische Wasserader schließen lassen. Da der Landbesitzer diese Möglichkeit nicht vorher ausgeschlossen hat, waren seine Beobachtungen – wissenschaftlich betrachtet – nicht sonderlich wertvoll. Seine Beobachtungen wären zum Beispiel wesentlich wissenschaftlicher gewesen, wenn er den Rutengänger mit verbundenen Augen auf Wassersuche geschickt hätte. Doch selbst dann hätte der Mann sich das Stück Land vorher ansehen und sich einen bestimmten Ort im Gedächtnis einprägen können. Wollte der Landbesitzer die Fähigkeiten des Rutengängers wirklich wissenschaftlich erforschen, dann müßte er eine sorgfältiger kontrollierte Situation schaffen – er müßte ein Experiment durchführen.

Obwohl wir alle wissen, daß Wissenschaftler experimentieren, ist vielen Menschen keineswegs klar, wie sich Experimente von anderen Beobachtungen unterscheiden. In diesem Einführungskapitel wird beschrieben, was Experimente kennzeichnet und wodurch sie zu größerem wissenschaftlichen Wissen beitragen können. Das Kapitel beginnt mit einer Beschreibung der experimentellen Methode und einer Definition ihrer wichtigsten Begriffe.

Warum Psychologen experimentieren

Ein zwar künstlicher, aber auf jeden Fall sorgfältig kontrollierter experimenteller Versuchsplan, der die Fähigkeiten eines Rutengängers untersuchen hilft, könnte zum Beispiel folgendermaßen aussehen: Der Landbesitzer (jetzt der Versuchsleiter) verteilt zehn zugedeckte Eimer in einem ansonsten leeren Raum. Nur einer davon enthält Wasser, die anderen neun sind leer. Der Rutengänger wird mit seinem Werkzeug – der Rute – in den Raum geholt und gebeten, den Eimer herauszufinden, der Wasser enthält. Da es keine geologischen Hinweise gibt, die ihm helfen könnten (diese Hinweise wurden also *kontrolliert*), kann ein eventueller Erfolg des Rutengängers nicht seinen geologischen Kenntnissen zugeschrieben werden.

Angenommen, die Eimer sind wie beschrieben arrangiert, und der Rutengänger wird in den Raum gebeten. Was glauben Sie, wird als nächstes passieren? Er wandert die Reihe der zugedeckten Eimer auf und ab, bis er das Gefühl hat, daß seine Rute ausschlägt. Er bleibt stehen, deutet auf den am nächsten stehenden Eimer und identifiziert ihn als den, der Wasser enthält. Der Landbesitzer schaut nach, und siehe da, der Rutengänger hat recht behalten. Doch der mittlerweile skeptischer gewordene Landbesitzer ist immer noch nicht zufrieden. Zwar ist es richtig, daß geologische Hinweise den Erfolg des Rutengängers nun nicht mehr erklären können, dennoch gibt es eine weitere Möglichkeit: Vielleicht hat er einfach richtig geraten. Um sicherzugehen, daß der Rutengänger nicht einfach Glück gehabt hat, fordert ihn der Landbesitzer auf, seine experimentelle Aufgabe 100mal durchzuführen.

Vor jedem Versuchsdurchgang wird der Rutengänger gebeten, den Raum kurzfristig zu verlassen, und der Landbesitzer vertauscht die Eimer nach dem Zufallsprinzip. Dabei hat er folgenden Hintergedanken: Es sind zehn Eimer; die Wahrscheinlichkeit, daß der Rutengänger allein durch Zufall den richtigen Eimer herausfindet, beträgt also 10 zu 1 oder 0.10. In 100 Versuchen sollte der Rutengänger also allein nach dem Zufallsprinzip bereits in zehn Fällen richtig raten (100 x 0.10 = 10). Wenn der Rutengänger öfter als in 10 von 100 Fällen den Wassereimer herausfindet, kann die Möglichkeit des zufälligen Ratens als Erklärung ausgeschlossen werden.

Dieses Beispiel ist nicht erfunden. Das Experiment wurde tatsächlich mehrmals durchgeführt, um die Fähigkeiten von Rutengängern zu testen. Die Ergebnisse waren jedesmal gleich: Unter kontrollierten Versuchsbedingungen im Labor sind Rutengänger nicht in der Lage, überzufällig häufig herauszufinden, welcher Eimer Wasser enthält. Ähnliche Tests wurden auch bei anderen Phänomenen sogenannter übersinnlicher Wahrnehmung durchgeführt, und es ist weitgehend immer wieder dasselbe dabei herausgekommen.

Kontrollierte Testbedingungen sind die grundlegenden Merkmale wissenschaftlicher Experimente und machen experimentelles Vorgehen erst sinnvoll. Statt einfach den Erfolg des Rutengängers im freien Gelände zu beobachten und aufzuschreiben, greift der Versuchsleiter auf streng kontrollierte Laborbedingungen zurück, um andere Erklärungsmöglichkeiten für die Fähigkeiten eines Rutengängers auszuschließen. Es ist wenig erstaunlich, daß die ursprüngliche Schlußfolgerung des Landbesitzers (Rutengänger – zumindest dieser eine – besitzen tatsächlich besondere Fähigkeiten, Wasseradern aufzuspüren) sich durch den Laborversuch in ihr Gegenteil wandelte. Darin liegt einer der Hauptgründe, warum überhaupt Experimente durchgeführt werden: Man will andere Erklärungsmöglichkeiten für ein beobachtetes Phänomen ausschließen. Doch es gibt noch weitere gute Gründe für Experimente.

Der nächste Abschnitt beschreibt, wieso uns Experimente ein Wissen vermitteln, das wir mit anderen Mitteln nicht erwerben können.

Was uns Experimente verraten

Wissenschaftler führen Experimente durch. Doch nicht jede wissenschaftlich gesicherte Erkenntnis wird auf dem experimentellen Wege gewonnen. Manche Wissenschaftler experimentieren überhaupt nicht. Astronomen zum Beispiel begnügen sich damit, den Sternenhimmel zu betrachten, und zeichnen ihre Beobachtungen sorgfältig auf. Geologen, Paläontologen, Völkerkundler und die zwischen Mensch und Tier vergleichende Verhaltensforschung arbeiten im strengen Sinn ebenfalls nicht experimentell, sondern verlassen sich auf die systematische Beobachtung natürlicher Phänomene.

Diese »naturalistische« Beobachtungsmethode kann eine wertvolle Quelle wissenschaftlicher Informationen sein. Charles Darwin beispielsweise stützte sich ausschließlich auf sie, als er seine Evolutionstheorie formulierte. Er bereiste viele Länder und notierte die Vielfalt der Arten, die von der Natur ebenso wie von Tierzüchtern und Botanikern hervorgebracht wurde; dabei versuchte er, eine Theorie zu entwickeln, die alle von ihm beobachteten Phänomene erklären könnte. Oberflächlich betrachtet scheint es kaum Unterschiede zu geben zwischen den unter naturalistischen Bedingungen gewonnenen Beobachtungen und denen des Landbesitzers, der zusieht, wie sein Rutengänger auf Wassersuche geht. Doch in Wirklichkeit gibt es da einen ganz entscheidenden Unterschied: Wissenschaftliche Beobachtungen erfordern eine Theorie, also ein eindeutig definiertes, widerspruchsfrei aufeinander beziehbares und Zusammenhänge herstellendes »Netzwerk« aussagestarker Begriffe. Theorien haben für Wissenschaftler eine wesentliche erkenntnisleitende Funktion, indem sie es ermöglichen, Daten sinnvoll zu ordnen, zu interpretieren und gezielt solche Beobachtungen durchzuführen, die bestimmte Hypothesen bestätigen oder widerlegen. Wertvolles psychologisches Wissen über die kindlichen Entwicklungsstadien, über soziales Verhalten oder selbst über Denkvorgänge wurde dadurch gewonnen, daß man Verhalten unter natürlichen Bedingungen beobachtet hat.

Ein Experiment ist auch eine Möglichkeit, eine Theorie zu überprüfen. Doch statt passiv die Natur zu beobachten, greifen die Experimentatoren aktiv in natürliche Vorgänge ein. Um Francis Bacons berühmten Ausspruch noch einmal zu zitieren: Das Ziel eines Experiments besteht darin, »die Natur in Frage zu stellen«. Experimentalpsychologen erreichen das, indem sie ganz bestimmte Faktoren verändern, von denen sie annehmen, daß sie ganz bestimmte Auswirkungen auf das Verhalten haben – und dann beobachten, was geschieht. Die Faktoren, die sie verändern, nennen sie *unabhängige Variablen.* In psychologischen Experimenten können zum Beispiel sensorische Reize (Licht, Töne), neue Lehrmethoden oder sogar neue Psychotherapierichtungen zu unabhängigen Variablen werden. Als *abhängige Variable* wird demgegenüber all das bezeichnet, was durch die unabhängige Variable beeinflußt wird – normalerweise das Verhalten einer Person oder eines Tieres. Das Bemerken eines Lichtblitzes, das Hören eines Tones, schnelleres Lernen mit einer neuen Lehrmethode oder stärkeres psychisches Wohlbefinden nach einer Psychotherapie – sie alle können abhängige Variablen sein. In ihren Experimenten verändern die Psychologen die unabhängigen Variablen, um Veränderungen bei den abhängigen Variablen hervorzurufen. In gewisser Hinsicht ist also der Wert der abhängigen Variablen *abhängig* vom Wert der unabhängigen Variablen.

Da in Experimenten gewöhnlich eine oder mehrere unabhängige Variablen verändert und deren Auswirkungen auf eine oder mehrere abhängige Variablen beobachtet wird, kann der »Zehn-Eimer-Versuch« lediglich als einfaches Experiment gelten. Die unabhängige Variable dabei ist die Zahl der leeren Eimer, die abhängige Variable die Treffsicherheit des Rutengängers. Da jedoch keine experimentellen Manipulationen vorgenommen werden (die Zahl der Eimer verändert sich nie), ist die Zehn-Eimer-Situation lediglich ein Beispiel für eine Zwischenstufe wissenschaftlicher Untersuchung, die sogenannte *kontrollierte Beobachtung.* Einige der klassischen Experimente, die in diesem Buch beschrieben werden, fallen in diese Kategorie. Obwohl ich sie als Experimente bezeichnet habe, handelt es sich strenggenommen nur um Beispiele für kontrollierte wissenschaftliche Beobachtungen.

Das ideale Experiment demonstriert eine direkte Beziehung

zwischen einer einzelnen unabhängigen Variable und einer einzelnen abhängigen Variable: Ein unerwartetes lautes Geräusch (unabhängige Variable) zum Beispiel ruft fast immer ein ängstliches Hochschrecken (abhängige Variable) hervor. In der »realen Welt« sind die Zusammenhänge psychologischen Erlebens und Verhaltens allerdings nur sehr selten so klar und einfach strukturiert. Das bedeutet praktisch, daß jeder Experimentator davon ausgehen muß, daß die abhängige Variable nicht nur von einer unabhängigen Variablen beeinflußt wird, sondern eine mögliche Vielzahl weiterer Faktoren eine Rolle spielen können. Um zu verhindern, daß diese *Störfaktoren* die Ergebnisse des Experiments überdecken, müssen sie konstant gehalten werden. Störfaktoren konstant zu halten und gleichzeitig die unabhängige Variable zu verändern, erfordert einen sehr sorgfältig ausgearbeiteten experimentellen Versuchsplan und ein besonderes Verständnis dafür, was *kontrollieren* bedeutet.

Es dürfte einleuchtend sein, daß es geradezu Zeitverschwendung wäre, ein Experiment durchzuführen, bei dem auch noch andere Faktoren außer der unabhängigen Variable sich verändern. Der Versuchsleiter wüßte dann ja überhaupt nicht, ob Veränderungen der abhängigen Variable tatsächlich auf seine experimentelle Manipulation der unabhängigen Variable zurückgeführt werden können – oder aber durch unkontrollierte Störfaktoren hervorgerufen worden sind. Stellen Sie sich beispielsweise vor, wir wollten in einem Experiment die Wirksamkeit einer neuen Psychotherapie bei Höhenangst überprüfen. Wir könnten eine Gruppe von Patienten finden, etwa durch die Mithilfe von Psychiatern, könnten sie bitten, sich dieser neuen psychotherapeutischen Behandlung zu unterziehen und sehen, ob danach ihre Höhenangst besser geworden ist. Das Problem bei dieser Vorgehensweise besteht jedoch in folgendem: Wenn Patienten eine Besserung ihres Symptoms schildern, können wir nicht absolut sicher sein, daß dafür diese spezielle Therapiemethode verantwortlich ist. Es könnte ja schließlich auch sein, daß die Höhenangst bei einigen Patienten von selbst verschwindet (Spontanremission) oder daß irgendein anderer Bestandteil der therapeutischen Situation (die Tatsache zum Beispiel, daß da jemand ist, mit dem man reden kann) die Verbesserung hervorgerufen hat. So, wie die Dinge stehen, können wir unmöglich sagen, ob die Therapie oder ein anderer Faktor für die Symptomverbesserung verantwortlich war. Die einzige Möglichkeit sicherzugehen besteht darin, diese Störfaktoren zu *kontrollieren,* indem man ein richtiges Experiment durchführt. Das bedeutet, zumindest eine zweite Gruppe von Angstpatienten zu beobachten, die keine Therapie mitmachen (die sogenannte *Kontrollgruppe* im Gegensatz zur behandelten *Experimentalgruppe*). Wenn die Teilnehmer der Kontrollgruppe genauso viele Verbesserungen ihrer Symptome berichten können wie die Gruppe, die sich einer bestimmten Psychotherapie unterzogen hat, dann könnte die Spontanremission die Erklärung dafür sein.

Obwohl eine Kontrollgruppe schon deswegen sinnvoll ist, um Spontanremission als Erklärung für eine Symptomverbesserung ausschließen zu können, heißt das noch lange nicht, daß die Schlußfolgerung erlaubt ist, die Psychotherapie selbst habe die Wirkung hervorgerufen. Denn die beiden Gruppen wurden ja völlig verschieden behandelt. Die Mitglieder der Experimentalgruppe machten nicht nur die Therapie, sie trafen auch auf einen freundlichen Menschen, mit dem sie sich unterhalten konnten; und allein die Tatsache, mit jemandem über die eigenen Probleme sprechen zu können, hätte schon die Symptomverbesserung hervorrufen können. Also besteht eine angemessene Kontrollgruppe zur Bewertung der Effekte von Psychotherapie nicht aus solchen Patienten, die überhaupt keine Beachtung finden, sondern aus Patienten, die sich im gleichen Abstand wie diejenigen der Experimentalgruppe mit einem freundlichen Therapeuten treffen und die Gelegenheit bekommen, über ihre Probleme zu sprechen, ohne dabei jedoch eine spezielle Psychotherapie zu erhalten. Forscher nennen eine solche Gruppe eine *Placebo-Kontrollgruppe,* denn ihre Besuche bei den Therapeuten werden mit den aus der Medizin bekannten Placebos (unwirksamen Medikamenten) gleichgesetzt. Wenn diese Patienten genauso große Fortschritte machen wie die Mitglieder der psychotherapeutisch behandelten Gruppe, dann kann der Versuchsleiter daraus schließen, daß es nicht die Therapie selbst war, die die Wirkung hervorgerufen hat, sondern die Tatsache, einem interessierten Therapeuten gegenüberzusitzen und mit ihm über die eigenen Probleme sprechen zu können. Obwohl der Vergleich einer Therapiegruppe mit einer Placebo-Kontrollgruppe die einzige Möglichkeit darstellt, um festzustellen, ob die Therapie selbst für eine Verbesserung des Symptoms verantwortlich ist, können die Forscher auch dann noch nicht sicher sein, daß die Ergebnisse des Experiments verläßlich sind. Denn erst einmal müssen die Experimental- und die Kontrollgruppe vergleichbar sein, bevor das Experiment überhaupt beginnen kann. Wenn in der einen Gruppe ausschließlich schwer gestörte Patienten sitzen, in der anderen dagegen solche mit leichteren Ängsten, sind Fortschritte in der erstgenannten Gruppe mit geringerer Wahrscheinlichkeit zu erwarten. Idealerweise sollten die Experimental- und die Kontrollgruppe also so gemischt werden, daß sie sich im durchschnittlichen Schweregrad der Erkrankung nicht mehr unterscheiden. Die Gruppen sollten auch in bezug auf die soziale Herkunft und das Alter vergleichbar, darüber hinaus im Verhältnis von Männern und Frauen ausgewogen sein, denn auch diese Faktoren können das Ergebnis beeinflussen. Da es in der Praxis schwierig ist, die Experimental- und die Kontrollgruppe hinsichtlich aller möglichen Einflußfaktoren gleich zu besetzen, wird gewöhnlich ein methodisch und statistisch vertretbarer Kompromiß« eingegangen: Die Angstpatienten werden beiden Gruppen nach dem Zufallsprinzip zugewiesen. Allgemein gehen experimentell arbeitende Wissenschaftler davon aus, daß solche Zufallszuweisungen die jeweiligen Experimental- und Kontrollgruppen in ihrer Zusammensetzung vergleichbar machen.

Der Wert eines Experiments steht im direkten Verhältnis zur Qualität seiner Kontrollgruppen. Tatsächlich sind einige der in diesem Buch beschriebenen Experimente einfach deshalb Klassiker geworden, weil die Versuchsleiter dabei äußerst erfolgreich jeweilige Störfaktoren ausschalten konnten. Da es viele mögliche Störfaktoren gibt, die das Verhalten beeinflussen können, müssen Psychologen noch stärker als andere Wissenschaftler darauf achten, angemessene Kontrollgruppen zu bilden. Wenn es nicht gelingt, auch nur einen wichtigen Störfaktor auszuschalten, kann das dazu führen, daß sich die Ergebnisse des Experiments nicht wiederholen lassen – und vorhin wurde schon darauf hingewiesen, daß Befunde, die unter ähnlichen experimentellen Bedingungen nicht wiederholbar sind, per Definition als unwissenschaftlich bezeichnet werden müssen. Dies erklärt im übrigen auch die Tatsache, daß viele Wissenschaftler Phänomene der außersinnlichen Wahrnehmung als unwissenschaftlich bezeichnen: Es ist praktisch unmöglich, sie unter kontrollierten wissenschaftlichen Bedingungen zu wiederholen.

Die experimentelle Methode wird von Wissenschaftlern als der zweifellos beste Weg zu wissenschaftlichem Erkenntnisgewinn anerkannt. Da es jedoch notwendig ist, einzelne Variablen herauszufiltern und alle anderen kontrolliert zu halten, beschränken sich die Anwendungsmöglichkeiten des Experiments auf ganz bestimmte Probleme. Es gibt Fälle, in denen bereits der Versuch, eine spezifische Variable zu isolieren, das zu untersuchende Phänomen zum Verschwinden bringt. Das kann vor allem im Bereich der sozialpsychologischen Forschung geschehen; denn hier definiert der Kontext, in dem ein Verhalten auftaucht, was »Verhalten« in diesem Fall überhaupt bedeutet. Nehmen wir das Beispiel nonverbaler Gesten: Wer einen Arm über den Kopf hebt, kann alles mögliche damit zum Ausdruck bringen wollen: vielleicht ist es eine Begrüßungs- (oder Abschieds-)Geste, vielleicht aber auch eine Drohgebärde oder der Ausdruck überschwenglicher Freude – je nach Kontext. Ein Experiment, das die Auswirkungen einer Geste (unabhängige Variable) auf einen Beobachter dieser Geste (abhängige Variable) bei konstant gehaltenem Kontext untersuchen wollte, würde zwangsläufig zu banalen oder gar bedeutungslosen Resultaten kommen. Experimente eignen sich besonders dann, wenn man Probleme untersuchen will, die in ihrer Qualität nicht dadurch beeinträchtigt werden, daß man experimentell einen Bestandteil des Problems gesondert betrachtet.

Es liegt auf der Hand, daß sich das ideale und allen hier beschriebenen Erfordernissen gerecht werdende Experiment kaum realisieren läßt. Und tatsächlich genügen nur sehr wenige der klassischen Experimente, die in den folgenden Kapiteln beschrieben werden, allen hier beschriebenen Anforderungen. Dennoch bleiben sie »Klassiker«, und zwar deshalb, weil sie sich auf originelle Weise mit wichtigen psychologischen Fragen beschäftigen. Was ihnen an Exaktheit fehlt, machen sie durch ihre Originalität mehr als wett. In jedem dieser Fälle haben Wissenschaftler später ausgeklügeltere Versuchsvarianten entwickelt, um die Ergebnisse der »Klassiker« zu untermauern.

Psychologische Experimente werden also deshalb durchgeführt, um die Auswirkungen einer manipulierten unabhängigen Variable auf eine abhängige Variable beobachten zu können. Doch wie entscheiden die Psychologen, welche Variablen sie verändern und welche Phänomene sie zur Beobachtung auswählen sollen? Damit beschäftigt sich der nächste Abschnitt.

Woher stammen die Ideen für Experimente?

Die Themen experimenteller Fragestellungen leiten sich idealerweise aus den gegebenen wissenschaftlichen Theorien ab. Nehmen wir zum Beispiel die frühen Lerntheorien. Auf den Arbeiten des russischen Physiologen Iwan Pawlow aufbauend und aufgrund eigener Forschungen, entwickelte etwa Clark Hull von der amerikanischen Yale Universität eine ausgefeilte Lerntheorie. Diese Theorie bot Erklärungen an für verschiedene Verhaltensweisen, die man beobachten kann, wenn Tiere und Menschen lernen, konditionerte Reaktionen abzugeben. Ein Teil dieser Theorie beschäftigte sich mit der Rolle, die *Übung* beim Lernen spielt.

Nehmen wir hierzu ein einfaches Beispiel: Wir haben eine weiße Ratte in einen Versuchskäfig gesetzt, der zwei Hebel enthält. Unser Ziel besteht darin, der Ratte beizubringen, jedesmal, wenn ein rotes Licht aufleuchtet, den linken Hebel zu drücken (und nicht den rechten). Jedesmal, wenn das Tier beim Aufleuchten des Rotlichts den richtigen Hebel drückt, bekommt es Futter, und man sagt, es habe ein Konditionierungs-, also ein Lern-Versuch stattgefunden. Obwohl die Ratte am Anfang manchmal den falschen oder gar keinen Hebel drückt, werden es mit zunehmender Zahl der Versuchsdurchgänge immer weniger »falsche« und immer mehr »richtige« Reaktionen. Schließlich drückt das Tier jedesmal die richtige Taste. Nach Hulls Theorie bedeutet jeder erfolgreiche (belohnte) Versuchsdurchgang einen kleinen Lerngewinn. Diese einzelnen kleinen

Lerngewinne summieren sich, so daß die Ratte schließlich die geforderte Reaktion perfekt beherrscht und keine Fehler mehr macht. Doch der Versuchsleiter muß noch etwas in Rechnung stellen, worauf auch Hull in seiner Theorie eingeht: die Tatsache, daß Lernen ermüdet. Jeder einzelne Versuchsdurchgang bringt nicht nur eine bestimmte »Portion« an Lerngewinn, sondern auch ein gewisses Maß an Ermüdung (Hull nannte das *reaktive Hemmung*). Diese Ermüdung behindert das Lernen zeitweise, doch ihre Auswirkungen verschwinden nach einer Ruhepause.

Die entgegengesetzten Wirkungen von Lernen und reaktiver Hemmung veranlaßten Wissenschaftler zu folgender Hypothese: Die Ratten werden effektiver lernen, die gewünschte Reaktion auszuführen (sie werden weniger Versuchsdurchgänge brauchen), sobald die Konditionierungsversuche sich über recht lange Zeiträume erstrecken, als wenn die Versuche in einem bestimmten Zeitraum gebündelt durchgeführt werden. Diese Hypothese wurde direkt aus Hulls Theorie abgeleitet. Eine Massierung an Versuchsdurchgängen sollte zu schnellerer Ermüdung führen und das Lernen der Ratten behindern. Die Versuchsdurchgänge zeitlich auseinanderzuziehen, sollte dagegen dazu führen, daß sich die Ermüdung zwischen den einzelnen Durchgängen wieder auflöst und daher ein effektiveres Lernen stattfindet. Es wurden verschiedene Experimente durchgeführt, um diese Hypothese zu überprüfen. In diesen Experimenten war das zeitliche Intervall zwischen den einzelnen Versuchsdurchgängen (kurz oder lang) die unabhängige Variable, und die Zahl der erforderlichen Versuchsdurchgänge, bis die Ratte die richtige Reaktion beherrschte, war die abhängige Variable. Die Ergebnisse dieser Experimente bestätigten Hulls Hypothese größtenteils und dienten als empirischer Beleg für einen bestimmten Teil seiner Lerntheorie.

Hypothesen beschreiben die Beziehung zwischen unabhängigen und abhängigen Variablen und sind wesentlicher Bestandteil jedes psychologischen Experiments. So stellen Psychologen beispielsweise folgende Hypothesen auf: Kinder erzielen bessere Schulnoten, wenn ihre Lernumwelt reichhaltiger und anregender gestaltet wird; oder: bei Angstpatienten verringert sich durch Entspannungstraining die subjektiv empfundene Angst. (Angereicherte Lernumwelt und Entspannungstraining sind dabei die unabhängigen Variablen, Schulnoten und subjektiv empfundene Angst die abhängigen Variablen.) Experimente können besonders dann wichtige Beiträge zum wissenschaftlichen Erkenntnisgewinn leisten, wenn sie ganz klar umschriebene Hypothesen testen, die aus gut formulierten Theorien stammen. Doch das ist nicht immer unbedingt erforderlich. Tatsächlich wurden und werden viele Hypothesen aus Beobachtungen natürlich ablaufender Ereignisse abgeleitet. Die meisten Medikamente gegen Psychosen zum Beispiel, durch die viele Patienten so weit den Kontakt zur Wirklichkeit wiederherstellen konnten, daß sie schließlich außerhalb psychiatrischer Einrichtungen leben können, wurden zufällig entdeckt. Irgend jemand hatte beobachtet, daß bestimmte Medikamente, die zu ganz anderen Zwecken verabreicht wurden, sich positiv auf psychotische Patienten auswirkten – theoriegeleitete Überlegungen oder irgendwelche wissenschaftlichen Hypothesen spielten dabei absolut keine Rolle. Zwar ist es in zahlreichen Experimenten gelungen, die Wirkung bestimmter antipsychotischer Medikamente zu bestätigen, dennoch wissen wir nach wie vor kaum etwas darüber, *warum* die Medikamente diese Wirkung haben.

Experimentelle Hypothesen können aus sehr verschiedenen Quellen hervorgehen, von besonderem Nutzen sind sie allerdings, wenn sie aus psychologischen Theorien abgeleitet werden. Denn die Ergebnisse solcher Experimente können einerseits dazu verwendet werden, theoretische Vorhersagen zu bestätigen oder zu widerlegen, andererseits können sie zur Entwicklung neuer Theorien Anlaß geben. In den letzten hundert Jahren haben sich psychologische Theorien verschiedentlich verändert. Manche früher populäre Ansichten sind heute lediglich von geschichtlichem Interesse; andere Theorien haben sich in ihrer Bedeutung über die Jahrzehnte nicht wesentlich verändert und beeinflussen die Forschung noch heute. Im folgenden Abschnitt wird die Geschichte der Experimentalpsychologie seit ihrer Begründung vor einhundert Jahren kurz geschildert. Es ist dabei interessant zu verfolgen, wie die Fragen, die Psychologen stellen, und die Versuche, diese Fragen zu beantworten, jeweils von den zeitgenössisch anerkannten psychologischen Theorien beeinflußt werden.

Die Entwicklung der Experimentalpsychologie

In westlichen Ländern hat sich die Psychologie aus der Theologie, der Philosophie und Ethik entwickelt. Als manche Akademiker sich als wissenschaftliche Psychologen zu bezeichnen begannen, wollten sie damit ihre Sicht der Dinge gegenüber philosophischen und geistlichen Einschätzungen abgrenzen: Die neuen Psychologen begaben sich daran, das Verhalten von Menschen und Tieren mit wissenschaftlichen Methoden zu studieren. Und anstatt über psychologisch bedeutsame Fragen nur endlos zu debattieren – wie dies der sogenannten »Lehnstuhl«-Philosophie vorgeworfen wurde – war es erklärter Wille dieser wissenschaftlichen Psychologen, das Verhalten in der wirklichen Welt zu beobachten und zu messen. Probleme, die nicht durch Beobachtung und Experiment geklärt werden konnten (etwa: haben Menschen einen freien Willen, oder werden ihre Handlungen ausschließlich durch äußere Einflüsse gelenkt?), wurden einfach ignoriert oder den Philosophen überlassen.

Die beeindruckenden Erfolge der experimentellen Methode im Bereich der Naturwissenschaften führten vor etwa hundert Jahren auch die neuen Psychologen dazu, sich den von ihnen untersuchten Phänomenen ebenfalls experimentell zu nähern: Die Geburtsstunde der Experimentalpsychologie hatte geschlagen. Man ist sich gewöhnlich auch darüber einig, wo genau dieses Ereignis stattfand – in Leipzig nämlich, wo vom deutschen Philosophen und Psychologen Wilhelm Wundt in den 80er Jahren des vorigen Jahrhunderts das erste experimentalpsychologische Labor gegründet wurde. Die Experimentalpsychologie war von Anfang an sehr erfolgreich und entwickelte sich so vielversprechend, daß bereits gegen Ende des letzten Jahrhunderts an vielen großen Universitäten überall auf der Welt experimentalpsychologische Labors eingerichtet worden waren.

Die ersten Experimentalpsychologen beschäftigten sich vor allem mit Untersuchungen über den »Geist«, wir würden heute dazu »Bewußtsein« sagen. Typische Experimente bestanden da-

Abb. 1: Wilhelm Wundt (1832–1920) gründete vor über 100 Jahren das erste psychologische Labor in Leipzig

mals darin, physikalische Reize (Licht, Töne, etc.) darzubieten und ihre Auswirkungen auf eine Versuchsperson zu beobachten. Im wesentlichen ging es ihnen bei diesen Experimenten um die Entwicklung geeigneter Meßmethoden für subjektive Empfindungen. Mit anderen Worten, die Psychologen wollten die Beziehung zwischen Veränderungen eines physikalischen Reizes (helleres im Vergleich zu weniger hellem Licht zum Beispiel) und der subjektiven Erfahrung dieses Reizes nicht nur qualitativ feststellen, sondern auch quantitativ und objektiv messen. In diesem Zusammenhang bemühten sie sich um eine intensive Erforschung der einzelnen Sinnesorgane (Auge, Ohr, Nase, Zunge, Haut), wie sie aufgebaut sind und funktionieren. Mit Erfolg, denn ein Großteil unseres heutigen Wissens über die menschlichen Sinnesorgane wurde vor rund hundert Jahren von den ersten Experimentalpsychologen gewonnen. Ende des letzten Jahrhunderts hatten die Experimentalpsychologen ihr Themenspektrum bereits beträchtlich erweitert; nun führten sie

Experimente durch, die sich mit solchen Phänomenen beschäftigten wie der visuellen Bildwahrnehmung, dem Gedächtnis, dem Lesen und Problemlösen.

Ein anderer Zweig der Experimentalpsychologie entwickelte sich ungefähr zur selben Zeit unabhängig von der Humanforschung: die Tier-Verhaltensforschung. Beeinflußt von Darwin und den Physiologen des 19. Jahrhunderts, interessierten sich die Verhaltensforscher für die Beziehung zwischen physiologischen Reaktionen und Verhalten. Ihre Arbeit wird vor allem von Iwan Pawlow verkörpert, dessen Forschungen über das Verdauungssystem von Hunden zu den ersten Demonstrationen dessen führten, was man später den »konditionierten Reflex« nennen sollte. Pawlow begann mit seiner Arbeit, ohne sich auf das zu beziehen, was die Psychologen bis dahin über menschliches Verhalten herausgefunden hatten. Doch schon bald wurden die beiden Forschungsstränge von Psychologen zusammengeführt, die erkannt hatten, daß sich zahlreiche Ergebnisse der Tier-Verhaltensforschung auch auf menschliches Lernen übertragen ließen.

Zu Beginn des 20. Jahrhunderts brach ein Streit unter den Experimentalpsychologen darüber aus, welche Phänomene experimentell untersucht und wie die Experimente durchgeführt werden sollten. Eine der theoretischen Schulen, die sich im Laufe dieser Auseinandersetzung herausbildete, wurde als *Strukturalismus* bezeichnet. Ihre wichtigsten Konzepte gewannen die Strukturalisten aus Wundts ursprünglichen Forschungsprojekten; dann aber wurde ihre theoretische Arbeit von Wundts berühmtestem Studenten, Edward Titchener, weiterentwickelt. Titchener war Engländer und studierte bei Wundt, bevor er kurz vor der Jahrhundertwende nach Amerika auswanderte. Er richtete an der Cornell-Universität ein psychologisches Labor ein und wurde einer der bekanntesten Vertreter strukturalistischen Denkens. Für Titchener und die Strukturalisten bestand das Ziel der Psychologie darin, die Elemente zu beleuchten, aus denen sich das menschliche Bewußtsein zusammensetzt. In Analogie zur Chemie forderten sie, die Psychologen sollten die grundlegenden Komponenten herausfinden und definieren, die den Empfindungen, Vorstellungen, Gedanken und Gefühlen zugrunde liegen. Diese Komponenten stellte man sich wie chemische Elemente vor, aus denen das geistige Leben eines Menschen zusammengesetzt sei. Auch könne man dann, wiederum ähnlich wie bei chemischen Elementen, die mentalen Komponenten kombinieren, um höhere geistige Prozesse in Gang zu setzen.

Die beliebteste experimentelle Methode der Strukturalisten war die Introspektion. Die Versuchspersonen wurden zum Beispiel aufgefordert, Nahrungsmittel zu essen und ihre Geschmacksempfindungen dabei zu beschreiben. Wenn sie von süßen »Empfindungen« berichteten, erhielten sie andere Nahrungsmittel, die »saure« Empfindungen hervorriefen, und danach weitere, die salzig schmeckten. Der Versuch ging so lange weiter, bis keine weiteren Empfindungen berichtet wurden, so daß man, wie man dachte, alle Bestandteile der Geschmacksempfindung einzeln beschrieben hatte. Ähnlich wurde im Falle anderer Sinnesempfindungen vorgegangen. So sollte etwa eine Versuchsperson per Introspektion ihre geistigen Empfindungen beschreiben, die ihr beim Betrachten von Farben in den Sinn kamen; hier bestand das Ziel darin, grundlegende geistige Verarbeitungsprozesse herauszufinden.

Abb. 2: Edward Titchener (1867–1927), Begründer der strukturalistischen Schule

Die Strukturalisten begnügten sich allerdings nicht damit, einfach die grundlegenden Elemente bewußter Erfahrungen herauszufinden, sie wollten auch wissen, wie sich diese Elemente miteinander verbinden und komplexere Empfindungen hervorbringen. Um ein Beispiel zu erwähnen: Die Experimentatoren waren nicht zufrieden damit, daß die Versuchspersonen die Empfindung »Violett« als zusammengesetzt aus blauen und roten Empfindungen schilderten; sie wollten auch wissen, ob Violett mehr *rötlich* oder mehr *bläulich* empfunden wird. Unglücklicherweise begannen für die Strukturalisten genau hier die Probleme. Denn häufig berichtete die eine Versuchsperson eine von der Schilderung der anderen Versuchsperson völlig verschiedene Wahrnehmung. Manche Menschen betrachteten Violett eher als bläulich, andere eher als rötlich. Über die Violett-Wahrnehmung wurden in der psychologischen Fachliteratur daraufhin hitzige Debatten geführt, die schließlich erstarben, ohne zu einer Lösung geführt zu haben. Die Introspektion war einfach ein zu subjektiver experimenteller Ansatz, um zu verläßlichen Daten zu führen.

Während Titchener noch schwache Versuche unternahm, das Unternehmen Strukturalismus aufrechtzuerhalten, stellten in Deutschland inzwischen einige Psychologen die Vorstellung, das Bewußtsein ließe sich in einzelne Elemente zerlegen, grundsätzlich in Frage. Diese Psychologen, besonders Max Wertheimer, Kurt Koffka und Wolfgang Köhler, nannten ihre alternative Theorie *Gestaltpsychologie.* Für sie war das Bewußtsein nicht eine Frage von einzeln oder kombiniert agierenden Elementen, sondern das Gesamtergebnis aller sensorischen Reize, die auf einen Organismus zu einem gegebenen Zeitpunkt einwirken. Ihre Sichtweise verdeutlichten die Gestaltpsychologen oft an diesem Beispiel: Wenn ein Zuhörer eine vertraute Melodie hört, dann hört er nicht eine Zusammenstellung einzelner Noten, sondern ein zusammenhängendes Muster – die Melodie. Diese Melodie oder Gestalt ist nun nicht die Summe seiner einzelnen Bestandteile, sondern etwas ganz anderes. Diese Ansicht läßt sich auf einfache Weise demonstrieren. Spielt man die Melodie nämlich in einer anderen Tonart, sind zwar alle Elemente (die einzelnen Töne) anders als vorher, aber die gesamte Melodie dagegen ist dennoch mühelos wiederzuerkennen. Die Gestalttheoretiker faßten ihre grundlegenden Überzeugungen in dem einfachen Satz zusammen: Das Ganze ist mehr als die Summe seiner Teile. In ihrem experimentellen Vorgehen ging es den Gestaltpsychologen hauptsächlich darum, diese Behauptung empirisch zu bestätigen und diejenigen Prinzipien herauszufinden, aufgrund derer sich einzelne Elemente zu einem kohärenten und bedeutungsvollen Ganzen zusammenfügen. Die Arbeiten der Gestalttheoretiker hatten starke Auswirkungen auf die Psychologie der 20er, 30er und 40er Jahre dieses Jahrhunderts, insbesondere auf die Untersuchungen zur sensorischen Wahrnehmung. Ihre Position schien allerdings denjenigen Psychologen, die sich für Lern- und Denkvorgänge interessierten, nur wenig bieten zu können.

Diese letztgenannten Psychologen wandten sich einer Schule zu, die man *Funktionalismus* nannte und die sich unter der Führung von John Dewey und James Angell in Amerika entwickelte. Wie die Anhänger der Gestaltpsychologie widersprachen auch die Funktionalisten den Ansichten der Strukturalisten, doch aus ganz anderen Gründen. Die Funktionalisten waren der Überzeugung, die Psychologie sollte sich nicht so sehr damit beschäftigen, woraus der Geist sich zusammensetzt und wie er arbeitet. Sie konzentrierten sich vor allem auf die Anpassung, auf die Veränderung, die der »Geist« oder Verstand durchmacht, wenn er auf äußere Reize, auf Erfahrungen also, reagiert. Ihre Forschungsarbeiten beschäftigten sich mit Lernvorgängen und den Verhaltensänderungen, die bei einem Kind im Laufe des Lernprozesses auftreten. Obwohl sie ihren Schwerpunkt auf die Funktion des Verhaltens legten und damit das moderne Zeitalter der Experimentalpsychologie einläuteten (im großen und ganzen beschäftigen sich die heutigen Experimentalpsychologen immer noch mit dieser Funktion), wurden ihre Arbeiten bald von denen einer anderen psychologischen Schule in den Schatten gestellt: dem *Behaviorismus*.

Der Begründer des Behaviorismus, John Watson, war zu Beginn dieses Jahrhunderts Psychologe an der Johns Hopkins Universität in Baltimore. Watson verwarf alle bisherigen psychologischen Theorien als subjektiv, größtenteils spekulativ und bestand darauf, daß die Psychologie nicht Gedanken oder Empfindungen oder gar das Bewußtsein zum Untersuchungsgegenstand machen sollte, sondern das Verhalten – die beobachtbaren Aktivitäten von Menschen und Tieren. Für Watson war die Suche nach mentalen Elementen so etwas wie die Suche nach Geistern im Kopf, und er betonte unter dem starken Einfluß der Arbeiten Pawlows statt dessen die Bedeutung des konditionierten Reflexes. Für ihn waren selbst die kompliziertesten menschlichen Verhaltensweisen lediglich komplizierte Arrangements einfacher Konditionierungen. In dieser Hinsicht war er in gewisser Weise ein Strukturalist, doch anders als deren geistige Empfindungen konnten seine »grundlegenden Elemente« leicht beobachtet und gemessen werden und hatten eine gewisse physiologische Realität. Watson vermied es, Untersuchungen über geistige oder mentale Elemente anzustellen. Für ihn war sogar das Adjektiv »mentalistisch« das schlimmste, was er einem theoretischen Konzept attestieren konnte. Watson leugnete auch, daß angeborene Instinkte irgendeinen bedeutenden Einfluß auf menschliches Verhalten haben könnten: Alles Verhalten wurde seiner Überzeugung nach den Menschen und Tieren ankonditioniert. Seit den Tagen Watsons haben sich die Behavioristen damit beschäftigt, die Beziehung zwischen Umweltreizen und Belohnungen auf der einen Seite und konditionierten Reaktionen auf der anderen Seite zu erklären.

Im Gegensatz zu der strukturalistischen und der gestaltpsychologischen Schule hat der Behaviorismus nach wie vor eine gewisse Bedeutung innerhalb der Psychologie. Sein wohl berühmtester Verfechter, B. F. Skinner, versuchte sein Leben lang in den unterschiedlichsten Experimenten zur Konditionierung zu zeigen, wie sich Ereignisse aus der Umwelt auf das Verhalten auswirken. Gegen Ende der 50er Jahre wurde es jedoch vielen Psychologen klar, daß ein ausschließlich behavioristisches Vorgehen den Weg zur wissenschaftlichen Untersuchung zahlreicher bedeutender Phänomene eher versperrte. So konnten die Behavioristen zum Beispiel relativ wenig darüber sagen, wie Menschen mathematische Probleme lösen, welche Grundlagen es für die Sprachentwicklung gibt, wie bildhaftes Denken aussieht und angewendet wird – um nur einige der Phänomene zu nennen, die sowohl Watson wie Skinner als mentalistisch bezeichnet hätten. Vor den 50er Jahren konnten die Psychologen keine Vorstellung über diese Probleme gewinnen, ohne in den von Watson denunzierten Mentalismus zu verfallen. Doch mit der Entwicklung von Computern begannen sich die Dinge zu ändern. Die Experimentalpsychologen gingen dazu über, sich geistige Aktivitäten als eine Variante der Informationsverarbeitung vorzustellen. Ihr Hauptgedanke war: Wenn sich ein Mensch geistig betätigt, dann modifiziert, vergleicht und speichert er Informationen ähnlich wie ein Computer. Diese veränderte Sichtweise ermöglichte einen wichtigen Durchbruch. Geistige Vorgänge waren nicht länger »Geister«, wie noch Watson es nahegelegt hatte, sondern sie konnten objektiv und mit ganz bestimmten Begriffen gekennzeichnet werden. Die Entwicklung von Modellen des Denkens, die sich an der Informationsverarbeitung orientierten, führte zu einem explosionsartigen Anstieg an Forschungsarbeiten über Denkvorgänge, und bis heute breiten sich die Wellen dieser Explosion immer noch weiter aus. Man kann sogar sagen, daß die Experimente zur Kognition und Informationsverarbeitung die heutige psychologische Forschung dominieren, während Verhaltensstudien im behavioristischen Sinne immer weiter ins Hintertreffen geraten.

Dieser kurze Blick auf die Geschichte der Experimentalpsychologie soll lediglich ein Gefühl dafür vermitteln, wie sehr Theorie und Forschung sich wechselseitig beeinflussen, und auf einige Veränderungen in den Jahrzehnten nach der Begründung der Experimentalpsychologie in Wundts Laboratorium hinweisen. Dabei ist auch zu beachten, daß nicht alle psychologischen Theorien erwähnt wurden: beispielsweise Freuds psychoanalytische Theorie. Der Grund dafür liegt darin, daß die Psychoanalyse traditionell nicht gerade eine fruchtbare Quelle für Experimente gewesen ist. Viele Psychoanalytiker bestehen sogar darauf, daß diese Theorie durch Experimente gar nicht bewertet werden *kann,* und daß die einzig relevanten Daten die sind, die innerhalb der psychoanalytischen Sitzung gewonnen werden. Die psychoanalytische Theorie hat zwar keine eigenen klassischen Experimente hervorgebracht, dennoch hat sie bedeutende Auswirkungen auf andere Theorien gehabt. Viele psychologische Theorien wurden einzig deshalb entwickelt, um psychoanalytische Phänomene (etwa das Unbewußte) zu erklären, andere wiederum gingen aus dem Impuls hervor, der psychoanalytischen Sicht eine andere entgegenzusetzen. Deshalb werden Freuds Gedanken in diesem Buch häufig erwähnt.

Obwohl wir uns hier auf die Arbeit einzelner Experimentalpsychologen konzentrieren, dürfte es klar sein, daß kein Wissenschaftler gleichsam im luftleeren Raum arbeitet. Das heißt, daß selbst die genialsten Erkenntnisse eines Darwin, Einstein, Pawlow oder Freud ohne die vorbereitenden Arbeiten anderer Wissenschaftler undenkbar sind. In gewisser Weise wird die Geschichte verzerrt, wenn man den kontinuierlichen Fluß wissenschaftlicher Entdeckungen in einzelne »klassische« Einheiten aufteilt, weil so ein falscher Eindruck davon entsteht, wie wissenschaftliche Entdeckungen tatsächlich stattfinden. Es ist also wichtig, im Auge zu behalten, daß die klassischen Experimente, wie sie in den folgenden Kapiteln beschrieben werden, zwar allesamt bedeutende Meilensteine in der Geschichte der Psychologie darstellen, daß jedoch kein einziges davon ohne den Beitrag früherer Wissenschaftler zustande gekommen wäre.

Die meisten der in diesem Kapitel beschriebenen Themen tauchen später detaillierter wieder auf, wenn sie zu den klassischen Experimenten in Beziehung gesetzt werden. Beim Lesen dieser Kapitel dürfte deutlich werden, daß sich zwar die psychologischen Theorien über die Jahre verändert haben, eines jedoch ist gleich geblieben – die Verpflichtung der Wissenschaftler auf sorgfältig kontrollierte wissenschaftliche Methoden.

Diese Darstellung der 15 klassischen Experimente der Psychologie wurde für die Taschenbuchausgabe in zwei Bände aufgeteilt. Teil 1 des ersten Bandes, *Körper und Geist,* enthält Experimente, die sich mit der Beziehung zwischen Biologie und Verhalten beschäftigen. Der 2. Teil des ersten Bandes, *Wahrnehmen, Gedächtnis und Emotion*, beschäftigt sich mit den Experimenten zu jedem dieser drei bedeutenden Bereiche menschlichen Erlebens. Der 1. Teil des zweiten Bandes, *Das soziale Tier,* untersucht das menschliche Sozialverhalten, und Teil 2, *Kritische Phasen der Entwicklung,* betrachtet, wie sich Verhalten über die Zeit verändert.

Zum Weiterlesen

Boring, E. G.: *A History of Experimental Psychology.* Appleton-Century-Crofts, New York 1950.

McCain, G. und Segal, E. M.: *The Game of Science,* (2. Ausgabe). Brooks/Cole, Monterey, Kalifornien, 1973.

Doucet, F.: *Forschungsprojekt Seele. Eine Geschichte der Psychologie.* Kindler, München 1971.

Lück, H. E.; Miller, R.; Rechtien, W.: *Geschichte der Psychologie,* Urban & Schwarzenberg, München 1984.

I. Körper und Geist

Von den radikalen Behavioristen einmal abgesehen, versuchen Psychologen häufig, Verhalten mit »seelischen« Aktivitäten und Prozessen zu erklären. Leider ist nicht immer klar, was sie damit meinen. Gelegentlich scheinen Psychologen zu glauben, daß Geist und Seele unabhängig vom Körper existieren; dann wieder handeln sie so, als seien alle geistig-seelischen Funktionen gleichbedeutend mit Veränderungen biologischer Zustände. Die Beziehung zwischen Körper und Geist zählt darüber hinaus zu einem der ältesten und umstrittensten philosophischen Themen. René Descartes und viele andere Philosophen beschäftigten sich in ihrem Denken intensiv damit, diese problematische und unüberwindbar scheinende Trennung von Geist und Körper aufzuheben – vergeblich. Auch Woody Allen hat zu diesem Thema einen Beitrag geliefert: »Wenn es ein Leib-Seele-Problem gibt, welches davon hätten Sie lieber?« Es gibt ebenso amüsante wie tiefsinnige Antworten auf diese Frage, doch eines ist auffällig: Die Antwort hängt für die meisten Menschen von der Situation ab. Die Psychologen scheinen als Wissenschaftler ähnlich vorzugehen; ihre Sichtweise von »Geist« und »Seele« verändert sich mit den zeitgenössisch jeweils einflußreichsten Theorien und den experimentellen Rahmenbedingungen entsprechender Forschungsprogramme.

Wir haben in dieser Hinsicht zweifellos noch einen weiten Weg vor uns, dennoch ist es beim gegebenen Stand der Dinge gerechtfertigt davon auszugehen, daß wir heute mehr über die Beziehung zwischen Körper und Seele wissen als jemals zuvor. Zum großen Teil verdanken wir dieses Wissen den Experimenten, die in den nächsten drei Kapiteln dargestellt werden. Alle diese Experimente beschäftigen sich mit der Beziehung zwischen Gehirntätigkeit und Verhalten; ansonsten haben sie wenig gemeinsam.

KAPITEL EINS

Der konditionierte Reflex

Welche Eigenschaften müßte eine Kartoffel aufweisen, um ein Bewußtsein zu haben?

Diese sicherlich merkwürdig erscheinende Frage steht am Beginn eines Artikels, den der amerikanische Psychologe und Historiker Edwin G. Boring 1946 in einer bekannten Fachzeitschrift veröffentlichte. Natürlich war Borings Frage rhetorisch gemeint. Ihn interessierte keineswegs, ob und wie man aus Erdäpfeln ein Frankenstein-artiges Monster machen kann, sondern er wollte eine Liste der wichtigsten psychischen Funktionen erstellen. Diese Liste enthielt Begriffe wie *Gedächtnis, Lernen, Einsicht, Einstellungen,* die Fähigkeit, auf die Umwelt zu *reagieren,* und die Fähigkeit, *symbolisch zu denken.* Boring vertrat die Auffassung, jede Kartoffel, die diese Eigenschaften aufwies, müßte per Definition als ein Wesen mit Bewußtsein bezeichnet werden.

Er drückte das so aus: »Wenn wir eine Kartoffel finden könnten, die sich wie Sokrates verhält, dann sollten wir, aus rein praktischen Gründen, sagen: Das *ist* Sokrates.« Wie man unschwer ersehen kann, war Boring *Behaviorist.*

Bewußtsein und Behaviorismus

Skeptische Nachforschungen würden im Innenleben einer Kartoffel gewiß etliche Unterschiede zum Innenleben von Sokrates feststellen. Das gab Boring zwar zu, forderte aber, Psychologen sollten sich die Organismen, deren Verhalten sie untersuchen, gar nicht von innen ansehen. »In der Wissenschaft«, schrieb er, »sind die Dinge das, was sie tun.« Da es unmöglich ist, geistige Funktionen direkt zu beobachten, war Boring davon überzeugt, daß die Psychologen keine andere Wahl hätten als sich mit äußerem Verhalten zu befassen und daraus auf innere Vorgänge zu schließen. In solchen Überlegungen wird das grundlegende Diktum der Behavioristen deutlich: Wir erfahren, was ein Organismus denkt, glaubt oder fühlt durch die Art, wie er sich verhält. Wenn ein Baby während eines Gewitters zu weinen beginnt, sagen wir: Es hat Angst. Wenn dasselbe Kind nach einem Spielzeug greift, sagen wir: Das Spielzeug hat das Interesse des Kindes geweckt.

Boring setzte sich dafür ein, allen psychologischen Variablen objektive Definitionen zu geben. Am besten sei das dadurch zu erreichen, daß man theoretische Konzepte *operationalisiere,* das heißt, sie in Begriffen beobachtbarer Operationen definiere, um sie so messen zu können. *Intelligenz* zum Beispiel kann als die Punktzahl definiert werden, die jemand in einem Intelligenztest erreicht hat. *Gedächtnis* kann man gleichsetzen mit der Zahl der nach einer Weile erinnerten Silben oder Worte; und *Durst* kann man durch die Menge aufgenommener Flüssigkeit definieren. Wenn alle psychischen Merkmale und Eigenschaften objektiv definiert werden, dann ist Borings Äußerung, die Kartoffel sei Sokrates gleichzusetzen, gar nicht mehr so merkwürdig, wie sie zunächst klingt. Solange das Verhalten der Kartoffel unserer objektiven Definition dessen entspricht, wie sich ein mit Bewußtsein ausgestatteter Organismus verhalten sollte, solange hat die Kartoffel ein Bewußtsein, gleichgültig, wie sie von innen aussieht.

Die Vorstellung, daß unbelebte Objekte ein Bewußtsein aufweisen könnten, solange sie sich wie Menschen verhalten, ist nicht allein Borings Idee. Der englische Mathematiker Alan Turing hatte denselben Gedanken im Hinterkopf, als er 1950 das folgende Spiel vorschlug: Eine Person, der Prüfer, wird in einen Raum geführt, der nur einen Schreibtisch und ein Bildschirm-Terminal enthält. Der Prüfer muß diesen Terminal benutzen, um mit zwei Prüflingen zu kommunizieren; der eine Prüfling ist ein Mensch, der andere ein Computer. Die Aufgabe des Prüfers besteht darin zu entscheiden, welcher Prüfling der Mensch ist, und zwar allein aufgrund der Informationen, die er durch den Bildschirm-Dialog erhält. Die Regeln erlauben es dem Prüfer, jede beliebige Frage zu stellen außer der einen: »Sind Sie ein Computer?« Ein solcher Dialog könnte etwa folgendermaßen aussehen:

Frage: Wieviel ist 23.440 und 34?
Antwort: 23.474.

Frage: Haben Sie Geschichte studiert?
Antwort: Ja.

Frage: Wann war Schottland mit England vereinigt?
Antwort: 1603.

Frage: Sind Sie depressiv?
Antwort: Ich bin nie depressiv.

Turing war der Überzeugung, daß jeder Computer, der clever genug war, diesen Test zu bestehen, es verdient hatte, als ein mit Bewußtsein ausgestattetes Wesen bezeichnet zu werden. Zu der Zeit, als Turing seinen Test vorschlug war ein solcher Test, ebenso wie Borings »Kartoffel-Frage«, rein hypothetischer Natur – es gab noch keine modernen Computer. Auch heute ist kein Computer in der Lage, Turings Test zu bestehen, doch es spricht einiges dafür, daß eine solche Maschine in Zukunft erfunden werden könnte. Stellen wir uns vor, in den nächsten Jahren wären die Ingenieure in der Lage, einen computerisierten Roboter zu schaffen, der Turings Test bestünde. Hätte dieser Roboter ein Bewußtsein? Sowohl Boring wie Turing würden sagen: vorausgesetzt, wir halten uns an operationale Definitionen (und kümmern uns nicht darum, wie's da drinnen aussieht), heißt die Antwort: Ja. Wenn sich ein Computer wie ein Mensch verhält, dann ist er einer, jedenfalls für die Behavioristen.

Es ist kein Zufall, daß Turings Artikel nur wenige Jahre nach Borings Aufsatz erschien. In den 40er und 50er Jahren herrschte der Behaviorismus in der Experimentalpsychologie eindeutig vor. Beide Autoren haben nichts weiter getan, als sich mit einem der zentralen Glaubenssätze des Behaviorismus zu beschäftigen – daß Psychologen ausschließlich offen sichtbares Verhalten untersuchen können. Vom Standpunkt des Behavioristen aus betrachtet, entzieht sich alles, was sich innerhalb eines Organismus abspielt, der direkten Beobachtung und ist damit aus wissenschaftlicher Sicht irrelevant. Dieses Kapitel beschäftigt sich mit zwei klassischen Experimenten in der Geschichte des Behaviorismus: Iwan Pawlows Entdeckung des bedingten

Reflexes und John Watsons berühmtem »Kleinen Albert«. Beide Experimente wurden in den ersten Jahrzehnten dieses Jahrhunderts von Wissenschaftlern durchgeführt, die von ähnlichen philosophischen Ideen beeinflußt wurden und der fruchtlosen Forschung ihrer Zeitgenossen etwas entgegensetzen wollten. Um den Stellenwert dieser Experimente genauer einschätzen zu können, werden wir im folgenden kurz das wissenschaftliche Umfeld beleuchten, aus dem sie hervorgegangen sind.

Die Physiologie der Seele

Das Leib-Seele-Problem hat in der Philosophie wie in der Psychologie eine lange Geschichte – in den Kapiteln Zwei und Drei wird dies ausführlich erörtert. Hier genügt es festzuhalten, daß der Beginn der philosophischen Diskussion über die Beziehung zwischen Gehirn und Verstand bzw. Seele in der Moderne meist mit den Werken des französischen Philosophen René Descartes gleichgesetzt wird. Descartes war der Überzeugung, der Körper sei nichts weiter als eine Maschine, etwas vom Geist oder der Seele völlig Getrenntes. (Die Trennung zwischen Geist und Seele ist im Französischen schwer zu treffen, da sich dasselbe Wort auf beides bezieht.) Descartes glaubte, der Verstand sei eine Art Geist, der in der Zirbeldrüse des Gehirns lebte und von dort aus das Verhalten dirigiere, indem er dem Körper durch das Gehirn Anweisungen erteile. Zwar spielt die Zirbeldrüse in der heutigen Philosophie keine sonderliche Rolle mehr, doch es gibt nach wie vor Philosophen, die Seele und Gehirn als zwei verschiedene Größen betrachten.

Dieser *dualistische* Standpunkt Descartes' zum Leib-Seele-Problem wurde von den Vertretern der gegenteiligen *monistischen* Lehre radikal in Frage gestellt. Die Monisten setzen Geist und Gehirn gleich, betrachten sie als ein und dasselbe. Seit dem 18. Jahrhundert wurden die monistischen Philosophen als *Materialisten* bezeichnet, da sie Descartes' spirituelle Vorstellungen vom »Geist« zurückweisen. Für sie ist das Gehirn keine geistige Einheit, sondern lediglich eine Maschine, die bildlich ausgedrückt Gedanken so absondert wie der Magen seine Verdauungssäfte.

Ob die Leib-Seele-Debatte jemals zu einem Ende kommen wird, ist nach wie vor nicht zu entscheiden. Mit der Zeit allerdings hat die monistische Betrachtungsweise in dem Maße an Einfluß gewonnen, wie die Arbeitsweise des Gehirns erforscht werden konnte. In dieser Hinsicht gab es insbesondere in der zweiten Hälfte des 19. Jahrhunderts eine Reihe epochaler Entdeckungen. Durch technisch verbesserte Mikroskope war es zum Beispiel möglich, zum ersten Mal eine Nervenzelle sichtbar zu machen. Ebenfalls zu dieser Zeit konnte man erstmals die Geschwindigkeit von Nervenimpulsen messen. Die vielleicht wichtigste Entdeckung der Neurophysiologie des 19. Jahrhunderts – zumindest in ihren Auswirkungen auf die Psychologie – war jedoch der Mechanismus, der dem *Reflexbogen* unterliegt.

Selbstverständlich hatte man reflexhaft ablaufendes Verhalten schon lange vor dem 19. Jahrhundert beobachtet. Beschreibungen des Kniescheibenreflexes und des Pupillenreflexes (das Zusammenziehen der Pupille als Reaktion auf einfallendes Licht) reichen sogar Tausende von Jahren zurück. Nicht einmal das Wort *Reflex* stammt aus dem 19. Jahrhundert. Schon Hunderte von Jahren früher hat Descartes es bereits verwendet. Was man allerdings vorher nicht gewußt hatte, war, wie Reflexe funktionieren. Wir verdanken unser heutiges Wissen darüber vielen Physiologen, insbesondere aber einem, der sich der Bedeutung bewußt war, die Reflexe für die Psychologie haben könnten. Dieser Wissenschaftler war der Russe Iwan M. Sechenow.

Er versuchte zu zeigen, daß alle komplexen Formen des Verhaltens als »Hirn-Reflexe« aufgefaßt werden können. Für Sechenow bestehen sogenannte willkürliche Bewegungen – wie sie etwa beim Tennisspielen gefordert sind – aus einfachen Reflexketten, von denen ein Mensch in seinem Leben zahlreiche aufbaut. Ähnlich betrachtete er emotionale Reaktionen (Trauer, Freude, etc.) als reflexhafte Antworten auf bestimmte Umweltereignisse.

Sechenow war sogar davon überzeugt, daß Gedanken nichts weiter als Reflexe des Gehirns darstellten, deren motorische Bestandteile allerdings unterdrückt würden. Um die letztgenannte Behauptung zu belegen, führte er ein Experiment durch, in dem er einem Frosch Salz ans obere Ende der freigelegten

Wirbelsäule tupfte. Das Salz verhinderte die spinalen Reflexe und diente als Beweis dafür, daß das Gehirn tatsächlich hemmende Wirkung auf Nervenreflexe ausüben kann.

Mit Ausnahme dieses Versuches waren Sechenows wissenschaftliche Beiträge weniger empirischer als theoretischer Natur. Er bestand nicht nur darauf, alle psychologischen Phänomene könne man als reflexive Reaktionen auf Umwelt-Reize betrachten, er war auch davon überzeugt, daß neue Reflexe erlernbar waren. Für Sechenow war klar, daß sich die Psychologie ausschließlich damit beschäftigen sollte, die verschiedenen Reflexe zu untersuchen – welche Reize sie in Gang setzen, wie sie gehemmt werden –, und auf welche Weise neue Reflexe gelernt werden. Seiner Ansicht nach war der Versuch, den menschlichen Verstand durch Introspektion zu erforschen – die im 19. Jahrhundert vorherrschende Beschäftigung der Psychologen –, nicht nur unwissenschaftlich, sondern ausgesprochene Zeitverschwendung.

Sechenow traf mit seinen Ideen bei den Zensoren des Zaren nicht gerade auf Gegenliebe, denn diese beschuldigten ihn, eine »materialistische Theorie« zu predigen, die »auch den besten Mann auf das Niveau einer Maschine reduziert, die keinen ... freien Willen kennt und automatisch handelt«. Und damit nicht genug: Das Zensurkomitee befand ihn auch schuldig, mit seinen Ansichten »sowohl gegen das Christentum wie gegen das Strafgesetzbuch« zu verstoßen und letztlich einer »Aufweichung der Moral« Vorschub zu leisten. Trotz dieser und anderer Angriffe wurde Sechenows Buch von den russischen Wissenschaftlern seiner Zeit als Grundlage für die Entwicklung einer objektiven psychologischen Wissenschaft begrüßt. Seine feste Überzeugung, daß die Psychologie sich ausschließlich damit beschäftigen sollte, äußerlich sichtbares Verhalten zu studieren, machte ihn zu einem der direkten Vorfahren der Behavioristen des 20. Jahrhunderts.

Sechenows Buch übte einen besonders nachhaltigen Eindruck auf den 20 Jahre jüngeren russischen Physiologen Iwan Pawlow aus. Pawlow war es schließlich, der jene Experimente durchführte, die notwendig waren, um Sechenows Theorien auf eine empirische Grundlage stellen zu können. Pawlow hatte allerdings nicht vor, sich als Psychologe zu betätigen, nicht einmal als Neurophysiologe. Seine ersten Forschungen, die ihn weltberühmt machten, waren Untersuchungen zum Blutkreislauf und zum Verdauungssystem. Seine psychologische Forschung ging jedoch aus diesen frühen Untersuchungen hervor, wie wir im folgenden sehen werden.

Iwan P. Pawlow: Vater der Verhaltenspsychologie

Iwan Petrowitsch Pawlow wurde am 14. September 1849 im etwa dreihundert Kilometer von Moskau entfernten altrussischen Bauerndorf Ryazan geboren. Er war das älteste von 11 Kindern. Pawlow durchlebte eine harte, arbeitsreiche Kindheit; doch die körperliche Arbeit gefiel ihm, sein ganzes Leben lang liebte er Gartenarbeit und andere Arten körperlicher Betätigung. Im Alter von sieben Jahren stürzte er eine Treppe hinunter und schlug hart mit dem Kopf auf dem Fliesenboden auf. Er muß eine schwere Gehirnerschütterung davongetragen haben, denn in den nächsten vier Jahren war er nicht in der Lage, am Schulunterricht teilzunehmen oder irgendeine Arbeit auszuführen, die geistige Anstrengung erforderte.

Pawlow erholte sich jedoch, und mit 11 Jahren wurde er auf ein nahe gelegenes theologisches Seminar geschickt, um Priester zu werden. Obwohl in Rußland nicht gerade ein Klima geistiger Liberalität herrschte, war doch dieses theologische Seminar längst nicht so hermetisch von der Außenwelt abgeriegelt wie andere zur damaligen Zeit. Pawlow hatte Zugang zu vielen »fortschrittlichen« Büchern und Zeitschriften. Die Lektüre weckte in ihm das Interesse für die Außenwelt, insbesondere die Welt der Wissenschaft. Schließlich überwog sein wissenschaftliches Interesse seine religiöse Verpflichtung, und er gab den Gedanken an eine religiöse Laufbahn zugunsten einer wissenschaftlichen auf. Im Jahre 1870 schrieb sich Pawlow als Physikstudent an der Universität Petersburg ein, wechselte jedoch bald zur Physiologie – eine Wissenschaft, die sich damals explosionsartig entfaltete. Er studierte mit außergewöhnlichem Erfolg und wurde bei seinem Studienabschluß mit der Goldmedaille der Universität ausgezeichnet.

In den nächsten acht Jahren betrieb Pawlow im Forschungslabor des Petersburger Veterinärinstituts medizinische Studien. Der Zar und der Hochadel brachten der wissenschaftlichen Forschung nur geringes Interesse entgegen; entsprechend niedrig wurden die Wissenschaftler entlohnt. Infolgedessen mußten

Abb. 3: Iwan Pawlow (1849–1936) entdeckte den konditionierten Reflex

diejenigen, die eine Karriere auf dem Gebiet der Forschung einschlagen wollten, sparsam und erfinderisch sein. Pawlow zum Beispiel mußte alle Kosten für seine Versuchstiere von seinem mageren Gehalt bezahlen, so daß ihm kaum noch Geld für seine Miete übrigblieb. Er kam damit aus, indem er im Labor schlief und nur dann etwas aß, wenn es unumgänglich war. Selbst nach seiner Hochzeit im Jahre 1880 lebte und schlief Pawlow in seinem Labor, während seine junge Frau bei ihrem Schwager wohnte. 1883 promovierte Pawlow und erhielt gleichzeitig den Titel »Professor«. Aber es war auch ein tragisches Jahr für ihn, denn sein erstes Kind, ein Junge, starb nach langer Krankheit.

Die nächsten beiden Jahre verbrachte Pawlow an der traditionsreichen deutschen Universität Leipzig, bevor er nach Rußland zurückkehrte, um seine physiologische Forschung über den Blutkreislauf und das Verdauungssystem fortzusetzen. Im Jahre 1887 veröffentlichte er ein Buch über seine Forschungsergebnisse, das in Fachkreisen begeistert aufgenommen wurde. Obwohl er immer berühmter wurde, lebten er und seine Familie nach wie vor in äußerst ärmlichen Verhältnissen. Pawlow war schon fast 40, aber immer hatte er noch keine feste Anstellung, und seine Frau war häufig gezwungen, bei Verwandten unterzukommen. Er bewarb sich auf mehreren Stellen, bekam jedoch nur wenige Angebote. Schließlich erhielt er eine Stelle an der militärischen Medizinakademie in St. Petersburg, derselben Institution, an der Sechenow gearbeitet hatte.

Pawlow begann an der Akademie als Professor für Pharmakologie, nach kurzer Zeit jedoch wurde er auf den Lehrstuhl für Physiologie berufen, den er über 30 Jahre lang innehatte. Zusätzlich zu seiner Arbeit an der Akademie gründete Pawlow das physiologische Labor am Institut für Experimentelle Medizin, dem er 40 Jahre lang vorstand und an dem er den größten Teil seiner bedeutenden Forschungsarbeiten durchführte. Zeitweise unterhielt er ein drittes Labor an der Akademie der Wissenschaften.

Pawlows Forschungsarbeiten über den Blutkreislauf und das Verdauungssystem führten zu derart fundamentalen Erkenntnissen über diese beiden Körpersysteme, daß ihm in Anerken-

Abb. 4: Iwan Pawlow in seinem Labor in St. Petersburg

nung seiner Verdienste dafür 1904 der Nobelpreis für Physiologie und Medizin verliehen wurde. Doch Pawlow ruhte sich nicht auf seinen Lorbeeren aus, und heute sind sogar die nach dem Nobelpreis entstandenen Arbeiten berühmter als sein früheres Werk. Während des Ersten Weltkrieges und der Revolution von 1917 mußte er sein experimentelles Arbeitsprogramm zwar einschränken, doch es gelang ihm, selbst in den Wirren jener Zeit weiterhin Forschungsvorhaben zu realisieren. Wenn er keinen Strom oder kein Gas hatte für seine Lampen, dann arbeitete er beim Licht hölzerner Fackeln weiter; wenn er sein Labor nicht heizen konnte, arbeitete er in Mantel, Mütze und Stiefeln. Im Labor wurde es manchmal so kalt, daß ihm die Tiere erfroren, aber Pawlow arbeitete unermüdlich weiter. Es scheint fast, als hätte er die Schwäche seiner Kindheit, als er nicht in der Lage gewesen war, geistig anstrengende Arbeit zu machen, mehr als kompensieren müssen, indem er als Erwachsener für drei arbeitete. Im Alter zwischen 47 und 72 veröffentlichte Pawlow 40 Bücher und Vorlesungen über Psychologie, Psychiatrie und Hirnphysiologie, wobei viele dieser Arbeiten heute noch als

maßgebend zitiert werden. Er begann erst, etwas langsamer zu arbeiten, als er schon beinahe 80 Jahre alt war, und selbst dann versuchte er noch mit den Entwicklungen in Physiologie und Psychologie Schritt zu halten.
Pawlow starb 1936 im Alter von 87 Jahren. Zum Zeitpunkt seines Todes war er der berühmteste Physiologe seiner Zeit, und nur Sigmund Freud hatte damals einen noch größeren Einfluß auf die moderne Psychologie. Seit den 20er Jahren ist der Name Pawlow aus keinem psychologischen Lehrbuch mehr wegzudenken, und das wird wahrscheinlich immer so bleiben. Obwohl er in seinem langen Leben viele wichtige Forschungsarbeiten durchgeführt hat, ist die sicherlich bekannteste davon gleichzeitig eines der berühmtesten Experimente der Psychologie überhaupt – seine Demonstration des bedingten Reflexes.

KLASSISCHES EXPERIMENT

Der konditionierte Reflex

Iwan Pawlow

Wenn einem hungrigen Welpen, der gerade von der Milch entwöhnt ist, aber noch nie Fleisch gefressen hat, ein Stück Fleisch vor die Nase gehalten wird, zeigt er sich daran nur mäßig interessiert. Erlaubt man dem Welpen jedoch, das Fleisch ins Maul zu nehmen, beginnt er sofort, Speichel abzusondern, und ohne weiteres Zögern wird er das Fleisch verschlingen. Hat der Welpe erst einmal mehrere solcher saftigen Fleischstücke vertilgt, wird sich sein Verhalten ändern. Er wird jetzt schon anfangen zu geifern, sobald er das Fleisch nur sieht, lange bevor er es ins Maul nimmt. Manchem Welpen, so wurde berichtet, läuft schon das Wasser im Maul zusammen, sobald er nur die Schritte der Person hört, die ihn gewöhnlich füttert. An diesen Beobachtungen ist eigentlich nichts Ungewöhnliches; seitdem sich Menschen Hunde halten, haben Hundebesitzer derartige Phänomene oft beobachtet. Auch Pawlow bemerkte bei seinen Forschungen über den Verdauungsapparat diese Verhaltensänderungen bei seinen Hunden (er benutzte Hunde als Versuchstiere). Der Unterschied zwischen Pawlows Beobachtungen und denen von Millionen anderen Hundebesitzern ist jedoch der, daß Pawlow sich darüber zu wundern begann. In der Wissenschaft eröffnen solche einfachen Fragestellungen oft wichtige Forschungsgebiete: Simple Alltagsphänomene, die den meisten von uns selbstverständlich vorkommen, können einem aufmerksamen Wissenschaftler untersuchenswert erscheinen und zu bedeutenden Erkenntnissen führen.

Pawlows frühe Experimente hatten gezeigt, daß Welpen (und andere Tiere) über einen angeborenen Speichelreflex verfügen, der ausgelöst wird, sobald Futter in ihr Maul gerät. Tatsächlich gibt es mehr als einen solchen Reflex. Die Menge und sogar die Art des Speichels, den ein Welpe produziert, hängt von der Art des Futters ab, das er im Maul hält. Pawlow nannte die Speichelabsonderung, die durch Nahrung ausgelöst wird, eine *psychische Sekretion,* da er davon überzeugt war, es handle sich hierbei um das Ergebnis eines vom Gehirn gesteuerten Reflexes.

Pawlow wußte, daß die Nervenzellen des Mundes Informationen über die Nahrung ans Gehirn weiterleiten, woraufhin ein anderer Teil des Gehirns stimuliert wird, der die Menge (und Art) des in den Verdauungsdrüsen produzierten Speichels kontrolliert. Doch was setzt den Reflex in Gang, wenn der Welpe das Futter nur sieht, nicht einmal ins Maul nimmt? Und warum sollten ein paar Bissen Fleisch bei einem Welpen, dem nie zuvor beim Anblick von Fleisch das Maul wäßrig wurde, plötzlich den Reflex auslösen? Können Reflexe »auf Distanz« ausgelöst werden? Können sie gelernt werden? Das waren die Fragen, die Pawlow zu beantworten suchte.

Bevor er mit eigenen Forschungen begann, suchte er einige Psychologen auf, um von seinen Kollegen zu erfahren, wie diese ein solch offensichtlich psychologisches Problem in Angriff nehmen würden. Doch der Rat, den man ihm erteilte, gefiel ihm gar nicht. Um die Jahrhundertwende war die Psychologie immer noch größtenteils dualistisch ausgerichtet. Ihr Hauptziel bestand darin, subjektive Erfahrungen zu beschreiben, wobei man sich hauptsächlich auf die Methode der Introspektion verließ. Um sicherzugehen, führten die Psychologen zwar auch Experimente durch – ließen Ratten durch Labyrinthe laufen, Menschen irgendwelche Knöpfe drücken –, doch die Ergebnisse solcher Experimente wurden lediglich dahingehend interpretiert, wie die Versuchssubjekte (Tiere und Menschen) sich subjektiv bei dem fühlten, was ihnen geschah. Eine typische psychologische Erklärung für das Verhalten einer Ratte in einem Labyrinth konnte demnach lauten: Die Ratte wandte sich nach links, denn der rechte Gang rief Angstgefühle hervor, ausgelöst durch dort früher erlebte elektrische Schocks. In diesem Sinne empfahl man Pawlow, wenn er herausfinden wollte, warum ein Hund beim Anblick von Fleisch Speichel absondere, solle er versuchen, sich in die Lage seines Versuchstieres zu versetzen und wie ein Hund zu denken.

Pawlow war jedoch ein Monist. Wie Sechenow glaubte er nicht an eine Trennung zwischen Geist und Seele und bezweifelte, daß Introspektion eine angemessene wissenschaftliche Methode sei. Er lehnte den introspektiven Zugang ab und beschloß, eine eigene Methode zu entwickeln, psychische Vorgänge von außen zu beobachten. Sechenows Empfehlung folgend, entschied er sich dafür, Reflexe zu untersuchen, ohne sich dabei auf innere seelische Zustände zu beziehen. Bei den Vorbereitungen zu diesen neuen Forschungsarbeiten schrieb er:

Die erste und wichtigste Aufgabe, die vor uns liegt, besteht also darin, die natürliche Neigung aufzugeben, unsere eigene subjektive Sicht der Dinge auf die Reaktion des Tieres im Experiment zu übertragen, und statt dessen unsere gesamte Aufmerksamkeit darauf zu lenken, die Korrelation zwischen externen Phänomenen und der Reaktion des Organismus zu untersuchen.

Mit anderen Worten, Pawlow begab sich daran, die »Seele« genauso zu untersuchen, wie ein Physiologe ein menschliches Organ studiert – indem er offene Experimente durchführt und beobachtet, was geschieht. Für den Rest seines Lebens hat Pawlow immer darauf bestanden, daß das, was er tat, richtigerweise als Physiologie und nicht als Psychologie bezeichnet werden sollte. Bis zum heutigen Tage heißen die russischen Wissenschaftler, die sich mit Konditionierung und Lernen befassen, Physiologen, und nicht, wie im Westen, Psychologen.

Pawlows klassisches Experiment wurde im Jahre 1905 durchgeführt. (Es gab tatsächlich mehrere Experimente, doch alle zum selben Thema.) Pawlow hatte immer Hunde als Versuchstiere gehabt; dadurch wußte er schon eine ganze Menge über Speichelreflexe und entschloß sich, an dieser Stelle fortzufahren. Dennoch unterschied sich dieses Experiment von allen vorangegangenen: jetzt suchte er nach den allgemeinen Prinzipien des Lernens statt nach der Physiologie des Verdauungstraktes. In dieser Hinsicht gibt es an der Speichelabsonderung nichts besonderes, er hätte jeden beliebigen Reflex untersuchen können und wäre zu denselben Resultaten gelangt (eine Tatsache, die später durch zahlreiche andere Forscher bestätigt werden sollte).

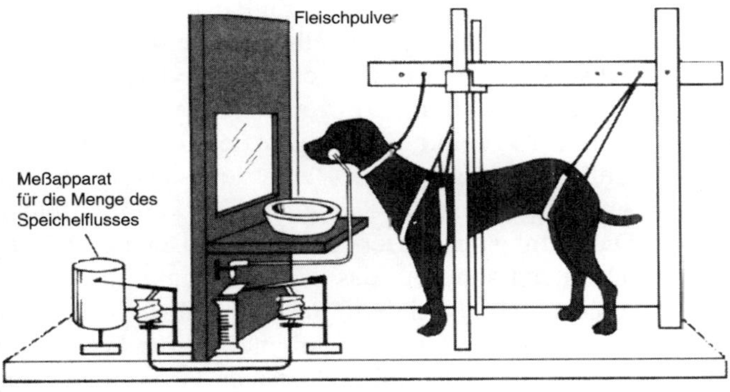

Abb. 5: Pawlows Konditionierungs-Apparat

KLASSISCHES EXPERIMENT

Pawlows Experiment erforderte, daß ein Hund in einen besonderen Apparat gestellt wurde. Die Idee war, den Hund daran zu hindern, sich zuviel herumzubewegen, und seinen Kopf geradeaus zu richten, so daß er immer nach vorne sah. Ein runder Auffangbehälter, der dem Hund seitlich unter das Maul gebunden wurde, sammelte den Speichel, den seine Ohrspeicheldrüse absonderte; der Abfluß des Speichels wurde mit Hilfe eines chirurgischen Eingriffs durch eine Fistel nach außen geleitet. Von dem Auffangbehälter aus floß der Speichel in einen mit einem Meßinstrument verbundenen Schlauch, das sehr genau jeden Tropfen Speichel zählte, den der Hund absonderte.

Das Experiment fand in einem schallisolierten Raum statt; Pawlow beobachtete das Geschehen durch ein Guckloch. Mit Hilfe mechanischer »Arme« konnte er einen Futternapf in Reichweite des Hundes schieben oder ihm Futter ins Maul legen, ohne den Raum betreten zu müssen. Auch hatte Pawlow die Möglichkeit, den Hund verschiedenen Reizen auszusetzen: Licht, Summtöne, Glocken, sogar ein Metronom. In späteren Forschungen fand Pawlow heraus, daß jeder Reiz in einem Konditionierungsexperiment seinen Zweck erfüllt, Hauptsache das Tier nimmt diesen Reiz wahr.

Sein klassisches Experiment begann Pawlow, indem er eine Glocke ertönen ließ und feststellte, daß der Hund keinen Speichel absonderte. E gab ja auch keinen Grund, warum der Hund diese Reaktion hätte zeigen sollen. Am Anfang gab es also keine Verbindung zwischen der Glocke und dem Speichelfluß. Dann folgte eine Reihe von Versuchsdurchgängen, während denen der Klang der Glocke unmittelbar von der Darbietung des Futters gefolgt war. Bei diesen Versuchsdurchgängen sonderte das Tier als Reaktion auf das Futter Speichel ab. Nachdem Pawlow einige Male den Glockenklang und das Futter kombiniert hatte, ließ er die Glocke ertönen, ohne daraufhin dem Tier das Futter zu zeigen. Diesmal geiferte das Tier schon auf den Klang der

KLASSISCHES EXPERIMENT

Glocke hin, obwohl es noch kein Futter zu Gesicht bekommen hatte. Dann wurden die Paarversuche (Glocke, gefolgt von Futter) wieder aufgenommen, und nach einigen weiteren Durchgängen ertönte wieder die Glocke allein. Diesmal produzierte der Hund mehr Speichel als vorher. Indem Pawlow abwechselnd Paarversuche und Versuche mit dem Glockenton allein durchführte, stellte er fest, daß die Speichelreaktion stärker wurde. Auf diese Weise wurde ein früher neutraler Reiz, der Glockenton, vom Tier mit Futter in Verbindung gebracht und löste ebenso wie dieses die Speichelsekretion aus. Das war Pawlows klassisches Experiment – ohne Kontrollgruppen, ohne ausgeklügelte statistische Auswertungsmethoden –, ausschließlich die wiederholte Paarung zweier Reize, bis beide dieselbe Reaktion hervorriefen. Das klingt höchst einfach, nicht wahr? Und

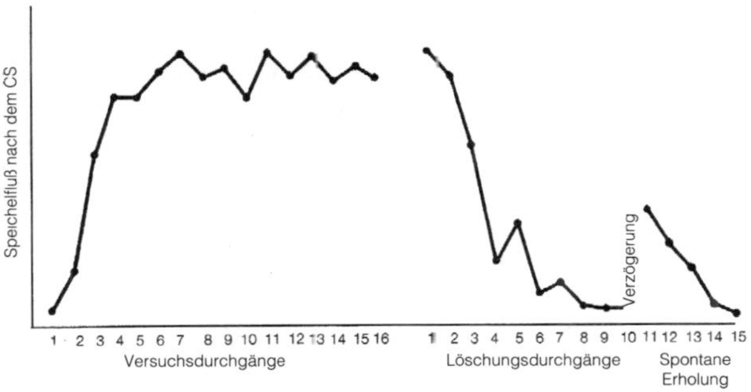

Abb. 6: Die linke Kurve beschreibt, wie ein Hund die konditionierte Speichelreaktion lernt. Die vom Tier aufgrund des CS (vor der Präsentation des UCS) abgesonderten Speicheltropfen sind auf der vertikalen Achse dargestellt, die Zahl der Konditionierungsversuche auf der horizontalen Achse. Die CR steigt allmählich an, bis ein Spitzenwert von etwa 12 Tropfen Speichelflüssigkeit erreicht ist. Nach 16 Konditionierungsversuchen geht der Versuchsleiter zur Löschung über. Die Ergebnisse sind in der rechten Kurve zu sehen. Beachten Sie: die CR sinkt zwar allmählich bis auf Null; doch in einem Test nach einer Ruhephase zeigt sich, daß sie sich »erholt« hat

das war es auch. Dennoch hatte dieses Experiment einen bedeutenden Einfluß auf fast alle Bereiche der Psychologie. Bevor wir uns der Frage zuwenden, warum das so war, sollten wir uns mit dem in diesem Experiment gebrauchten Vokabular vertraut machen.

Pawlow nannte den Prozeß, durch den die Glocke beim Hund den Speichelfluß hervorrief, *Konditionierung.* Den neutralen Reiz, im klassischen Experiment die Glocke, nennt man den *bedingten Reiz* oder CS. Der CS ruft keine andere Reaktion als Neugier im Tier hervor. Der andere Reiz im Experiment, das Futter, nennt man den *unbedingten Reiz* oder UCS. Der UCS heißt so, weil er eine angeborene, unbedingte, reflexhafte Antwort des Organismus hervorruft (im klassischen Experiment den Speichelfluß). Diese reflexhafte Reaktion nennt man die *unbedingte (unkonditionierte) Reaktion* oder UCR. (UCS und UCR sind *unkonditioniert* oder unbedingt, weil keine Übung erforderlich ist, um ihre Verbindung hervorzurufen.) CS und UCS werden in einer Serie von Konditionierungsversuchen hintereinander dargeboten. Das Intervall zwischen der Darbietung des CS und dem UCS nennt man das Inter-Stimulus-Intervall. Nach einer Reihe von Paarungen beginnt der CS eine eigene Reaktion hervorzurufen. Diese Reaktion nennt man die *bedingte Reaktion* oder CR. CR und UCR ähneln sich zwar, sind jedoch nicht immer identisch. So produzierte der Hund in dem klassischen Experiment zum Beispiel mehr Speichel beim Anblick des Futters als beim Ertönen der Glocke, selbst nach zahlreichen Konditionierungsversuchen. Der wichtige Punkt ist, daß nach der Konditionierung ein vorher neutraler Reiz eine Reaktion hervorruft, die vorher nur durch den UCS ausgelöst wurde.

Pawlows klassisches Experiment zeigte, wie neue »Reflexe« durch die Verbindung mit angeborenen Reflexen gelernt werden können. Diese Demonstration lieferte einen empirischen Beleg für Sechenows Ansicht, daß man Verhalten als gelernte Reflexe auffassen kann; und sie bestätigte Pawlow in seiner Überzeugung, daß man Psychologie betreiben kann, indem man sich objektiver physiologischer Methoden bedient. Pawlow zeigte in der Folgezeit, daß die Konditionierung mit praktisch jedem beliebigen neutralen Reiz und bei einer Vielzahl angeborener Reflexe funktioniert, selbst bei unangenehmen Reflexen. So löst beispielsweise ein leichter elektrischer Schock am Bein eines Tieres einen angeborenen Reflex aus – das Bein wird zurückgezogen. Ein neutraler CS (zum Beispiel wieder eine Glocke) verbunden mit dem Schock ruft schon bald dieselbe Reaktion hervor. Mehr noch, die Angst des Tieres vor dem Schock (die sich an schnellem Atem, Bellen etc. zeigt) verbindet sich ebenfalls mit dem CS, so daß das Tier jedesmal alle Anzeichen von Furcht erkennen läßt, sobald die Glocke ertönt. Die Konditionierung emotionaler Reaktionen durch klassisches Konditionieren bildet einen wesentlichen Teil des theoretischen Hintergrundes für John Watsons klassisches Experiment, das später in diesem Kapitel beschrieben wird.

Nach dem Konditionieren ruft der CS allein die bedingte Reaktion hervor, selbst wenn der UCS gar nicht mehr auftaucht. Wird der CS jedoch immer wieder allein dargeboten, verschwindet die CR allmählich. Im klassischen Experiment ruft der allein dargebotene Glockenton von einem Versuchsdurchgang zum nächsten immer weniger Speichelfluß hervor. Pawlow nannte diesen Prozeß *Löschung.* Obwohl es durch das allmähliche Löschen so scheinen mag, als ob das Tier das vorher Gelernte einfach vergißt, ist es in Wirklichkeit nicht ganz so einfach. Wenn im klassischen Experiment ein Tier, das aufgehört hat, Speichel als Reaktion auf den Glockenton abzusondern, aus dem Versuchsraum geholt wird und sich erholen kann, wird es, in den Versuchsraum zurückgekehrt, wieder damit beginnen, auf den Glockenton mit Speichelfluß zu reagieren. Diese Erholung der CR tritt selbst dann auf, wenn der Glockenton nicht noch einmal mit Futter kombiniert wurde. Dieses Phänomen nennt man *spontane Erholung*; sie deutet darauf hin, daß der Hund zwar auf den CS nicht mehr mit Speichelfluß reagierte, daß er jedoch nicht vergessen hatte und der (konditionierte) Lernvorgang nicht einfach gelöscht worden war. Weitere Belege dafür, daß Löschung nicht dasselbe bedeutet wie Vergessen, stammt aus Experimenten zur *Rekonditionierung,* in denen an Tieren, die eine vollständige Löschung der CR zeigen, wiederum eine Reihe von Konditionierungsversuchen durchgeführt werden. Eine solche Rekonditionierung erfordert in der Regel deutlich weniger Paarungen von CS und UCS als die ursprüngliche Konditionierung. Das verweist darauf, daß die Tiere sich immer noch an die ursprünglichen Lernversuche erinnern. Pawlow schloß daraus, daß die CR in vielen Fällen von Löschung nur zeitweise *gehemmt,* nicht aber vergessen ist.

Pawlow brachte Jahre damit zu, die Grenzen der Konditionierung zu bestimmen. Dabei stellte er unter anderem fest, daß es ein optimales Intervall gibt zwischen CS und UCS (eine Viertelsekunde, was den Speichelreflex angeht). Längere Intervalle führen dazu, daß weniger effizient gelernt wird. Wird der CS nach dem UCS dargeboten, findet überhaupt kein Lernen statt – auch das konnte Pawlow nachweisen. Dieses letztgenannte Ergebnis entsprach übrigens nicht gerade den Vorhersagen der meisten damaligen »Lehnstuhl«-Psychologen. Sie dachten, Lernen erfolge durch »Assoziation«; niemand vor Pawlow kam auf die Idee, daß die Reihenfolge der Reize eine wichtige Rolle spielen könnte.

Die Entdeckung und Erkundung des bedingten Reflexes reichte völlig aus, Pawlow einen wichtigen Platz in der Geschichte der Psychologie einzuräumen. Doch es ist vor allem die Art, wie er Entdeckungen aufarbeitete, die sein Werk auch heute noch so bedeutend macht.

Pawlow zeigte, daß und wie die Konditionierung die Introspektion ersetzen und einen objektiven Beitrag zum Verständnis dessen leisten konnte, was im Kopf und in der Seele eines Menschen und Tieres vor sich geht. Seine dabei wichtigsten Zugänge fand er in den aufeinander bezogenen Prozessen der *Generalisierung* und *Diskriminierung.*

Pawlow stellte schon zu Beginn seiner Forschungen fest, daß Tiere, die gelernt hatten, auf einen Glockenton hin Speichel abzusondern, diese Reaktion ebenfalls (wenn auch abgeschwächt) zeigten, wenn ein Summer ertönte oder das Klacken eines Metronoms zu hören war. Er schloß daraus, daß die Tiere ihre bedingte Reaktion auch auf solche dem Glockenton ähnliche Reize ausdehnten oder *generalisierten.* Spätere Experimente zeigten, daß das Ausmaß der Generalisierung (gemessen an der Menge des produzierten Speichels) in direktem Verhältnis zur physischen Ähnlichkeit des Reizes steht. Pawlow folgerte daraus unmittelbar, daß die Reizgeneralisierung ein Fenster zur »Seele« des Versuchstieres darstellte. Er präsentierte dem Tier eine Reihe von Reizen und notierte die Stärke der entsprechenden CR. Auf diese Weise konnte er sagen, wie ähnlich der Reiz dem Tier subjektiv erschien. Wenn die CRs auf zwei Reize gleich waren, dann wußte Pawlow, daß die beiden Reize – für das Tier – identisch waren. Wenn dagegen der eine Reiz einen Überfluß an Speichel hervorrief, der andere aber nur ein paar Tropfen, wußte Pawlow, daß die beiden Reize, auch wenn sie miteinander verbunden waren, dem Hund subjektiv sehr verschieden vorkamen. Obwohl die Bedeutung der Reizgeneralisierung schon aufregend genug war, stellte Pawlow bald fest, daß er noch mehr herausfinden konnte, wenn die Tiere umgekehrt zwischen bestimmten Reizen unterscheiden sollten.

Bei einem typischen Unterscheidungsexperiment mußte das Tier lernen, daß der eine Reiz verläßlich mit dem UCS verbunden ist, der andere nicht. Zum Beispiel konnte in manchen Versuchsdurchgängen der Glockenton mit Futter gepaart sein (wie im klassischen Experiment), während in anderen Durchgängen lediglich ein Summer ertönte, der keinerlei Futterdarbietung zur Folge hatte. Zunächst reagiert das Tier auf beide akustischen Reize mit Speichelfluß, doch nach einer gewissen Zeit löscht es seine Reaktion auf den Summer und geifert nur, wenn die Glocke ertönt. Wenn dies geschieht, sagt man, das Tier hat gelernt, zwischen zwei Reizen zu unterscheiden oder zwischen diesen zu *diskriminieren.* Sind die beiden Reize allerdings sehr ähnlich, dann wird das Tier nicht in der Lage sein, zwischen ihnen zu unterscheiden und entsprechend auf beide Reize die gleiche CR zeigen. Durch systematische Erhöhung bzw. Verminderung der Reiz-Ähnlichkeit konnte Pawlow schließlich den exakten Punkt herausfinden, bei dem ein Tier zwei Reize nicht länger auseinanderhalten konnte, das heißt den Punkt, an dem die Reize für das Tier identisch waren. Auf diese Weise war Pawlow in der Lage, die subjektiven Eindrücke eines Tieres objektiv zu messen, ohne daß er dabei der unbefriedigenden Beschäftigung hätte nachgehen müssen, sich selbst in ein Tier (oder einen anderen Menschen) hineinzuversetzen.

So erfüllte Pawlows einfaches Experiment verschiedene Zwecke. Es zeigte, daß Reflexe gelernt werden können, und daß solche Lernvorgänge dafür verantwortlich sind, wie ein Organismus in vielen Situationen reagiert. Außerdem bot es eine Möglichkeit, Physiologie und Psychologie zu verknüpfen. Pawlow versuchte mit seinem klassischen Experiment den Beweis zu führen, daß die subjektiven Inhalte der »Seele« auch untersucht werden können, wenn man nicht auf Introspektion zurückgreift. Da die Methode des klassischen Konditionierens auch bei Problemen angewandt werden kann, die per »Lehnstuhl«-Introspektion nicht zu beantworten sind (ob ein Hund zwischen einer Glocke und einem Summer unterscheiden kann, zum Beispiel), ebnete Pawlows Experiment den Weg für eine wissenschaftliche Psychologie auf der Grundlage der Beobachtung objektiven Verhaltens.

Pawlow erforschte das Verhalten von Tieren, doch die Konditionierung funktioniert bei Menschen genauso. So gelang es einigen Forschern, die Konditionierung beim Menschen zu demonstrieren, indem sie solche unbedingten Reflexe wie den Kniescheibenreflex oder den Lidschlagreflex benutzten. Die Konditionierung funktionierte bei Menschen selbst dann, wenn die CRs physiologischer Natur waren. So erhöht ein milder elektrischer Schock (UCS) zeitweise den Herzschlag (UCR). Dieser Reflex ist angeboren. Sobald kurz vor einem solchen Schock eine Glocke (CS) ertönt, wird der Glockenton schließlich allein bereits den Herzschlag in die Höhe treiben (CR).

Es ist möglich, daß viele unserer emotionalen Reaktionen durch Konditionierungsprozesse gelernt werden. Ein Säugling, der normalerweise zu seiner Mutter aufsieht, während sie ihn stillt, lernt zum Beispiel, das Gesicht der Mutter mit dem Vergnügen der Nahrungsaufnahme in Verbindung zu bringen. Durch diese Konditionierung erweckt das Gesicht der Mutter allein schon dasselbe angenehme Gefühl. Auch negative Empfindungen können konditioniert werden. Neutrale Reize, die mit einer erschreckenden Erfahrung kombiniert auftreten, können schließlich von ganz allein Angst und Schrecken auslösen. Diese Hypothese war der Ausgangspunkt für Watsons klassisches Experiment, das als nächstes erläutert werden soll.

John Watson: Behaviorist

John B. Watson wurde 1878 in einem kleinen Dorf nahe Greenville, South Carolina, geboren. Als Kind lief er jeden Tag drei Kilometer zu einer kleinen Schule und wieder zurück und verbrachte einen großen Teil seiner Freizeit mit körperlicher Arbeit. Er war schon als Jugendlicher ein recht guter Schreiner, und wie Pawlow behielt er sein Leben lang eine besondere Vorliebe für Handarbeit. Als Erwachsener baute er sich im Laufe zweier Sommer ein Haus mit zehn Zimmern, und noch im Alter von 55 Jahren verbrachte er seine Wochenenden damit, eine Scheune zu errichten. Man darf solche biographischen Gemeinsamkeiten natürlich nicht überbewerten, aber diese von den beiden, für die Entstehung des Behaviorismus wichtigsten Männer, geteilte Vorliebe für körperliche Arbeit ist dennoch auffallend. In späteren Kapiteln wird auch der Lebensweg und das Werk von Antibehavioristen wie zum Beispiel Lewis Terman (Band 2) zur Sprache kommen. Zum größten Teil handelt es sich dabei um Menschen, die zwei linke Hände zu haben schienen und die körperliche Arbeit verabscheuten. Es scheint, als bevorzugten die Psychologen solche Theorien, die sich mit ihrer jeweiligen Persönlichkeit gut in Einklang bringen lassen.

Als junger Mann war Watson ein impulsiver Feuerkopf; mehrmals bekam er wegen Prügeleien und Schußwaffengebrauch Ärger mit der Polizei. Zwar gab er dieses ungehobelte Benehmen im Erwachsenenalter allmählich auf, doch sein Leben lang hatte er ein problematisches Verhältnis zu Autoritäten. Seine sozialen Schwierigkeiten waren jedoch nie so gravierend, daß er darüber seine intellektuellen Ambitionen vernachlässigt hätte. 1894, im Alter von 16 Jahren, schrieb er sich in die Furman-Universität in Greenville ein, fünf Jahre später verließ er die Hochschule mit einem Masters-Abschluß. Finanziell hielt er sich während dieser fünf Jahre über Wasser, indem er als chemischer Assistent in einem Labor arbeitete – eine Tätigkeit, bei der ihm sein manuelles Geschick zu Hilfe kam.

Watsons Charakter wird deutlich, wenn man hört, was er über die Furman-Universität im besonderen und akademische Bildung im allgemeinen dachte. Seiner Ansicht nach führte die Schule »zu Verweichlichung und Faulheit und verlängert die Kindheit, indem sie alle Neigungen zur Berufstätigkeit abtötet«. Universitäten waren für ihn beinahe wie Gefängnisse, »in die Jungen und Mädchen eingesperrt werden, bis sie volljährig sind« und die Welt sie endlich »aussieben kann«. Watson berichtet, er sei der einzige gewesen, der in seinem letzten Studienjahr das Griechisch-Examen bestand. Er vollbrachte diese Großtat, indem er sich am Tage vor seinem Examen um vierzehn Uhr mit einer Flasche eines schon damals weithin bekannten amerikanischen Erfrischungsgetränkes in sein Zimmer zurückzog und fest auf seinem Stuhl sitzen blieb, bis am nächsten Tag die Zeit für seine Prüfung gekommen war.

In seinem vierten Studienjahr händigte Watson seinem Prüfer

Abb. 7: John Watson (1878–1958), Begründer des Behaviorismus

»aus Versehen« ein Referat aus, bei dem die Seiten »von hinten nach vorne« geordnet waren. Er fiel durch und mußte sein Examen ein Jahr später wiederholen. Er schwor sich, Psychologe zu werden (und wählte damit das Gebiet, auf dem sein Professor ihn hatte durchfallen lassen), und zwar ein so berühmter, daß der Professor ihn eines Tages um Hilfe bitten mußte. Erstaunlicherweise ist genau das eingetroffen: Sein ehemaliger Dozent bewarb sich einige Jahre später um ein Studium bei ihm, und Watson akzeptierte ihn. Leider starb der Professor, bevor er mit seinem Studium beginnen konnte.

Nach seinem Examen an der Furman-Universität nahm Watson ein Graduiertenstudium an der Universität von Chicago auf. Er kam mit nur 50 Dollar in der Tasche in Chicago an, und mußte für zwei Dollar fünfzig die Woche als Kellner arbeiten; gelegentlich besserte er sein Einkommen auch als »Hausmeister-Gehilfe« auf. Nach ein paar Jahren wurde ihm alles zuviel, und er erlitt eine Art Nervenzusammenbruch. Er konnte nachts nicht mehr schlafen, fürchtete sich plötzlich im Dunkeln und hatte Mühe, sich zu konzentrieren. Nachdem er sich jedoch einige Wochen ausgeruht hatte, fühlte er sich wie neugeboren. Das einzige, was von dieser Erfahrung übrigblieb, war ein – für einen Behavioristen ungewöhnlich großes – Interesse an Freuds Neurosenlehre.

Trotz dieser Zeitverzögerung gelang es Watson, in seiner Arbeit gute Fortschritte zu machen, und er konnte nach nur drei Jahren seine Promotion abschließen. Mit 24 Jahren war Watson einer der Jüngsten, die je an der Universität von Chicago ihren Doktor gemacht hatten. Er blieb in Chicago und arbeitete auf den Gebieten Psychologie und Neurophysiologie, bis ihm 1907 eine Assistenzprofessur für Psychologie an der Johns-Hopkins-Universität in Baltimore angeboten wurde. Das Gehalt sollte jährlich 2500 Dollar betragen, und Watson zögerte, die Stelle anzunehmen, da er mehr Geld wollte. Denn er schuldete nicht nur einem seiner Professoren 350 Dollar (die er sich geliehen hatte, um seine Doktorarbeit veröffentlichen zu können), er war inzwischen auch verheiratet und hatte eine Familie gegründet. Im Jahre 1908 versuchte es die Johns-Hopkins-Universität erneut bei ihm. Diesmal bot man Watson den Lehrstuhl in Psychologie und ein Jahresgehalt von 3500 Dollar – jetzt nahm Watson an.

In seinen ersten Jahren an der Johns-Hopkins-Universität lehrte Watson die damals gängige Psychologie – das Seelenleben durch Introspektion zu untersuchen. Doch ähnlich wie Pawlow enttäuschte ihn dieser Ansatz, und er dachte darüber nach, wie man Verhalten objektiv studieren könne. Es waren die Jahre, in denen Pawlow (der schon als Nobelpreisträger einige Berühmtheit erlangt hatte) seine Arbeiten über Konditionierung veröffentlichte. Watson war einer der ersten amerikanischen Psychologen, die erkannten, wie bedeutend Pawlows Erkenntnisse für ihre Disziplin waren. Im Jahre 1913 veröffentlichte er einen Aufsatz unter dem Titel »Psychologie aus der Sicht eines Behavioristen«, in dem er vehement für eine objektive und nicht introspektive Wissenschaft Psychologie argumentierte. Watson verwendete den Begriff *»Behaviorismus«*, um seinen theoretischen Standpunkt zu verdeutlichen. Für ihn bedeutete Behaviorismus eine psychologische Wissenschaft, die ausschließlich beobachtbares Verhalten studiert. Er leugnete nicht, daß es so etwas wie Bewußtsein gibt, war jedoch davon überzeugt, man könne Bewußtsein nicht per Introspektion untersuchen. Ebenso wie Pawlow glaubte er, daß auch Emotionen objektiv operationalisiert werden konnten und man Empfindungen am besten dadurch auf die Spur kommt, indem man Unterscheidungsverhalten beobachtet.

Watson war ein begabter Propagandist seiner eigenen Lehre, und seine behavioristischen Ansichten verbreiteten sich schnell. Er wurde berühmt und 1915 im Alter von 37 Jahren zum Präsidenten der Amerikanischen Psychologischen Vereinigung gewählt. Seine Karriere wurde zeitweilig durch den Ersten Weltkrieg unterbrochen, in dem er als Militärpsychologe dafür verantwortlich war, Männer auszuwählen, die sich für eine Pilotenausbildung eigneten. Seine Erlebnisse beim Militär machten ihn nicht gerade glücklich. Sein Jähzorn und die Abneigung sich unterzuordnen, hätten ihn beinahe vor das Kriegsgericht oder, noch schlimmer, zum Fronteinsatz gebracht. Doch er kam heil aus der Armee und an die Johns-Hopkins-Universität zurück. Dort setzte er seine Forschungsarbeiten fort und interessierte sich mehr und mehr dafür, behavioristische Techniken zu entwickeln, mit denen man abweichendes Verhalten untersuchen konnte. Auf diesem Gebiet arbeitete er eng mit Adolph Meyer zusammen, dem Direktor der psychiatrischen Klinik an der Universität. Eigenartigerweise kamen Meyer, ein Schüler Sigmund Freuds, und Watson, der Erz-Behaviorist, sehr gut miteinander aus. In diesen Jahren nach dem Ersten Weltkrieg wurde Watsons klassisches Experiment über die Entstehung von Ängsten bei Kleinkindern durchgeführt.

KLASSISCHES EXPERIMENT

Der kleine Albert

John Watson

Der bei weitem wichtigste Beitrag zur modernen Psychologie seelischer Störungen war die Psychoanalyse Sigmund Freuds. Vor Freud wurden Patienten, die unter psychisch bedingten Störungen litten, mit einer Mischung aus Mißtrauen und Verachtung betrachtet. Mißtrauen, weil viele Symptome (Hysterie zum Beispiel) als Anzeichen der Simulation betrachtet wurden, und Verachtung deshalb, weil psychische Störungen generell als Zeichen der Schwäche galten. Freud brachte 40 Jahre lang oft zehn Stunden am Tag damit zu, Patienten zuzuhören, die ihm ihre geheimsten Gedanken und Gefühle mitteilten. Die aus solchen Gesprächen gewonnenen Daten wurden zur Grundlage einer Theorie, die bisherige Betrachtungsweisen psychischer Störungen grundlegend in Frage stellten: Psychologen und Psychiater wußten nun um die mögliche Bedeutung unbewußter Konflikte bei der Entstehung seelischer Probleme. Freuds Lebensgeschichte und der soziale Hintergrund seiner Arbeiten werden in Band 2 näher beleuchtet. Hier soll nur eine seiner Fallgeschichten interessieren: Der kleine Hans, der Junge, der sich vor Pferden fürchtete.

Freud veröffentlichte die *Analyse der Phobie eines fünfjährigen Knaben* im Jahre 1909. Es sollte sich herausstellen, daß dies einer der Fälle wurde, die ihn berühmt machten. Die in dem Buch beschriebene Analyse wurde fast ausschließlich per Briefwechsel durchgeführt. Freud begegnete dem Jungen nur ein einziges Mal, und das sehr kurz. Alle seine Informationen erhielt er von dem Vater des Jungen. Der Vater beobachtete seinen Sohn, stellte ihm Fragen und übermittelte Freud die Antworten, der dann zurückschrieb und weitere Fragen bzw. Beobachtungen vorschlug. Da Freud in seinem Buch ausführlich aus seiner Korrespondenz zitiert, ist die Phobie des kleinen Hans sein am besten dokumentierter Fall.

Hans, der im Alter von fünf Jahren zum Fall für den Analytiker wurde, war der 1903 geborene Sohn eines jungen Arztes und seiner Frau. Der Arzt war Anhänger der Freudschen Ansichten und bemühte sich, seinen Sohn zu erziehen, ohne Zwang auf ihn auszuüben. Er gewöhnte sich an, Freud regelmäßig schriftlich von der Entwicklung seines Kindes zu berichten. Als Hans 1906 eine kleine Schwester namens Hanna bekam, ließ er zwar einige Anzeichen von Eifersucht erkennen, diese hielten jedoch offensichtlich nicht lange an. Es schien kaum Probleme zu geben, bis Hans fünf Jahre alt war. Dann entwickelte er plötzlich eine unerklärliche Furcht – eine Phobie – vor Pferden. Hans fürchtete sich davor, ein Pferd könne ihn beißen, und weigerte sich sogar, das Haus zu verlassen, da er ja draußen einem Pferd begegnen könne. Insbesondere fürchtete er sich vor weißen Pferden mit schwarzem Maul und Scheuklappen.

Auf der Suche nach Hinweisen auf mögliche Ursachen

Abb. 8: Sigmund Freud (1856–1939), Begründer der Psychoanalyse

sah Freud die Briefe durch, die der Vater von Hans ihm geschrieben hatte. Dabei bemerkte er, daß Hans seinen Vater oft mit ähnlichen Worten beschrieben hatte, wie er sie für Pferde verwandte. So schilderte er zum Beispiel sowohl ein Pferd als auch seinen Vater als »stolz« und »sehr weiß«, und bat seinen Vater einmal, nicht weg zu »traben«, zudem stellte Freud fest, daß der Vater einen schwarzen Vollbart und eine Brille trug: Freud schloß daraus auf eine Verbindung zwischen Vater und Pferd in Hansens Phantasie. Dieser Eindruck verstärkte sich durch die Freud höchst bemerkenswert erscheinende Tatsache, daß Hans gern in Abwesenheit seines Vaters zu seiner Mutter ins Bett kroch.

Freud stellte zahlreiche solcher Schilderungen aus den Briefen des Vaters zusammen und entwickelte daraus eine Erklärung für die Phobie des kleinen Hans. Nach Freud war die Angst vor Pferden bei Hans eng verbunden mit dem Versuch, einen unbewußten Konflikt zu lösen. Hans, so Freud, fühlte sich sexuell zu seiner Mutter hingezogen und war eifersüchtig auf den Vater, den er als Rivalen um die Zuneigung seiner Mutter empfand. Die feindseligen Gefühle seinem Vater gegenüber waren für Hans jedoch bedrohlich: Sein Vater war schließlich soviel größer und stärker als er. Hans konnte solche Gefühle gegen seinen Vater nicht ertragen, also versuchte er, sie loszuwerden. Eine der Möglichkeiten, die einem Menschen in einer solchen Situation zur Verfügung steht, besteht – so Freud – darin, die unerwünschten Gefühle auf ein anderes Objekt zu übertragen; im Fall von Hans waren es die Pferde. Hans überwand seine Furcht schließlich. In einer späteren Veröffentlichung beschreibt Freud eine Begegnung mit Hans, als dieser 19 Jahre alt war. Darin beschreibt er Hans als einen »strammen«, gut angepaßten Jugendlichen im Vollbesitz seiner seelischen Gesundheit. (Übrigens berichtet Freud bemerkenswerterweise auch, daß sich die Eltern von Hans nach der Analyse der Phobie ihres Sohnes scheiden ließen.)

Nach Freud stellte die Angst des kleinen Hans vor Pfer-

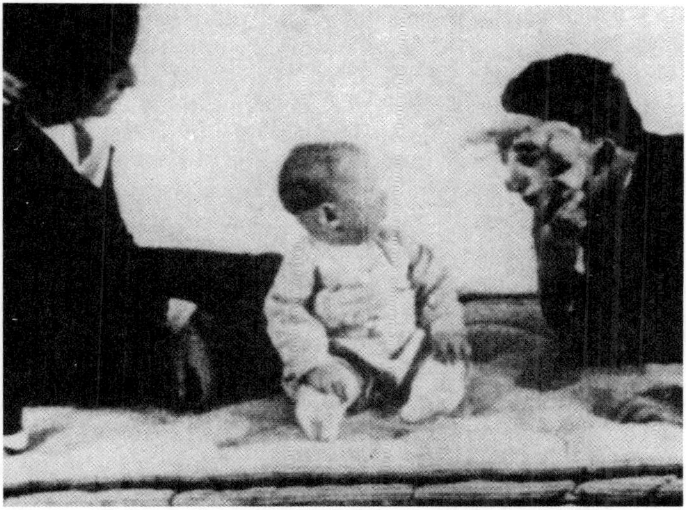

Abb. 9: John Watson (mit Maske) und Rosalie Rayner untersuchten die Generalisierung einer Phobie beim kleinen Albert

den symbolisch seine wirkliche Angst dar, die Angst vor seinem Vater. Freud war überzeugt davon, daß Phobien wie die des kleinen Hans einem bestimmten Zweck dienten. Sie würden dem Individuum dabei helfen, nicht akzeptable Gedanken in eine eher kontrollierbare Richtung zu kanalisieren. Dem kleinen Hans waren seine Gefühle seinem Vater gegenüber unheimlich, also übertrug er sie auf Pferde. Für Freud sind alle Phobien letztlich Ergebnis solcher unbewußten Konflikte. Die Analyse des kleinen Hans wurde auch deswegen wichtig, weil Freud aus diesem einen Fall seine Theorie vom Ödipus-Komplex entwickelte.

Freuds Analyse der Phobie des kleinen Hans hatte eine enorme Auswirkung auf die Psychologie. Das Kind, das bald als »Der Kleine Hans« berühmt wurde, war sein am besten dokumentierter psychoanalytischer Fall. Überall auf der Welt begannen Psychologen nach unbewußten Konflikten bei ihren phobischen Patienten zu suchen. Es gab allerdings auch einige, die Freuds Erklärung in Zweifel zogen. Einer dieser Zweifler war John Watson.

Zum großen Teil gründeten sich Watsons Vorbehalte auf Freuds Methode der Interpretation, die für einen Behavioristen entschieden zu subjektiv war. Doch Watson kritisierte nicht nur Freuds Methode, er war auch davon überzeugt, daß Freud einige wichtige Hinweise übersehen hatte. In einem seiner Briefe hatte der Vater des kleinen Hans erwähnt, daß sein Sohn einmal einen Unfall miterlebt hatte, bei dem einige große Pferde, die einen schwerbeladenen Wagen zogen, zu Boden geschleudert wurden und ein großes lärmendes Durcheinander entstand, bevor alles wieder in Ordnung gebracht wurde. Watson glaubte, ein solches Erlebnis könne aus sich heraus die Angst in dem Jungen hervorgerufen haben, und zwar durch einen Pawlowschen Konditionierungsvorgang. Es gäbe also keinen Grund, die Ursache der Angst in unbewußten ödipalen Konflikten zu suchen. Watson beschloß, seinen Standpunkt mit einem Experiment zu untermauern, das beweisen sollte, daß man in Kindern durch Konditionierung Ängste hervorrufen konnte. Sein erster Versuch, Angst zu konditionieren, indem er Blitz und Donner in seinem Labor auf ein Kind einwirken ließ, war ein Fehlschlag; dennoch führte ihn sein Bemühen bald auf einen anderen, experimentell erfolgreicheren furchterregenden Reiz.

Watson und seine Doktorandin Rosalie Rayner wählten als Versuchsperson ein elf Monate altes Kleinkind namens Albert B. Alberts Mutter war Amme in einem Krankenhaus für behinderte Kinder in Baltimore, und Albert hatte fast sein ganzes bisheriges Leben in diesem Krankenhaus verbracht. Sie beschrieben den Kleinen als phlegmatisch, ohne größere Gefühlsregungen, aber auch als vollkommen gesund. Obwohl ihnen bewußt war, daß sie sich vorgenommen hatten, in dem Kind eine »Phobie« auszulösen, waren sie nicht sonderlich beunruhigt. Sie hatten den Eindruck, ihr Experiment würde dem Jungen »kaum schaden«, und »trösteten« sich mit dem Wissen, daß »ohnehin Ängste entstehen würden, sobald das Kind die geschützte Umgebung des Krankenhauses verlassen und das rauhe Alltagsleben zu Hause beginnen würde«.

Den beiden Versuchsleitern war klar, daß sie – wenn es sich um einen Pawlowschen Konditionierungsvorgang handeln sollte – einen unbedingten Reiz, einen sogenannten UCS finden mußten, der eine angeborene Angstreaktion auslöst. Sie wählten ein lautes, unerwartetes Geräusch, indem sie mit einem Hammer auf ein 120 Zentimeter langes Stahlrohr schlugen. Als sie diesen Reiz zum erstenmal an Albert ausprobierten, »verschlug es ihm den Atem«, er »verzog die Lippen«, und nach einigen solcher unangenehmen Überraschungen begann er zu weinen. Die Forscher hatten ihren UCS offensichtlich gefunden. Als CS wählten sie eine weiße Versuchsratte. Vor dem Experiment zeigte Albert keinerlei Furcht vor der Ratte, im Gegenteil, er wollte sie gern streicheln und mit ihr spielen.

Das Experiment begann mit zwei Konditionierungsdurchgängen, in denen Albert die Ratte gezeigt wurde, kurz gefolgt von dem lauten Geräusch. Einige Tage später wurde Albert die Ratte gezeigt, ohne daß der Knall folgte, und man konnte beobachten, daß das Kind zögerte, sie zu berühren. Dann folgten fünf weitere Versuchsdurchgänge, in denen die Ratte und das Geräusch wieder gekoppelt waren. Zu diesem Zeitpunkt genügte es, ihm die Ratte zu zeigen, um ihn zum Weinen zu bringen.

Die Forscher waren nun überzeugt, daß sie in Albert durch die Konditionierung eine Phobie vor Ratten hervorgerufen hatten, und wollten nun herausfinden, wie weit sich diese Furcht auf andere Objekte ausgeweitet bzw. generalisiert hatte. Sie stellten fest, daß die Bauklötze, mit denen Albert oft spielte, keine Furcht auslösten, doch sie beobachteten Anzeichen von Furcht vor Tieren, die der Ratte in gewisser Weise ähnlich waren. Zum Beispiel schien Albert jetzt vor einem Kaninchen und einem Hund Angst zu haben. Watson und Rayner schlossen daraus, daß sich die Angst des Kindes vor der Ratte auf andere behaarte Tiere ausgeweitet hatte. Weitere Belege für die Generalisierung waren Alberts Quengeln, sobald er einen Seehund-Mantel oder die Maske eines Weihnachtsmannes (mit Bart) gezeigt bekam. Zunächst hatte er auch Angst vor Wattebäuschen, doch die überwand er schnell.

Fünf Tage, nachdem sie Alberts Reaktion auf all diese Objekte registriert hatten, stellten Watson und Rayner fest, daß Alberts Furcht vor der Ratte abgenommen hatte. Also führten sie einen weiteren Konditionierungsversuch durch und schlugen diesmal auch auf das Stahlrohr, sobald sie dem Kind ein Kaninchen oder einen Hund gezeigt hatten. Dieses Vorgehen verurteilte ihre folgenden Generalisierungsuntersuchungen einen Monat später zum Scheitern, denn Albert war ja inzwischen darauf konditioniert, sich auch vor diesen Reizen zu fürchten. Kurz danach kam Albert nach Hause und wurde nie wieder gesehen.

Das war das ganze Experiment. Es gab keine Kontrollgruppe, kein sorgfältiges Aufzeichnen der CR und einige Verwirrung dadurch, daß auch Kaninchen und Hund als bedingter Reiz eingesetzt wurden, nicht nur die Ratte. Es ist sogar zu bezweifeln, ob Alberts Furcht vor der Ratte wirklich als Phobie bezeichnet werden kann. Die Forscher beobachteten lediglich, daß er keinerlei Furcht zeigte, solange er am Daumen lutschen konnte. Watson und Rayner berichteten: »In dem Augenblick, in dem die Hand den Mund erreichte, wurde er unzugänglich für den angsterregenden Reiz. Wieder und wieder mußten wir ihm den Daumen aus dem Mund nehmen, bevor wir die bedingte Reaktion erzielen konnten.« Was für eine Phobie das wohl war? Und was für ein Experiment!

Aus ethischer Sicht ist es unwahrscheinlich, daß ein solches Experiment jemals wieder durchgeführt werden könnte. Die heutigen Psychologen sind durch ethische Richtlinien dazu verpflichtet, ihren Versuchspersonen keinen Schaden zuzufügen, und wenn doch ein Schaden entsteht, sind sie gehalten, etwas dagegen zu unternehmen. Heutzutage würde niemand erlauben, daß Albert einfach aus dem Krankenhaus entlassen wird, ohne daß versucht wird, ihm die erzeugte Angst wieder zu nehmen. Watsons und Rayners Experiment war auch aus methodischer Sicht vollkommen unangemessen. Ihr Vorgehen war kaum kontrolliert, ihre Meßmethoden äußerst ungenau. Vergleichen Sie zum Beispiel die von Pawlow akribisch gezählten Speicheltropfen des Versuchshundes mit Watsons und Rayners Beschreibung von Alberts Reaktion auf den Pelzmantel (»er quengelte«). Und dennoch ist das Experiment wahrhaft ein Klassiker. Es wird seither in fast jedem Psychologie-Lehrbuch zitiert und hat viele Psychologen davon überzeugt, daß es eine Alternative zur Freudschen Psychoanalyse gibt. Das war Watsons Absicht, als er das Experiment durchführte. In ihrem Aufsatz, in dem sie das Experiment schildern, schreiben Watson und Rayner zum Schluß:

Die Freudianer werden in 20 Jahren, wenn sie ihre Hypothesen nicht ändern, in der Analyse von Alberts Angst vor Pelzmänteln – angenommen, Albert käme in diesem Alter in eine Analyse – ihm vermutlich die Schilderung eines Traumes entlocken, den sie folgendermaßen interpretieren werden: Im Alter von drei Jahren versuchte Albert, mit den Schamhaaren seiner Mutter zu spielen und wurde heftig dafür gescholten.

Es war vor allem dieses Experiment, das in Psychologen die Überzeugung weckte, neurotische Symptome wie Phobien könnten als Konditionierungen interpretiert werden, seien also gelernt und könnten vielleicht sogar auch wieder verlernt werden. So ist auch die Verhaltenstherapie, heute eine gut florierende Therapierichtung, eine direkte Folge dieses mit derart vielen Fehlern behafteten Experiments.

KLASSISCHES EXPERIMENT

In diesem Fall, wie auch in anderen, die in diesem Buch noch geschildert werden, konnte ein Experiment trotz schwerer methodischer Fehler einen enormen Einfluß auf die Forschung ausüben, und zwar vorwiegend deshalb, weil seine Ergebnisse so provozierend wirkten.

Nachwirkungen

Pawlow war die gesamten 20er und den größten Teil der 30er Jahre hindurch weiterhin als Forscher aktiv. Er weitete seine Forschungen über Konditionierungsvorgänge aus und interessierte sich immer stärker für Verhaltensstörungen. Als er 1936 starb, hinterließ er wesentliche Beiträge für unser Verständnis von Verhaltens- und Persönlichkeitsstörungen sowie neurophysiologischen Vorgängen. Einige seiner Vorstellungen mußten später zwar modifiziert werden, doch bis heute gilt, daß er in den meisten Dingen recht behalten und die Entstehung des Behaviorismus maßgeblich beeinflußt hat. Es war vor allem Pawlow, der die Psychologen davon überzeugte, die Descartes'sche Dichotomie von Geist und Seele aufzugeben und seelische Vorgänge eher »von außen statt von innen« zu betrachten.

Auch Watsons klassisches Experiment sorgte in Fachkreisen für ein beträchtliches Aufsehen. Ein Film, den er während Alberts Konditionierungserlebnissen drehte, machte seine Forschungen zudem einem Laienpublikum bekannt. Watson glaubte, trotz der Fehler in seinem Experiment, bewiesen zu haben, worauf es ihm angekommen war: Ängste konnten durch Konditionierung hervorgerufen werden. Doch dabei blieb er nicht stehen. Das gesamte menschliche Verhalten, so behauptete er beharrlich, sei nichts weiter als eine Reihe von Konditionierungen. Und er verkündete seine behavioristische Botschaft schließlich in diesem berühmt gewordenen Ausspruch:

Geben Sie mir ein Dutzend gut gebaute, gesunde Säuglinge und meine eigene ganz spezielle Welt, in der ich sie aufziehen kann, und ich garantiere: Ich nehme zufällig irgendeinen heraus und trainiere ihn, ein beliebiger Spezialist zu werden – Arzt, Rechtsanwalt, Künstler, Kaufmann und, ja, selbst Bettler und Dieb, unabhängig von seinen Talenten, Vorlieben, Neigungen, Fähigkeiten oder der Rasse seiner Vorfahren.

Das war allerdings starker Tobak – Watson gelang es nie, diese Behauptung zu beweisen. Im Jahre 1920, kurz nach Veröffentlichung seines klassischen Experiments, wandte er sich einem anderen Forschungsgebiet zu und war der erste Wissenschaftler, der die physiologischen Aspekte sexueller Erregung studierte. Vier Jahrzehnte vor Masters und Johnson untersuchte Watson die Physiologie der Sexualität auf unmittelbare Weise, indem er den Paaren Elektroden am Körper anbrachte und ihre Reaktionen beim Geschlechtsverkehr aufzeichnete. Als leidenschaftlicher Wissenschaftler entschied Watson, seine eigene Versuchsperson zu werden, doch seine Frau weigerte sich mitzumachen. Unverzagt wandte Watson sich an eine andere Frau. Bald begann seine Frau sich zu wundern, warum er im Labor so viel Zeit mit seiner jungen Assistentin Rosalie Rayner verbrachte. Schließlich fand sie heraus, warum. Watson wurde gezwungen, seinen Lehrstuhl an der Johns-Hopkins-Universität aufzugeben und erhielt nie wieder eine akademische Position. (Das Verhalten eines verheirateten Mannes wurde zu jener Zeit ernster genommen als heutzutage.) Seiner Kündigung folgte ein öffentliches Scheidungsverfahren, das ihn sowohl ökonomisch wie emotional gestrandet zurückließ. Er heiratete Rosalie Rayner und begann, sein zerrissenes Leben wieder in die Hand zu nehmen, indem er eine Stelle bei der Werbefirma J. Walter Thompson antrat. Watson, der im Alter von 29 Jahren schon Professor geworden war, ging jetzt von Haus zu Haus, verkaufte zunächst Gummistiefel und später in Pittsburgh Kaffee. Eine Zeitlang war er Angestellter in Macy's Warenhaus in New York. Auch in seinem neuen Leben machte er eine steile Karriere, und 1924 war er Vizepräsident von J. Walter Thompson. Mit Ausnahme einiger Vorlesungen an der New School for Social Research in New York kehrte Watson nie zum akademischen Leben zurück; allerdings schrieb er Beiträge über Kindererziehung für populäre Frauenzeitschriften wie *McCalls.* Watson starb 1958.

Im Laufe der Jahre wurde Watsons Konditionierung des Kleinen Albert (er wurde so genannt, um ihn von Freuds Kleinem Hans abzuheben) Teil einer psychologischen Legendenbildung. Wie bei dem Spiel »Stille Post« wurde Watsons Experiment von einem Lehrbuch zum anderen immer mehr verfremdet, schließlich bis zur Unkenntlichkeit verändert. Es handelt sich nicht nur um kleine Ungenauigkeiten, die sich da summiert haben, obwohl auch das schon auffällig ist (in einem Lehrbuch wird sogar Alberts Name falsch wiedergegeben). Manche Autoren haben das Ausmaß der Angst-Generalisierung des Kindes übertrieben. In einem Buch wird zum Beispiel beschrieben, Albert habe sogar vor seinem Lieblings-Teddybären Angst bekommen – dabei haben Watson und Rayner in ihrem Aufsatz keinerlei derartiges Spielzeug auch nur erwähnt. Die vielleicht erstaunlichste Veränderung in manchen Lehrbüchern betrifft jedoch Berichte über Alberts »Heilung«. Ein Psychologie-Lehrbuch aus jüngster Zeit beschreibt detailliert, wie Albert seine Phobie verliert, nachdem er Schokolade als Belohnung dafür erhält, daß er die Ratte näher und näher an sich heranlassen kann! Offenbar mochten die Autoren einfach nicht glauben, daß Watson und Rayner Albert ohne jegliche Behandlung nach Hause entließen – doch genau das haben sie getan.

Diese Legendenbildung um das Experiment mit dem kleinen Albert verweist darauf, wie suggestiv Watsons Ideen waren; man betrachtet sie heute noch als zutreffend, trotz der Schwächen dieses Experiments. Und, das muß hinzugefügt werden, trotz der offensichtlichen Mißerfolge anderer Forscher, als sie diese Ergebnisse wiederholen wollten. In einem der Wiederholungsexperimente lernte nicht ein einziges von insgesamt 15 Kindern, sich vor einem Holzspielzeug zu fürchten, selbst wenn das Spielzeug wieder und wieder zusammen mit einem lauten, unangenehmen Geräusch dargeboten wurde. Heute halten die meisten klinischen Psychologen, selbst Behavioristen, Angst nicht länger als ankonditioniert im Pawlowschen Sinne; sondern sie folgen dem Modell des *operanten* Konditionierens, wie es von Watsons berühmtestem Schüler, B. F. Skinner, entwickelt wurde. Hier sollen die Unterschiede zwischen den beiden Arten der Konditionierung nicht erläutert werden. Es genügt, darauf hinzuweisen, daß Watsons Überzeugung, alle Phobien seien ein Ergebnis klassischer (Pawlowscher) Konditionierung, mit großer Sicherheit falsch ist. Nichtsdestoweniger übte sein Experiment einen überwältigenden Einfluß auf die Entwicklung der modernen Psychologie aus. Der Behaviorismus beherrschte die psychologische Forschung mehrere Jahrzehnte lang. Dank Watsons Einfluß interessierten sich die sich als wissenschaftlich verstehenden und experimentell arbeitenden Psychologen erst in den 60er Jahren wieder für die »Seele« und die Frage, was in ihr vorgeht.

Zum Weiterlesen

Gray, J. A: *Pavlov.* Harvester Press, Brighton 1979.
Pavlov, I.: *Selected Works.* Foreign Languages, Publishing House.
Pawlow, I.: *Ausgewählte Werke.* Akademie Verlag, Berlin 1955.
Lefrançois, G. R.: *Psychologie des Lesens.* Springer, Berlin 1982, Moskau 1955.
Watson, J. B., und Rayner, R.: *Conditioned Emotional Reactions.* In: Journal of Experimental Psychology, 3, S. 1–14, 1920.

KAPITEL ZWEI

Das zweigeteilte Gehirn

Eine der ältesten Fragen der Psychologie lautet: Wie beeinflußt das Gehirn unser Verhalten? Zwar gibt es auf diese Frage keine allgemeingültige Antwort, doch die meisten Psychologen glauben heute, daß verschiedene Teile des Gehirns spezialisiert sind auf jeweils ganz bestimmte psychische Funktionen. Dieses Kapitel beginnt mit einem kurzen historischen Überblick über die Forschung zum Verhältnis zwischen Gehirn und Verhalten. Diese Zusammenfassung soll zeigen, wie und warum die Psychologen darauf gekommen sind, einen derartigen Standpunkt einzunehmen.

Die Lokalisierung von Hirnfunktionen

Die Psychologie der Fähigkeiten

Spekulationen darüber, welche Funktionen das Gehirn hat und wo diese Funktionen lokalisiert werden können, diese Spekulationen gibt es, seit es Anatomie und Physiologie gibt. Das Edwin-Smith-»Chirurgen-Papyrus«, das im Jahre 1862 im ägyptischen Luxor gefunden wurde und vermutlich aus der Zeit um 3000 vor Christus stammt, beschreibt 48 Fälle traumatischer Kopfverletzungen, wahrscheinlich Verwundungen, die aus kriegerischen Auseinandersetzungen herrührten. Der Autor dieses Papyrus unternimmt einige Versuche, die Stelle der jeweiligen Kopfverletzung mit dem Ausfall bestimmter Körperfunktionen in Verbindung zu bringen. Die hippokratischen Schriften des antiken Griechenland beschreiben ebenfalls bestimmte Beziehungen zwischen Gehirn und Verhalten; dazu gehörte auch die Beobachtung, daß Wunden auf einer Seite des Kopfes Funktionsveränderungen auf der anderen Körperseite hervorrufen – eine Tatsache übrigens, die anscheinend für die nächsten 1000 Jahre wieder in Vergessenheit geriet.

Im vierten Jahrhundert nach Christus hatten die Gelehrten

Nemesius und der heilige Augustinus eine Theorie der Gehirn-Spezialisierung entwickelt, die bis einschließlich der Zeit des Mittelalters vorherrschte. Ihre Theorie ordnete verschiedene psychische Funktionen – sogenannte *Talente* oder Fähigkeiten – nicht dem weichen stofflichen Teil des Gehirns zu, sondern dessen scheinbar leeren Kammern, den Ventrikeln. Dabei folgten sie lediglich der Lehre des klassischen Anatomen Galen, nach dem das »psychische Gas«, durch das menschliche Verhalten in Gang gesetzt wird, in den Ventrikeln des Gehirns aufbewahrt und den verschiedenen Organen des Körpers durch Blutbahnen und Nervenzellen übermittelt wird (die er sich als hohle Leitungsrohre vorstellte).

Nemesius, Augustinus und ihre Schüler glaubten, in jeder der Hirnkammern sei ein anderes Talent beheimatet. Zunächst waren die Talente abgeleitet von der Trennung des griechischen Philosophen Plato in »Sinn« und »Intellekt«, doch allmählich wurde die Zahl der Talente erhöht und umfaßte schließlich

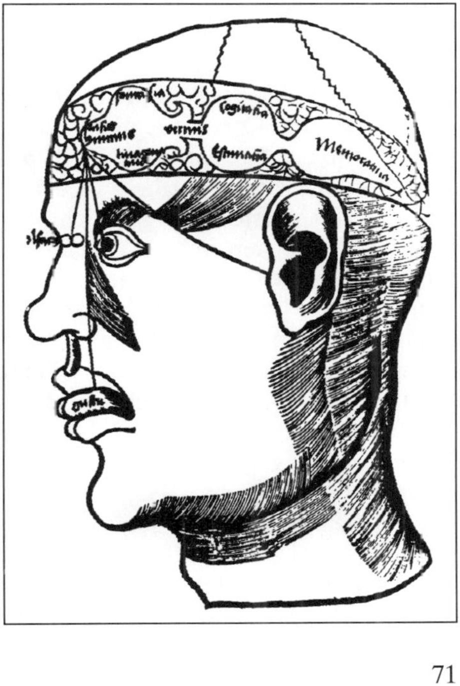

Abb. 10: Ein Holzschnitt aus dem Mittelalter zeigt das Ventrikelsystem des Gehirns. Jedem Ventrikel wird eine Fähigkeit (Fakultät) zugeschrieben: vorn die Gefühle, in der Mitte das Denken und im Hinterkopf das Gedächtnis

Empfindung, Wahrnehmung, Gedächtnis, Vorstellungskraft, Aufmerksamkeit, Sprache, Urteilskraft und Willen. Empfindung und Vorstellungskraft wurden in den vorderen Ventrikeln verortet, Verstand und Gedanken in den mittleren und Gedächtnis in den hinteren. Falls es noch nicht deutlich geworden sein sollte, sei noch einmal betont: Diese Theorien waren rein spekulativ. Man verwies nicht auf empirische Daten, und man sammelte auch keine. Mehr noch, die Talente, die aus dem Alltagsleben »destilliert« wurden, diktierten umgekehrt die ihnen angeblich zugrundeliegende Neuroanatomie. Die Überlegung lautete: Da Menschen über Vorstellungskraft verfügen, muß ein Teil des Gehirns dafür zuständig sein, da die Menschen ein Gedächtnis haben, muß es einen anderen Teil des Gehirns für die Erinnerung geben und so weiter.

Das anatomische Wissen hat sich im Verlaufe der nächsten 1000 Jahre erheblich vergrößert, doch das Wissen um die Hirnfunktionen wurde nicht im gleichen Maße erweitert (eine Situation, die im wesentlichen heute noch so ist). Die Theorie der Talente oder Fähigkeiten blieb bestehen, auch wenn diese Fähigkeiten allmählich aus den Ventrikeln in die Hirnsubstanz verlagert wurden. Dagegen wurden zahlreiche Anstrengungen unternommen, das Organ zu finden, das Sitz der »Seele« sei. Descartes hatte den Eindruck, die Zirbeldrüse in der Mitte des Gehirns sei dafür verantwortlich; sie beherberge die Seele. Er hatte sogar die Vorstellung, die Richtung, in die die Zirbeldrüse weise (bei manchen weist sie nach oben, bei anderen nach unten), beeinflusse das Verhalten.

Im 18. Jahrhundert war die Psychologie der Talente oder Fähigkeiten stolze 1300 Jahre alt. Und doch gab es immer noch wenig Einigkeit darüber, welche Talente zu welchen Hirnstrukturen zu zählen seien. Außerdem glaubten nur wenige Wissenschaftler überhaupt daran, daß das Gehirn für das gesamte Verhalten zuständig und verantwortlich sei. Und immerhin noch im Jahre 1799 war Xavier Bichat, der Anatom, dessen Gewebetheorie die moderne Histologie begründete, nach wie vor davon überzeugt, das Gehirn sei zwar für den Intellekt, das Herz aber für die »Leidenschaften« zuständig. Andere Theoretiker schrieben auch den Hormondrüsen eine wichtige Rolle zu. Diese Position wurde jedoch bald unhaltbar, und zwar im wesentlichen aufgrund der Arbeiten von Franz Joseph Gall.

Aufstieg und Fall der Phrenologie

Gall wurde 1758 in Wien geboren. Er studierte Medizin und hatte eine gutgehende Privatpraxis, als er um das Jahr 1800 begann, Vorlesungen zu halten. Seine öffentlichen Vorträge über die Beziehung zwischen Gehirn und Verhalten wurden bald auf Befehl des österreichischen Kaisers mit der Begründung verboten, diese ketzerischen Ideen verführten zum Materialismus und leugneten die Bedeutung der Religion. Derart mundtot gemacht, verließ Gall Österreich und hielt gemeinsam mit seinem Schüler Johann Spurzheim überall in Europa Vorträge über seine Theorie, bis er sich schließlich in Frankreich niederließ und dort große Berühmtheit erlangte, bevor er im Jahre 1828 starb.

Gall schrieb sein Interesse für die Frage, welche Teile des Gehirns für welche Funktionen zuständig seien, einer Beobachtung zu, die er als Kind gemacht hatte: Er hatte in der Schule festgestellt, daß ein Klassenkamerad, der über ein außerordentlich gutes Gedächtnis verfügte, auffällig hervortretende Augen hatte. Damals bereits habe er, Gall, die Hypothese aufgestellt, daß ein gutes Gedächtnis bei Menschen mit vergrößerten Frontallappen des Großhirns zu finden sei; das übergroße Gehirn drücke die Augäpfel nach außen. Er begann, seine Umwelt daraufhin zu beobachten, ob ein gutes Gedächtnis immer mit hervortretenden Augen einherging, stellte fest, daß das so war und zog daraus den Schluß, die Frontallappen seien Sitz des Gedächtnisses. So seltsam es uns heute auch erscheinen mag, aber Galls Beobachtungen stellten den ersten empirischen Versuch dar, die Lokalisation von Hirnfunktionen zu ergründen. Vor ihm war die Psychologie ein rein theoretisches Unterfangen, das aus dem »Lehnstuhl« heraus unternommen wurde. Die Historiker sind sich im allgemeinen darüber einig, daß Galls bedeutendster Beitrag zur Psychologie in seinem Beharren bestand, die Beziehung zwischen Gehirn und Verhalten sei der empirischen Beobachtung zugänglich.

Gall behauptete von Anfang an, das Gehirn sei Sitz der See-

Abb. 11: Franz Joseph Gall (1758–1828), Begründer der Phrenologie

le; weder Hormone noch das Herz spielten irgendeine Rolle. Er war auch davon überzeugt, daß die Persönlichkeitsmerkmale angeboren waren. Anders als der einflußreiche Philosoph John Locke, der behauptete, wir würden als *tabula rasa,* als unbeschriebenes Blatt, auf die Welt kommen, hatte Gall den Eindruck, die zwischenmenschlichen Unterschiede seien zu groß – selbst bei Menschen, die in derselben Umgebung aufgewachsen waren –, als daß sie nicht zu einem Teil auf Vererbung beruhten.

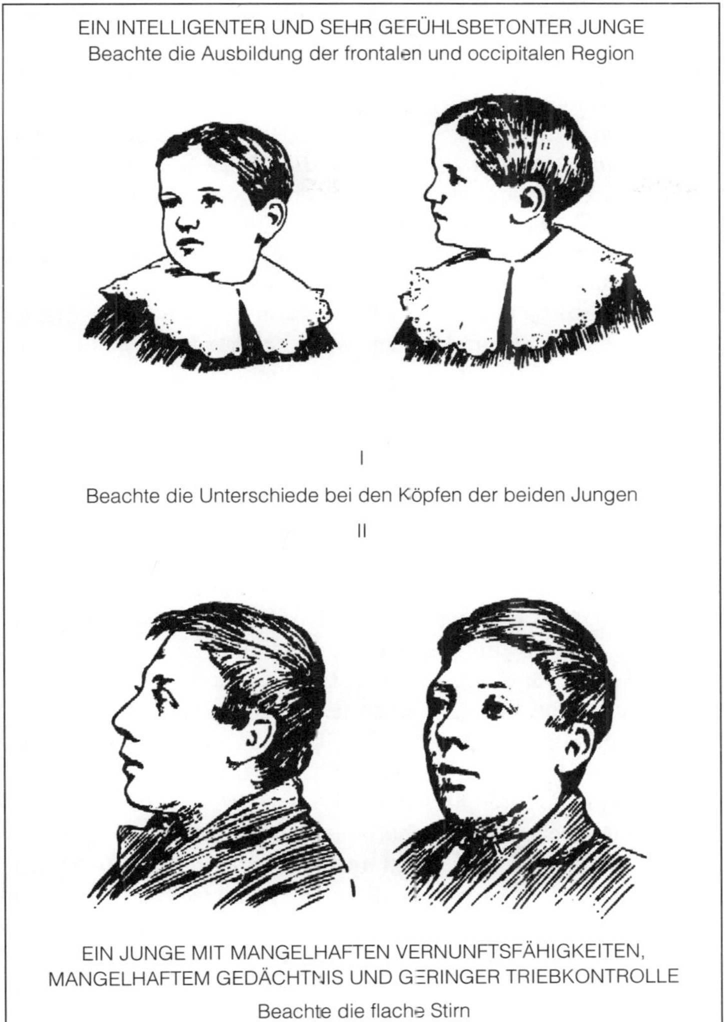

Abb. 12: Ein Beispiel für angewandte Phrenologie aus einem Phrenologie-Handbuch des 19. Jahrhunderts. Auffällig ist, wie unterschiedlich die beiden Jungen hinsichtlich ihrer Kleidung und ihrer Haartracht dargestellt sind

Das Gehirn, so glaubte er, bestand aus so vielen Organen, wie es Talente gab; je größer das Organ, desto stärker das Talent. Als logische Konsequenz daraus nahm er an, der Schädel sei ein Spiegel des darunter befindlichen Gehirns, so daß eine Untersuchung von Form und Konturen des Schädels (eine Prozedur, die er *Cranioskopie* nannte) über die Größe der darunterliegenden Hirnorgane Auskunft geben könnte. Obwohl die Wahrheit oder Irrtümer der Cranioskopie keine weitere Bedeutung für den Rest seiner Arbeit hatten, besiegelte Galls Glaube an diese Methode letztlich seinen Untergang.

Die *Phrenologie,* ein Begriff, der von Galls Schüler Spurzheim geprägt wurde und die angewandte Cranioskopie bezeichnen sollte, wurde auch in der Öffentlichkeit sehr schnell bekannt und erregte insbesondere in Großbritannien und den Vereinigten Staaten größtes Aufsehen. Zwar machten sich die meisten Wissenschaftler über die Phrenologie lustig, doch gebildete und weniger gebildete Laien fühlten sich zu ihr hingezogen. Als Sherlock Holmes aus einem ungewöhnlich großen Hut auf die ungewöhnliche Intelligenz seines Trägers schloß, richtete er sich damit nur nach der phrenologischen Überzeugung, die damals gang und gäbe war. Alfred Russell Wallace, Mitbegründer der Evolutionstheorie, liebte es, sich in »Phreno-Mesmerismus«, wie er es nannte, zu üben. Er behauptete, daß eine hypnotisierte Person mit der passenden Mimik reagiert, sobald der Hypnotiseur die entsprechenden Teile an einem nahestehenden phrenologischen Modell-Kopf berührt. Walt Whitmann benutzte sogar phrenologische Begriffe in seinen Gedichten.

Phrenologische Gesellschaften und Zeitschriften sprossen diesseits und jenseits des Atlantik wie Pilze aus dem Boden; Hunderte von Büchern über die neue Wissenschaft erschienen auf dem Büchermarkt. In einem dieser Bücher mit dem Titel *Heads and What They Tell Us* (Was Köpfe uns verraten), erschienen im Jahre 1891, erging sich ein W. Pugin Thornton seitenweise über die tiefe Bedeutung von Nasen. »Bonaparte«, schreibt er, »machte immer Männer mit langen Nasen zu Generälen, und es herrscht die Meinung vor, daß lange Nasen auf lange Köpfe und einen starken Geist hinweisen.« Dagegen seien »scharfgeschnittene Nasen … Anzeichen für einen schnellen,

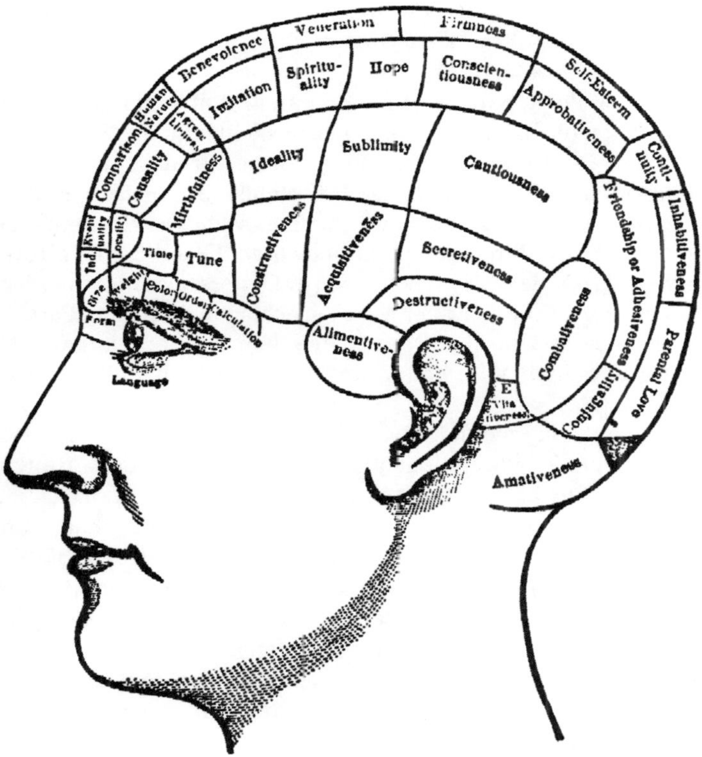

Abb. 13: Die 37 Fähigkeiten (Fakultäten) und wo sie – laut einem Handbuch für Phrenologie aus dem letzten Jahrhundert – im Gehirn lokalisiert sind

klaren, durchdringenden, forschenden, klugen und weisen Geist«. Um dieselbe Zeit erschien in der *New York Sun* die folgende Anzeige, in der ein Ausbildungsplatz für einen Lehrling angeboten wurde:

Ein kräftiger Bursche, nicht über 15 Jahren, mit deutschen oder schottischen Eltern, kann bei uns ein gutes, aber schwieriges Handwerk erlernen. N. B. – es ist erforderlich, eine Empfehlung seiner Fähigkeiten durch die Messrs. Fowlers und Wells, Phrenologen, Nassau Street, beizubringen.

Die Phrenologie hatte in jener Zeit mehr Anhänger als die Botanik oder die Biologie. Sie erklärte nicht nur die Beziehung zwischen Gehirn und Verhalten, sondern war auch eine Sozialphilosophie, mit – so sahen es ihre Anhänger – großer Bedeutung für die Erziehung, die zwischenmenschlichen Beziehungen und die Moral. Phrenologen untersuchten die äußere Kopfform und erklärten den Menschen, wie sie Depressionen vermeiden, welche berufliche Laufbahn sie einschlagen, welchen Partner sie wählen, wie sie ihre Kinder erziehen konnten, auf welche Weise Kriminellen zu helfen und wie geistige Krankheiten zu heilen seien.

Es schien niemanden sonderlich zu irritieren, daß die Behauptungen der Phrenologen auf einem Zirkelschluß beruhten. Denn die Aussage, eine Frau sei eine gute Mutter, weil sie eine überentwickelte Fähigkeit zur »Philoprogenitivität« habe, unterscheidet sich nur wenig von der Erklärung, daß Antibiotika gegen Lungenentzündung deshalb helfen, weil sie eine spezielle Fähigkeit haben, Krankheitserreger abzutöten. (Übrigens wird die Philoprogenitivität im Hirnstamm angesiedelt.)

Galls Problem war, daß seine Theorie nicht mit einer entsprechenden wissenschaftlichen Methode einherging. Wenn er Persönlichkeitsmerkmale mit zerebralen Landkarten verglich, war er nur darauf aus, Belege zu finden, die seine Theorie stützten, und ignorierte es, wenn kleine Dellen im Kopf mit außerordentlicher Intelligenz oder große Ausbuchtungen mit keinerlei spezifischen Talenten zusammenfielen. Wenn er widersprechende Befunde nicht länger beiseite schieben konnte, brachte er Ad-hoc-Hypothesen vor, nach denen manche große Ausbuchtungen von anderen großen Ausbuchtungen gehemmt werden oder zwei kleine Dellen addiert werden konnten, so daß ein Persönlichkeitsmerkmal entstand, das dem einer einzigen großen Delle entsprach.

Das beste Beispiel für die Platitüden, zu denen der phrenologische Ansatz verführte, war Spurzheims Reaktion, als er erfuhr, daß Descartes' Schädel im Stirnbereich deutlich kleiner war als der Durchschnitt, wo doch nach Meinung der Phrenologen die Intelligenz im Stirnbereich sitzt. Er meinte dazu einfach, vielleicht sei Descartes doch nicht ein so großer Denker gewesen, für den viele ihn gehalten hätten! Mit anderen Worten, die Phrenologen neigten dazu, nur die Belege zu akzeptieren, die ihre Meinung stützten und alle anderen Tatsachen, die mit ihrer Theorie in Widerstreit standen, wegzuinterpretieren. Es gab einige Versuche, sich mit den Tatsachen auszusöhnen, indem manchmal die Lokalisierung der menschlichen Charaktermerkmale verändert wurde, manchmal sogar ihre Beziehung. Doch selbst das führte zu widersprüchlichen Ergebnissen. Spurzheim meinte, »Hoffnung« sei ein Talent, doch Gall widersprach. Gall glaubte, das »Gewissen« sei ein Teil der »Güte«, Spurzheim hielt es für eine unabhängige Eigenschaft. So war der Phrenologie bald nicht mehr zu helfen. Die immer größer werdende Anzahl von Sondererklärungen, die man brauchte, um mit den vielen Gegenbeispielen fertig zu werden und die Unfähigkeit, sich darauf zu einigen, was denn ein Talent nun tatsächlich sein solle, verwickelte sich die Phrenologie zunehmend in unauflösbare Widersprüche.

Das Ende der Phrenologie war gleichzeitig auch das Ende der Psychologie der Talente. Statt nach einem Hirnorgan Ausschau zu halten, das die Hoffnung enthalten möge, nahmen die Theoretiker an, daß alles, was man im Gehirn lokalisieren könne, einfache sensorische und motorische Prozesse seien und daß sich komplexes Sozialverhalten irgendwie aus diesen einfachen Prozessen zusammensetze. Marie Flourens, die einflußreichste Hirnforscherin in der Zeit nach Gall, lehnte alle außer den einfachsten Lokalisationstheorien ab und vertrat die Ansicht, das Gehirn sei hauptsächlich eine unspezialisierte Masse. Diese Position hat in unserem Jahrhundert auch Karl Lashley eingenommen. Flourens und Lashley experimentierten mit Tieren, denen sie Teile des Gehirns entfernten, und beide stellten fest: Selbst wenn große Teile des zerebralen Cortex entfernt werden, bleiben Lernen und Gedächtnis von Tieren im wesentlichen davon unbeeinflußt.

Lashley konzentrierte sich längere Zeit auf einen möglichen Nachweis sogenannter »Engramme«, den vermeintlich grundlegenden neuronalen Gedächtniseinheiten. Seine intensiven Forschungen blieben allerdings erfolglos und führten ihn zur Annahme, das Gedächtnis könne nicht in einer einzigen Hirnregion lokalisiert werden, sondern die verschiedenen Gedächtnisleistungen seien überall im Gehirn verteilt. Das sei der Grund dafür, warum selbst nach Entfernung eines großen Teils der Hirnsubstanz viele Funktionen des Gedächtnisses erhalten bleiben.

Lashleys Befunde scheinen für viele verschiedene Gedächtnisleistungen zuzutreffen, dennoch war seine Theorie der Hirnfunktionen nur zum Teil korrekt: nicht alle Hirnfunktionen werden wie Gedächtnisleistungen über das gesamte Gehirn verteilt. Paul Broca, Carl Wernicke und andere Wissenschaftler des späten 19. Jahrhunderts ließen in ihren Forschungsarbeiten wenig Zweifel daran, daß zumindest einige Hirnfunktionen in speziellen Regionen des Gehirns fest lokalisiert sind.

Lokalisierungen und Trennungen

Brocas Beitrag zu unserem heutigen Verständnis der Beziehungen zwischen Gehirn und Verhalten läßt sich auf seine erste Begegnung mit einem Patienten namens »Tan« zurückführen. Der Patient erhielt diesen Spitznamen vom Krankenhauspersonal, und zwar deshalb, weil er nur die Silbe »tan« aussprechen konnte.

Heute würden wir sagen, daß Tan an Aphasie, einer Sprachstörung litt. Broca nahm an Tans Gehirn nach dessen Tod eine Autopsie vor und stellte fest, daß die linke Seite des zerebralen Cortex beschädigt war. Er schloß daraus, daß die linke Großhirnhälfte der Teil des Gehirns sei, der auf die Sprachproduktion spezialisiert sein müßte. Spätere Forschungen von Carl Wernicke bestätigten eine solche Beziehung zwischen Sprachstörungen und einem Hirnschaden auf der linken Seite des zerebralen Cortex. Interessanterweise fanden beide Wissenschaftler heraus, daß die Sprachstörungen aus einem Schaden in einem der beiden verschiedenen Hirnregionen resultieren. Obwohl diese beiden Sprachregionen typischerweise in der linken Hirnhälfte gefunden werden, zeigen etwa fünf Prozent der Men-

Abb. 14: Carl Wernicke (1848–1905) definierte und entdeckte die rezeptive Aphasie (Seelentaubheit) und zeigte, wie die beiden Sprachzentren des Großhirns miteinander interagieren
Abb. 15: Paul Broca (1824–1880), der Entdecker des Sprachzentrums im Großhirn

schen das gegenteilige Bild: bei ihnen ist die Sprachfunktion in der rechten Großhirnhälfte lokalisiert. (Es scheint sogar einige wenige Menschen zu geben, die in beiden Hemisphären des Großhirns ihre sprachlichen Funktionen lokalisiert haben.) Heute wird Brocas Region (die näher im Stirnbereich liegt als diejenige Wernickes) als das sprach-motorische Zentrum bezeichnet, während Wernickes Region als das Zentrum für Sprachverständnis gilt. Schäden in diesen Regionen führen zur motorischen Aphasie (Probleme, sich der Sprache zu bedienen) beziehungsweise sensorischer Aphasie (Schwierigkeiten, das Gesprochene zu verstehen). Die Rolle, welche die von Broca und Wernicke identifizierten Hirnregionen für das Sprachverständnis und die sprachlichen Äußerungsmöglichkeiten spielen,

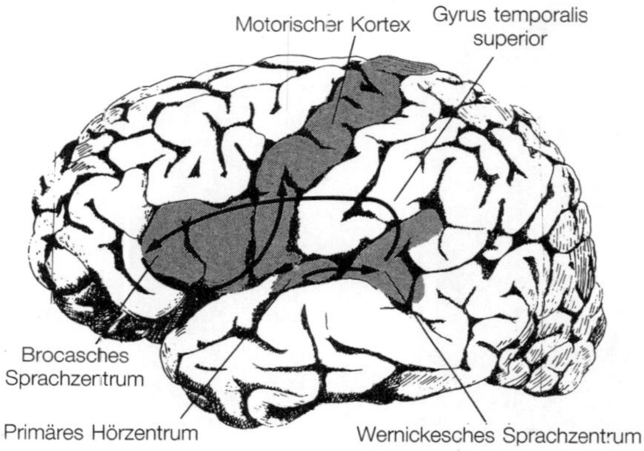

Abb. 16: Wenn man ein Wort ausgesprochen hört, erhält der auditive Kortex Signale aus dem Ohr, doch das Wort kann erst verstanden werden, nachdem es im Wernickeschen Sprachzentrum umgeformt wurde. Eine Vorstellung des Wortinhaltes wird anschließend in das Brocasche Sprachzentrum übermittelt, wo es in ein motorisches Programm umgewandelt wird. Dieses Programm wird dem motorischen Sprachzentrum in der Großhirnrinde übermittelt, das den Sprechapparat in Gang setzt, wodurch das Wort ausgesprochen werden kann. Wenn der Gyrus temporalis superior verletzt ist, kann keine Information zwischen dem Wernickeschen und dem Brocaschen Sprachzentrum übermittelt werden; daher können gehörte Worte nicht wiederholt werden

konnte seit ihrer ursprünglichen Entdeckung sehr häufig nachgewiesen werden und gilt als gesichert.

Noch wichtiger als die tatsächliche Lokalisierung der verschiedenen Hirnregionen war deren theoretische Bedeutung. Wernicke und seine Kollegen zeichneten Diagramme über den Informationsfluß im Gehirn, die den Flußdiagrammen heutiger Computerprogrammierer sehr ähnlich waren. Auf diesen Karten illustrierten Kästchen und Pfeile die Form und Richtung, wie die verschiedenen Zentren des Gehirns miteinander kommunizieren. Manchmal wurden sogar bestimmte Krankheitsbilder, die bislang noch nie an Patienten beobachtet worden waren, aus solchen Flußdiagrammen herausinterpretiert und vorhergesagt. So war Wernicke unter anderem auch der Meinung, falls der Arcuat-Fasciculus (die Hauptverbindung zwischen der Broca- und der Wernicke-Hirnregion) verletzt würde, blieben die beiden Sprachzentren unbeschädigt, sie würden dadurch jedoch keine Verbindung mehr haben. Und er sagte voraus, daß Patienten mit einem solchen Hirnschaden nicht in der Lage seien, zu wiederholen, was man zu ihnen sagt, obwohl sie sich nach wie vor sprachlich gut ausdrücken können und auch über Sprachverständnis verfügen. Er begründete diese theoretisch abgeleitete Vorhersage dadurch, daß eine Trennung der beiden Sprachzentren den Teil des Gehirns, der sich darauf spezialisiert hat, die von außen »hereinkommende« Sprache zu verstehen (die Wernicke-Region), davon abhalten müßte, irgendeine Information an den Teil des Großhirns weiterzuleiten, der für die Sprachproduktion zuständig ist (Brocas Region). Diese Hypothese wurde eindrucksvoll bestätigt, als man Patienten fand, die genau an einem solchen Syndrom leiden – heute als Konduktions-Aphasie bezeichnet.

Die Entdeckung und Beschreibung der Trennungs-Syndrome stellten einen wichtigen Meilenstein in der Lokalisationsforschung dar. Jetzt war es nicht nur möglich, zumindest einige Funktionen des Gehirns genau zu lokalisieren, es war auch möglich, neue Krankheitsbilder vorwegzunehmen. Zum erstenmal konnten Wissenschaftler zeigen, daß ihre Lokalisationstheorien wirklich in der Lage waren, Verhalten vorherzusagen. Dies erklärt auch, daß sich die Psychologen besonders für eine Form der Trennung von Hirnregionen interessierten – das sogenannte »Split-brain«-Syndrom – und die Störungen zu untersuchen begannen, die auftreten, nachdem die Verbindung zwischen den beiden Großhirnhälften vollständig durchtrennt wurde. Einer dieser Psychologen war Roger Sperry.

Roger W. Sperry und das zweigeteilte Gehirn

Roger Sperry wurde 1913 geboren. Er legte sein Examen am Oberlin College in Ohio ab, doch seine eigentliche Karriere als Forscher begann erst in den 40er Jahren an der Universität von

Chicago. Dort arbeitete er an der experimentellen Erforschung des genetischen Mechanismus, welcher der Entwicklung des Nervensystems zugrunde liegt. Nachdem er in Chicago promoviert hatte, wechselte Sperry an die Yerkes-Laboratorien für Primaten-Biologie, wo er mit Karl Lashley zusammenarbeitete. Obwohl er von Lashley sehr viel lernte (der im übrigen einst bei Watson studiert hatte), konnte er nie so recht Lashleys Ansicht akzeptieren, das Gehirn sei größtenteils eine Substanz ohne Spezialisierung und wenig konkret lokalisierbare Funktionen. In seiner Zeit bei den Yerkes-Laboratorien setzte Sperry seine Forschungen zur neurologischen Entwicklung fort und führte auch einige Experimente durch, in denen es um die neurologischen Prozesse ging, die der Wahrnehmung zugrunde liegen. Nach dieser Zeit in den Yerkes-Laboratorien kehrte Sperry an die Universität von Chicago zurück und verbrachte auch eine kurze Zeit am National Institute of Health, dem Nationalen Institut zur Erforschung der Gesundheit. 1954 nahm er eine Stelle am kalifornischen Technologie-Institut als Professor für Psychobiologie an – ein Posten, den er bis heute bekleidet.

Sperrys Interesse an der Erforschung der Folgen, die eine Durchtrennung von Hirnverbindungen haben kann, geht zurück auf seine Arbeiten an der Universität von Chicago. Dort durchtrennte er in einem Experiment mit seinem Mitarbeiter Ronald Myers das optische Chiasma einer Katze (die Stelle, an der die Nervenzellen der beiden Augen sich überkreuzen). Bei durchtrenntem optischen Chiasma war jedes der Katzenaugen nur mit einer Seite des Gehirns verbunden, im Gegensatz zur normalen Funktion, in der jedes Auge seine Bilder an beide Hirnhälften weitergibt. Außerdem durchtrennten die beiden Forscher das Corpus callosum der Katze, d. h. die aus einem dichten Strang von Nervenzellen bestehende Brücke zwischen den Großhirnhälften. Seit vielen Jahren war man zwar davon überzeugt, daß diese balkenähnliche Gehirnregion die wichtigste Verbindung zwischen den beiden Hälften des Großhirns darstellt, allerdings gab es noch keine empirischen Belege für diese Ansicht. Myers und Sperry konnten diesen empirischen Beleg jedoch liefern, als sie zeigten, daß durch die Durchtrennung des optischen Chiasmas und des Corpus callosum bei der

Abb. 17: Roger W. Sperry (1913) entdeckte den dualen Aufbau des Bewußtseins

Katze offenbar zwei Lernzentren entstanden, in jeder Hirnhälfte eines. Das heißt, wenn die Katze ihr linkes Auge geöffnet und ihr rechtes geschlossen hatte, während sie lernte, eine konditionierte Reaktion auszuführen, dann war sie vollkommen unfähig, diese Reaktion zu zeigen, sobald das linke Auge geschlossen und nur das rechte geöffnet war. Das Gegenteil trat bei Konditionierungen auf, wenn die Katze das rechte Auge offen und das linke geschlossen hatte. So mußte die Katze die Reaktion zweimal lernen, für jede Seite des Gehirns einmal. In diesem Experiment konnten Myers und Sperry also nachweisen, daß bei einem Tier mit durchtrenntem Corpus callosum das Gelernte, das in der einen Seite des Großhirns gespeichert wird, nicht zur anderen Hälfte übertragen werden kann. Sperry selbst beschrieb diesen Befund so:

Es war, als sei jede Hemisphäre eine eigenständige geistige Region, die arbeitete, ohne auf das zu achten, was in der anderen vor sich ging – ja ohne auch nur ein Bewußtsein davon zu haben. Das Split-brain-Tier verhielt sich in der Testsituation so, als hätte es zwei verschiedene Gehirne.

Obwohl diese experimentellen Ergebnisse darauf hinzuweisen schienen, daß das Corpus callosum die Brücke zwischen den beiden Großhirnhälften darstellt, durch die beide Seiten miteinander kommunizieren, gab es aus der Hirnforschung am Menschen einige widersprechende Befunde. Es würde zwar niemand absichtlich Operationen am Großhirn eines Menschen durchführen, nur um herauszufinden, wie es arbeitet, doch es gibt einige Menschen, bei denen aus medizinischen Gründen die Brücke zwischen den Großhirnhälften durchtrennt wurde. Alle diese Menschen leiden oder litten an schweren Formen von Epilepsie. Die Anfälle dieser Epileptiker sind nicht nur für sie selbst lähmend, sie sind auch durch andere medizinische Interventionen nicht unter Kontrolle zu bringen. Der Grund für eine Durchtrennung des Großhirn-Balkens in solchen Fällen liegt darin, daß man dadurch die Übertragung der Anfälle von einer Hemisphäre auf die andere unterbrechen kann. Einige psychologische Studien aus den 40er Jahren von A. J. Akelaitis und seiner Kollegen an 26 Patienten, die sich dieser Operation unterzogen hatten, ergaben keine besondere Unfähigkeit der Patienten, Neues zu lernen oder irgendein anderes Verhalten auszuführen. Infolgedessen stellte Akelaitis sämtliche Vorstellungen über mögliche Trennungs-Folgen in Frage. Einige Forscher hatten bereits vorher daran gezweifelt, ob durch diese Operation die Anfalls-Übertragung von einer Großhirnhälfte auf die andere tatsächlich unterbrochen werden könnte.

Das blieb zunächst der Stand der Dinge, die widersprüchlichen Befunde aus der Tier- und Humanforschung konnten jahrelang nicht erklärt werden. Dies änderte sich erst anfangs der 60er Jahre, als die beiden Neurochirurgen Joseph Bogen und Philip Vogel vorschlugen, die Operation an einem 48jährigen Kriegsveteranen durchzuführen, den sie »W. J.« nannten, und dessen epileptische Anfälle auf andere Weise nicht unter Kontrolle zu bringen waren. Bogen kannte Sperrys Tierforschung und lud ihn ein, W. J. (und andere Patienten, die später der gleichen Operation unterzogen wurden) zu untersuchen. Vogel durchtrennte bei W. J. das Corpus callosum und auch die meisten der anderen, kleineren Verbindungen zwischen den beiden Großhirnhälften. Medizinisch gesehen war der Operation ein unmittelbarer Erfolg beschieden: W. J.'s Anfälle gingen merklich zurück. Der günstige Ausgang dieser Operation ermutigte die Chirurgen, einen zweiten Patienten zu operieren. Diesmal handelte es sich um eine Hausfrau in den Dreißigern. Wieder brachte der chirurgische Eingriff deutliche Verbesserungen. Mit den Jahren wurden ähnlich positive Ergebnisse bei zahlreichen weiteren Patienten erzielt, bei denen andere Behandlungsmethoden erfolglos geblieben waren. Es wurde deutlich, daß die pessimistischen Einschätzungen früherer Forscher unzutreffend gewesen waren. Die Operation kann schweren Epileptikern helfen, ein annähernd normales Leben zu führen. Während Akelaitis' kritische Schlußfolgerung über den Sinn der Operation damit nicht länger aufrechterhalten werden konnte, schien seine ursprüngliche Beobachtung dagegen immer noch richtig zu sein: daß nämlich die Operation wenig Einfluß auf das Verhalten eines Patienten ausübte. Zumindest oberflächlich betrachtet schien der Eingriff auch wenig oder keine Auswirkungen auf W. J.'s Verhalten zu haben. Er konnte nach wie vor intellektuelle Aufgaben ausführen, intelligente Unterhaltungen führen und einer normalen Arbeit nachgehen. Doch der Eindruck von Normalität täuschte. Sorgfältige Tests bei W. J. und anderen Split-brain-Patienten zeigten, daß sie sich in gewisser Hinsicht höchst seltsam verhalten – bei genauerem Hinsehen handelt es sich um die Folgen des interessantesten Trennungs-Syndroms, das bislang entdeckt wurde.

Das rechte und das linke Gehirn

Roger W. Sperry

Zwar wußten die Chirurgen, daß sie mit dem Eingriff das Gehirn in zwei Teile spalteten, doch es war Sperry, der demonstrieren konnte, daß sie damit auch die psychischen Funktionen aufspalteten. Sperrys grundlegender Testaufbau ist in Abbildung 18 dargestellt. Dieser Apparat ermöglicht es dem Versuchsleiter, optische Reize auf die rechte oder linke Hälfte des Bildschirms zu projizieren und dem Patienten, ohne daß der es sehen kann, Objekte in die linke oder rechte Hand zu legen. Aufgrund der Anatomie des visuellen Systems (Abbildung 19) wird das optische Material, das nur auf eine Seite des Bildschirms projiziert wird (in ein visuelles Feld), nur zu einer Hemisphäre übertragen. Natürlich könnte der Patient jeweils seine Augen hin- und herbewegen, und so würde das optische Material in beide Großhirnhälften Eingang finden. Um das zu verhindern, bekommt der Patient die Anweisung, sich jeweils auf den Mittelpunkt des visuell Dargebotenen zu konzentrieren; zudem werden die Reize nur sehr kurze Zeit dargeboten (eine Zehntelsekunde oder noch kürzer), schneller als eine Augenbewegung möglich ist.

Im Test, der in Abbildung 18 zu sehen ist, fixiert die Versuchsperson das Zentrum des Bildschirms, während Worte simultan auf beide Blickfelder projiziert werden. Die Worte erscheinen und verschwinden so schnell, daß die Versuchsperson keine Zeit hat, eine Augen- oder Kopfbewegung auszuführen. Auf diese Weise erreicht das Wort »Schlüssel« nur die rechte und das Wort »Ring« nur die linke Hemisphäre. Dieses experimentelle Design ermöglichte es Sperry und seinem Kollegen Michael Gazzaniga, einen außerordentlichen Unterschied zwischen solchen Patienten zu entdecken, die keine, und solchen, die eine Split-brain-Operation hinter sich hatten.

Wenn die Versuchspersonen mit intaktem Corpus callosum sagen sollen, was sie auf dem Bildschirm haben aufblitzen sehen, dann berichten sie, sie hätten das Wort »Schlüsselring« erkannt. Patienten mit durchtrennter Großhirn-Brücke berichten jedoch immer nur, sie hätten das Wort »Ring« erkannt, das auf die linke Seite projiziert wurde – offensichtlich haben sie das Wort »Schlüssel« gar nicht bemerkt. Wenn man nachfragt, berichten die Patienten vielleicht, sie hätten einen »Lichtblitz« auf der linken Seite des

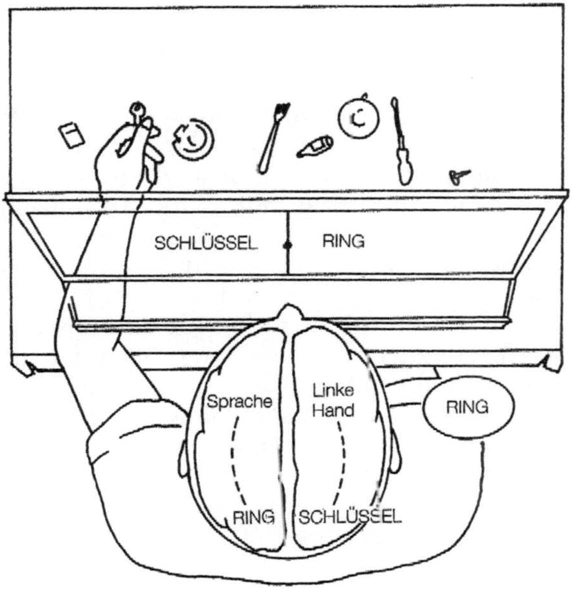

Abb. 18: Apparatur, die beim Split-brain-Experiment benutzt wird. Der Patient fixiert mit den Augen die Mitte des Bildschirms; das Wort »Schlüssel« wird ihm auf der linken Seite dargeboten und nur in der rechten Hirnhälfte registriert. Diese Hemisphäre leitet die linke Hand an, den Schlüssel zu ergreifen. Doch der Patient antwortet »Ring«, weil dies das einzige Wort ist, das sein in der linken Hirnhälfte angesiedeltes Sprachzentrum »sehen« kann

Bildschirms gesehen, doch sie leugnen es strikt ab, dort ein Wort gesehen zu haben. Dieser seltsame Unterschied zwischen Menschen mit funktionierender und solchen mit durchtrennter Großhirnhälften-Verbindung resultiert aus der Lokalisation der Hirnfunktionen. Bei den meisten Menschen ist die Sprachfähigkeit in der linken Hirnhälfte lokalisiert. Wenn also das Wort »Ring« auf die rechte Seite des visuellen Feldes projiziert wird, gehen die Impulse direkt zu dem Teil des Gehirns, in dem die sprachlichen Fähigkeiten verankert sind; wird das Wort »Schlüssel« jedoch auf die linke Seite des visuellen Feldes projiziert, gehen seine Impulse in die »stumme« rechte Hemisphäre, in der das Wort verbal nicht identifiziert werden kann. Patienten mit durchtrenntem Großhirnbalken können deswegen nur solche Worte aussprechen, die zur linken (Sprach-)Hemisphäre projiziert wurden, und sie werden nicht einmal erkennen, daß ihnen ein an die rechte Hemisphäre adressiertes Wort überhaupt dargeboten wurde. Im Gegensatz dazu können gesunde Versuchspersonen beide Worte verbalisieren, denn das Wort, das zur (stummen) rechten Hemisphäre gelangt, wird durch ihre intakte Großhirnbrücke zur linken (Sprach-)Hemisphäre übermittelt. Solch eine Informationsübertragung zwischen den Großhirnhälften ist den Split-brain-Patienten unmöglich, da bei ihnen die Kommunikation zwischen den beiden Großhirnhälften unterbrochen ist.

Obwohl die rechte Hemisphäre »stumm« ist und Worte, die auf das linke visuelle Feld projiziert werden, nicht identifizieren kann, bemerkt sie dennoch, was vor sich geht. Sperry und Gazzaniga konnten das zeigen, indem sie sich die Tatsache zunutze machten, daß jede Hemisphäre die Muskeln der gegenüberliegenden Körperseite kontrolliert. Die linke Großhirnhälfte kontrolliert zum Beispiel, was die rechte Hand macht, und die rechte, was die linke tut. Die Versuchsleiter baten jetzt also die Split-brain-Patienten einfach, das Objekt herauszufinden und zu berühren, dessen Namen sie soeben auf dem Bildschirm aufblitzen sahen.

KLASSISCHES EXPERIMENT

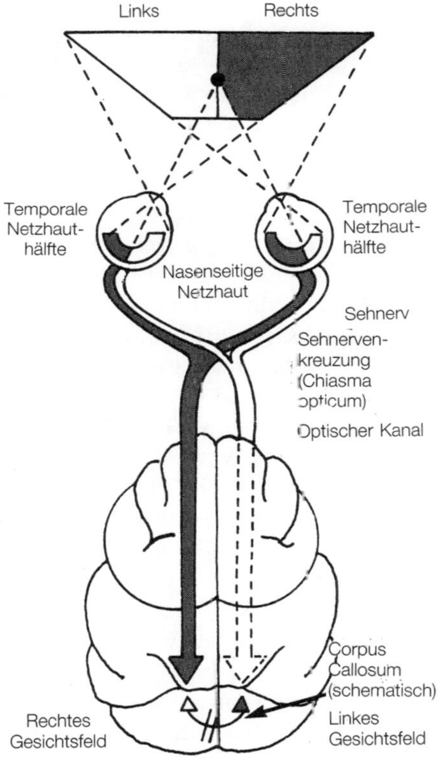

Abb. 19: Das visuelle System des Menschen: die anatomische Beziehung, die wichtig ist, wenn es um das Verständnis der Split-brain-Experimente geht. Jedes Auge ist zur Hälfte mit der anderen Hirnhälfte verbunden. Die temporale Seite (Schläfenseite) des rechten Auges projiziert ein Bild an die linke Hemisphäre und umgekehrt. Wenn die Versuchsperson ihren Blick auf einen zentralen Punkt richtet, gelangen Informationen, die auf das rechte Gesichtsfeld projiziert werden, nur zur linken Großhirnhälfte, und alles, was auf das linke Gesichtsfeld projiziert wird, gelangt nur in die rechte Großhirnhälfte.Normalerweise teilt eine Hemisphäre der anderen die Informationen mit, indem sie sie durch das Corpus Callosum, die »Brücke«, schickt. Bei Split-brain-Patienten ist das unmöglich

KLASSISCHES EXPERIMENT

Wenn sie ihre *linke* Hand benutzen sollen (die außerhalb ihrer Sichtweite gehalten wird, siehe Abbildung 18), dann suchen die Versuchspersonen mit durchtrenntem Großhirnbalken den Schlüssel aus, obwohl sie gerade leugneten, das Wort »Schlüssel« gesehen zu haben! Wählt man also eine nonverbale Reaktion, ermöglicht das der rechten Hemisphäre, die die linke Hand kontrolliert, das zu »erkennen«, was sie sah – etwas, das sie verbal nicht tun konnte.

Wenn sie das Objekt bezeichnen sollen, das sie da gerade mit ihrer linken Hand berührt haben, antworten die Patienten mit durchtrenntem Großhirnbalken: »Ring«. Wenn sie genauer beschreiben sollen, »was für eine Art Ring« sie gesehen hätten, antworten sie »Ehe*ring*« oder »Zirkus*ring*«. Es scheint, als suche die »Sprach«-Hemisphäre fieberhaft nach Assoziationen für das Wort »Ring«. Jeder Bezug auf »Schlüsselring« wäre dann purer Zufall.

Dieses Experiment demonstrierte nicht nur, daß das Corpus callosum bei Menschen die Hauptverbindung zwischen den beiden Großhirnhälften ist (wie Sperry es auch bei der Katze zeigen konnte), es zeigt auch, daß eine Durchtrennung des Großhirnbalkens zwei bewußte »Gehirne« schafft. Das »Hirn« der linken Hemisphäre, die sich sprachlich auskennt, speichert Informationen unabhängig von dem »Hirn« der rechten Hemisphäre, die nur durch Gesten kommunizieren kann. Ist die Verbindung zwischen beiden Großhirnhälften durchtrennt, weiß die eine Hälfte nicht, was die andere gesehen hat.

Nachwirkungen

Die offenkundige Tragweite dieser experimentellen Befunde veranlaßte Sperry und seine Mitarbeiter, viele zusätzliche experimentalpsychologische Studien an Split-brain-Patienten durchzuführen. In den meisten dieser Studien wurde dieselbe Versuchsanordnung verwendet, wie sie gerade beschrieben wurde.

In einem Experiment sollten die Patienten zum Beispiel einen Finger heben, wenn sie das Objekt, das ihnen kurz auf ihr linkes visuelles Feld projiziert wurde, schon einmal im Test gesehen hatten. Für Versuchspersonen mit intakter Großhirn-Brücke war das überhaupt kein Problem. Auch die Patienten mit durchtrenntem Corpus callosum hatten wenig Probleme mit dieser Aufgabe – solange es sich um Objekte handelte, die ihnen vorher auf ihr linkes visuelles Feld projiziert worden waren. Wenn das Bild jedoch vorher im Blickfeld des rechten Auges aufgeblitzt war, gaben die Patienten an, das Objekt nie zuvor gesehen zu haben. Mit anderen Worten: Im Gegensatz zu den Versuchspersonen, deren Großhirnhälften sich gegenseitig die Information »zuspielen«, werden bei Patienten, die sich dem Eingriff unterzogen hatten, die dem linken Gesichtsfeld dargebotenen Bilder (also für die rechte Hemisphäre) getrennt von den Objekten gespeichert und erinnert, die der linken Hemisphäre dargeboten wurden. Dies ist ein zusätzlicher Beweis dafür, daß Split-brain-Patienten nicht länger eine, sondern jetzt zwei visuelle Welten haben, in jeder Großhirnhälfte eine.

Weitere Tests enthüllten noch mehr Einzelheiten darüber, wie die beiden Großhirnhälften arbeiten. Wenn zum Beispiel zwei verschiedene Zeichen gleichzeitig im linken und rechten Blickfeld dargeboten werden (sagen wir, »§« auf der linken und »?« auf der rechten Seite), und der Patient gebeten wird, mit der linken Hand, die er selbst nicht sehen kann, zu zeichnen, was er gerade gesehen hat, wird er die Figur zeichnen, die er auf der linken Hälfte des Bildschirms gesehen hat (»§«). Fragt man ihn jedoch, was er gezeichnet hat, wird er sagen: ein Fragezeichen – also das Zeichen, das ihm rechts dargeboten wurde. Eindeutig weiß da die eine Hemisphäre nicht, was die andere tut.

Auch Tests, die mit dem Tastsinn arbeiten, zeigen deutlich, daß das geistige Bewußtsein bei Patienten mit durchtrenntem Großhirnbalken zwischen den beiden Hälften aufgespalten wird. Legt man einem solchen Patienten ein Objekt in die rechte Hand, kann er es verbal richtig identifizieren, denn die Hinweise, die er über den Tastsinn erhält, werden an die linke »Sprach«-Hemisphäre weitergeleitet. Was jedoch in seine linke Hand gelegt wird, kann er nicht sprachlich benennen – obwohl er es aus über einem Dutzend anderer Objekte wieder mit dem Tastsinn herausfinden kann. Diese Identifizierung über Berührung funktioniert jedoch nur, wenn dieselbe Hand das Objekt heraussucht, in die der Gegenstand vorher hineingelegt worden war. Bemerkenswert ist dabei auch, daß die Split-brain-Patienten, da sie nicht in der Lage sind, die Objekte zu benennen, die sie in ihrer linken Hand halten, auch angeben, daß sie nicht fähig sind, diesen Gegenstand aus einer Reihe von Gegenständen mit der linken Hand herauszufinden. Wenn man ihnen erzählt, daß ihnen das doch tatsächlich gelungen ist, sind sie völlig überrascht und schreiben diese Handlung einem glücklichen Zufall zu.

Wenn in jede Hand ein anderes Objekt gelegt wird, dann beide wieder entfernt und zwischen anderen Gegenständen versteckt werden, suchen die Patienten mit jeder Hand einzeln nach den gesuchten Gegenständen. Die linke Hand mag das in der rechten Hand gehaltene Objekt greifen, es untersuchen und wieder zurücklegen. Die beiden Hände verhalten sich, als gehörten sie zwei verschiedenen Menschen.

Sogar die Handhaltung ist bei den Patienten nach dem Eingriff verändert. Bei einem Test sollen die Versuchspersonen beide Hände durch eine Vorrichtung stecken, so daß sie diese selbst nicht mehr sehen können, und sie dann direkt vor sich ausstrecken, ohne daß sie einander berühren. Dann wird die eine Hand zu einer bestimmten Haltung geformt (etwa einer Faust), und die Versuchsperson wird aufgefordert, dasselbe mit der anderen Hand zu tun. Jeder normale Mensch kann das problemlos, doch die Split-brain-Patienten sind dazu nicht in der Lage, da beide Hirnhälften nicht miteinander kommunizieren können.

Diese Experimente zeigen eindrucksvoll, daß Patienten, deren Großhirn-Verbindung durchtrennt wurde, große Schwierigkeiten damit haben, Informationen zu verarbeiten und zu integrieren, die sie getrennt von den einzelnen Hirnhälften erhalten. Diese Erkenntnisse sind zweifellos von höchstem Interesse, aber warum konnten sie nicht schon in früheren Untersuchungen gewonnen werden? Eine mögliche Erklärung dafür liegt darin, daß bei den von Akelaitis und seinen Kollegen unter-

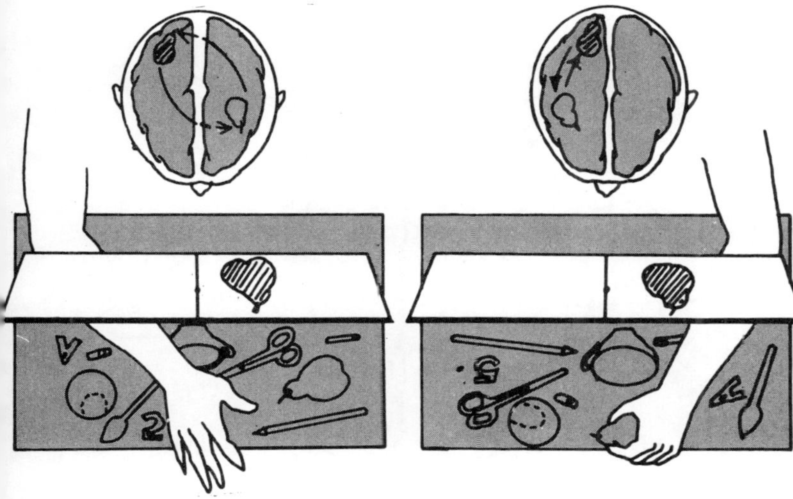

Abb. 20: Wenn das Bild einer Birne auf die linke Seite des Bildschirms projiziert wird, wird es in der rechten Großhirnhälfte registriert. Da diese Hemisphäre nur die linke Hand kontrolliert, kann der Patient nur mit dieser Hand nach der Birne greifen, nicht mit der rechten Hand

suchten Patienten keine vollständige Trennung der beiden Hemisphären vorgenommen worden war. Das würde auch erklären, warum sich bei ihren Patienten die epileptischen Anfälle nicht deutlich verbesserten. Doch es gibt noch einen weiteren Grund, warum diese kognitiven Probleme nicht bemerkt wurden: Sie können unter normalen, unkontrollierten Bedingungen gar nicht bemerkt werden. Wenn visuelle Reize zum Beispiel länger als eine Zehntelsekunde lang dargeboten werden (wie es ja normalerweise außerhalb von Laborbedingungen der Fall ist), dann können die Patienten durch Augenbewegungen die Reize in beide Hemisphären gelangen lassen, statt nur in eine. Und wenn die Patienten sehen können, was ihre Hände greifen, dann fällt es ihnen leicht, visuelle Hinweisreize zu nutzen und damit ihre Hände zu führen.

Sperry und seine Kollegen haben noch mehrere weitere Möglichkeiten aufgezeigt, wie die unverbundenen Hemisphären der Split-brain-Patienten versuchen, sich gegenseitig dabei »zu hel-

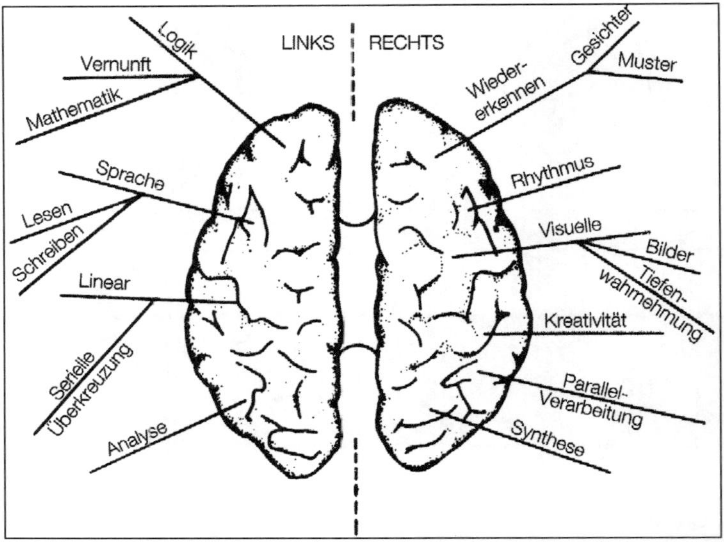

Abb. 21: Angebliche Spezialisierungen der beiden Hirnhälften. Viele Psychologen halten diese Spezialisierungen für übertrieben; sie vertreten die Auffassung, viele Aufgaben könnten von beiden Hirnhälften übernommen werden

fen«, eine Aufgabe auszuführen. So können die Patienten Wissen von einer Großhirnhälfte in die andere transportieren, indem sie laut darüber sprechen, was sie tun. Mit anderen Worten, da der »innere Weg« durch das Corpus callosum abgeschnitten ist, schlagen sie einen »äußeren Weg« ein: Sie sagen laut, was sie der anderen Hemisphäre mitteilen möchten, so daß das Wissen durch den Mechanismus des Hörens in die rechte Hemisphäre gelangt. Umgekehrt kann die rechte Hemisphäre Signale übermitteln, indem der Patient auf etwas deutet oder andere nichtverbale Signale wählt. Im Labor konnten die Wissenschaftler solche »Eselsbrücken« und andere Störfaktoren ausschalten bzw. kontrollieren – und nur dadurch war es Sperry und seinen Kollegen überhaupt erst möglich nachzuweisen, daß die Patienten mit durchtrenntem Großhirnbalken tatsächlich »zwei Gehirne« haben.

Sperrys Experimente weisen eindeutig darauf hin, daß das Corpus callosum als Kommunikationskanal dient, durch den Wahrnehmung und Wissen der beiden Großhirnhälften kombiniert und integriert werden. Der dabei wichtigste Befund Sperrys, wonach die linke Hemisphäre auf sprachliche Informationsverarbeitung und die rechte auf nicht-sprachliche Aufgaben spezialisiert ist, wurde in einer Reihe nachfolgender Untersuchungen bestätigt.

Sperrys Forschungsarbeiten haben die Phantasie eines Laienpublikums genauso angeregt wie das Interesse von Psychologen. In einigen Fällen ist diese Begeisterung allerdings auch weit über die experimentellen Daten hinausgegangen und hat abenteuerliche Spekulationen zutage gefördert. So haben zum Beispiel einige Leute behauptet, daß sich soziale Gruppen danach unterscheiden, wie ihre Großhirnhälften aufgebaut sind. In den Jahren seit Sperrys Forschungsarbeiten zum zweigeteilten Gehirn haben solche Spekulationen an Zahl ständig zugenommen. Es wurde behauptet, rechtsgerichtete seien von linksgerichteten politischen Gruppierungen, Psychiatrie-Patienten von Nicht-Patienten, autistische von anderen Kindern, Sprach-, Psychologie-, Ingenieur- und Architektur-Studenten voneinander wie von Studenten anderer Fachrichtungen, leicht hypnotisierbare von schwer hypnotisierbaren Menschen, Musiker von Nicht-Musikern, Japaner von Amerikanern, amerikanische Indianer von anderen Amerikanern, Männer von Frauen, Stotterer von flüssig Sprechenden, Taube von Hörenden, Leser mit der Fähigkeit, chinesische Schriftzeichen zu entziffern, von denen, die das nicht können, Juden von Katholiken und Juden wie Katholiken von Protestanten, Rechtschreibkundige von Analphabeten – sie alle seien durch unterschiedliche Muster ihres Großhirn-Aufbaus zu unterscheiden. Die große Vielzahl dieser Behauptungen stellt uns vor einige logische Probleme, insbesondere wenn mehrere Studien zusammen betrachtet werden. Sind beispielsweise Juden und Protestanten, die einem Wissenschaftler zufolge sich mehr auf ihre linke als auf ihre rechte Großhirnhälfte verlassen, weniger dazu geeignet, Architekten zu werden? Eine solche Logik kann offensichtlich nicht ganz überzeugen.

Erziehungswissenschaftler sind ebenfalls auf den fahrenden Zug aufgesprungen und haben empfohlen, Lehrpläne zu entwickeln, die beide Großhirnhälften trainieren. Es wurde sogar eine die rechte Hemisphäre fördernde Methode veröffentlicht – auf der Grundlage von Shakespeares *Hamlet*; und ein Buch mit dem Titel *Drawing on the Right Side of the Brain* (Mit der rechten Hirnhälfte zeichnen) hat es bis zu einem Platz auf den Bestseller-Listen geschafft. Unterrichtsmethoden, die speziell um die »Lateralität« kreisen, sind dabei ebenso aufgetaucht wie Fragebogen, welche das relative Gleichgewicht der Hemisphären bei den Denkstrategien eines Menschen untersuchen sollen. Es gibt sogar eine neue »Wissenschaft«, die neurolinguistische Soziologie, die die Entwicklung sozialer Gruppen nach Unterschieden in der Spezialisierung der Großhirnhälften nachzeichnet. Selbst Poesie und antike Mythologie sind der Neuinterpretation durch Split-brain-Fanatiker nicht entgangen – in einem populärwissenschaftlichen Buch vertritt der in Princeton arbeitende Psychologe Julian Jaynes die Auffassung, die »Stimme der Götter«, die so häufig in den griechischen Epen erwähnt werde, sei in Wirklichkeit ein Beispiel für rechts-hemisphärische Sprache.

Oliver Zangwill, Psychologe an der Universität von Cambridge, hat viele dieser Behauptungen zutreffenderweise als »... eine neue Form der Phrenologie« bezeichnet, die »eine wissenschaftliche Rechtfertigung für einige ... irrationale und beunruhigende Trends im modernen Gedankengut sucht«.

Trotz der viel zu starken Verallgemeinerung einiger seiner Ergebnisse bleibt Sperrys Forschung ein Meilenstein auf dem Weg, die Beziehung zwischen Gehirn und Verhalten zu untersuchen. Auch heute noch finden Studien an Patienten mit durchtrenntem Großhirnbalken statt, heute betont man allerdings meist die Auswirkungen, die solche Forschungsarbeiten für eine Theorie des menschlichen Bewußtseins haben können. Der Befund, daß bei einem Patienten mit durchtrennter Verbindung der beiden Hemisphären die eine Großhirnhälfte nicht weiß, was die andere tut, bedeutet mit anderen Worten: Was immer die »Seele« sein soll – sie ist auf jeden Fall eng an das Gehirn gebunden. Das letztere aufzuspalten, spaltet auch die erstere. Sperry hat zahlreiche Auszeichnungen für sein wissenschaftliches Werk erhalten, unter anderem 1981 den Nobelpreis für Physiologie und Medizin. Bei seiner Begründung für die Nobelpreis-Verleihung hob das Nobel-Komitee hervor, Sperry sei es »in hervorragender Weise gelungen, die Geheimnisse der Hemisphären zu entschlüsseln«.

Zum Weiterlesen

Fodor, J. A.: *The Mind-Body Problem.* In: Scientific American, 244, S. 124–133, 1981.

Gazzaniga, M. S. und LeDoux, J. E.: *The Integrated Mind.* Verlag Plenum, New York 1978.

Schandry, R.: *Psychophysiologie.* Urban & Schwarzenberg, München 1981.

Sperry, R. W.: *Hemisphere Deconnection and Unity in Conscious Awareness.* In: American Psychologist, 23, S. 723–733, 1968.

Sperry, R. W.: *Science and Moral Priority: The Merging of Mind, Brain and Values.* Columbia University Press, New York 1982.

KAPITEL DREI

Psychophysik

Als die ersten Experimentalpsychologen begannen, Verhalten wissenschaftlich zu untersuchen, gingen sie bei ihren Bemühungen nach dem Vorbild der Physik vor. Schließlich waren die Physiker zu jener Zeit die anerkanntesten Wissenschaftler, und ein Großteil ihrer Arbeiten war offensichtlich auch für die neue Wissenschaft Psychologie von Bedeutung. Isaac Newton etwa hatte die Spektraleigenschaften des weißen Lichts entdeckt, andere Physiker das Klangspektrum untersucht. Da die Physik im 19. Jahrhundert auch damit beschäftigt war, Dinge zu messen (Lichtgeschwindigkeit, Planetenabstände etc.), wandten sich die meisten der frühen Experimentalpsychologen ebenfalls der Aufgabe zu, Maßeinheiten zu schaffen – für psychische Vorgänge. Der Wissenschaftler, dessen Name im letzten Jahrhundert besonders mit der Entwicklung solcher Meßmethoden in Verbindung steht, ist Gustav Fechner, der Begründer einer psychologischen Richtung, die heute als *Psychophysik* bekannt ist.

Gustav Fechner und die Geburt der Psychophysik

Fechner wurde 1801 in Groß-Särchen bei Muskau (Lausitz) geboren. Sein Vater war Dorfpfarrer und als »progressiver« Denker bekannt, der keine Probleme darin sah, tiefreligiöse Empfindungen und wissenschaftliche Forschung miteinander zu vereinbaren. Im späteren Leben teilte Fechner diese Interessen seines Vaters, obwohl die beiden selbst nur sehr wenig Zeit miteinander hatten. Fechners Vater starb bereits, als Gustav fünf Jahre alt war, und in den nächsten neun Jahren sorgte ein Onkel, der ebenfalls Prediger war, für das Kind, seine Mutter und seinen Bruder. Fechner schrieb sich mit 16 Jahren in der medizinischen Fakultät an der Universität Leipzig ein, der Hochschule, der er sein Leben lang verbunden blieb. Damals war Leipzig eine der bedeutendsten Universitätsstädte, in der viele einflußreiche Wissenschaftler lebten und lehrten.

Abb. 22: Gustav T. Fechner (1801–1887), Begründer der Psychophysik

Er schloß sein Medizinstudium mit 21 Jahren ab, allerdings war und wurde er kein typischer Arzt. So hatte er schon in seinen Studentenjahren mit der Veröffentlichung einer Reihe von Satiren begonnen, in denen er sich über die seiner Ansicht nach unwissenschaftlichen Praktiken der damaligen Medizin lustig machte. Diese Satiren erschienen in den Folgejahren immer wieder, Fechner schrieb sie unter dem Pseudonym »Dr. Mises«. Fechner praktizierte nicht lange als Arzt, sondern begann bald nach Abschluß seines Studiums, noch Physik und Mathematik zu studieren; seinen Lebensunterhalt verdiente er sich in der Zeit mit der Übersetzung von Fachbüchern ins Deutsche.

Im Jahre 1824 begann Fechner, Physikvorlesungen an der Universität abzuhalten; daneben führte er eigene Forschungsarbeiten durch. Im relativ jungen Alter von 33 Jahren wurde der frisch verheiratete Fechner zum Physikprofessor ernannt. Eine glänzende Karriere schien ihm bevorzustehen, aber nur sechs Jahre später war seine Physiker-Laufbahn zu Ende.

Fechner erlitt damals einen Nervenzusammenbruch, wie man es heute bezeichnen würde, seine chronische Überarbeitung hatte ihren Preis gefordert. Von einem Tag auf den anderen gab er daraufhin seinen Lehrstuhl ab, zog sich ins Bett zurück und lebte viele Jahre abgeschnitten von der Außenwelt. Dann plötzlich begann es ihm besser zu gehen, was seine Familie als Wunder betrachtete und ihn selbst wieder dazu brachte, sich verstärkt mit religiösen Fragen zu beschäftigen. Im Alter von über 40 Jahren wandte sich Fechner zunehmend von der Physik ab, sein Hauptinteresse galt nun der Philosophie und Religion.

Im Jahre 1848 veröffentlichte Fechner ein Buch über das »Seelenleben« der Pflanzen, und 1851 eines mit dem merkwürdigen Titel *Zend-Avesta,* in dem er unter anderem über die »Wahrheit« des Himmels nachdachte. In *Zend-Avesta* findet sich auch Fechners erster Versuch, die intellektuelle Welt davon zu überzeugen, daß jedes Wesen eine Seele (oder ein Bewußtsein) habe. Bewußtsein und Materie seien in Wirklichkeit lediglich zwei Seiten ein und derselben Medaille; nur der jeweils andere Blickwinkel ließe sie anders aussehen.

Mitte des letzten Jahrhunderts hielt man große Stücke auf die Objektivität in der Wissenschaft; vage philosophische Ideen, die nur auf »Lehnstuhl«-Spekulationen beruhten, wurden einfach nicht ernst genommen. Fechners philosophische Ausführungen erregten daher nicht gerade großes Aufsehen unter den Intellektuellen oder bei anderen gesellschaftlichen Gruppen. Das daraus resultierende Problem, wie er andere davon überzeugen könnte, daß es keinen Unterschied zwischen Geist und Materie gebe, wurde für ihn nun immer wichtiger. Und eines Tages behauptete er, er habe am Morgen des 22. Oktober 1859 im Bett die Lösung gefunden: Die Identität von Leib und Seele ließe sich (bei allen Lebewesen auf der Welt) demonstrieren, wenn er nachweisen könnte, daß es zwischen der Welt der Physik und der geistigen Welt eine bestimmte mathematische Beziehung gebe. Natürlich wußte Fechner, daß man subjektive Sinneserfahrungen nicht direkt messen kann, also begab er sich daran, sie indirekt zu messen. Das Ergebnis von Fechners frühmorgendlicher Inspiration war ein Buch mit dem Titel *Elemente der Psychophysik,* das 1860 erschien. Fechner nannte seine neue Wissenschaft *Psychophysik,* da er davon überzeugt war, daß er mit ihrer Hilfe die Einheit der geistigen und physikalischen Welt demonstrieren konnte. Mit Fechners eigenen Worten ist die Psychophysik die »exacte Lehre der functionellen Beziehungen … zwischen Körper und Seele«. Die *Elemente der Psychophysik* blieben anfangs zwar noch relativ unbeobachtet, aber sehr bald begann sein Buch die Aufmerksamkeit von Physiologen, Physikern und Psychologen zu erregen. Kurze Zeit später war sein Autor berühmt, und die Wissenschaft Psychophysik galt als etabliert.

Um die Bedeutung von Fechners psychophysischer Lehre besser einschätzen zu können, ist es nötig, seine dafür grundlegenden Gedanken zur Beziehung zwischen Körper und Seele nachzuvollziehen. Bevor also Fechners Psychophysik genauer beschrieben wird, müssen wir uns noch einmal dem sogenannten Leib-Seele-Problem und Fechners Lösungsversuch zuwenden.

Fechners Lösung des Leib-Seele-Problems

Ursprünglich gab es zwei philosophische Annäherungen an das Leib-Seele-Problem: dualistische und monistische (oder materialistische) Theorien. Die Dualisten betrachten Körper und Psyche als zwei verschiedene Welten. Zwar kann die Psyche aus den Funktionen des Nervensystems heraus entstehen, doch die Dualisten sind davon überzeugt, Geist und Seele seien nicht wirklich Bestandteil des Körpers, sondern eine eigene, nichtphysikalische Substanz. Materialisten betrachten die Psyche dagegen als identisch mit einem jeweiligen Zustand des Nervensystems. Für sie sind alle geistig-seelischen Prozesse letztlich nichts anderes als bestimmte Zustände des Nervensystems. Sowohl die materialistischen wie die dualistischen Theorien haben ihre Stärken und ihre Schwachpunkte.

Die Hauptstärke der dualistischen Sichtweise besteht darin,

daß sie mit dem Alltagsdenken übereinstimmt. Verhalten wird normalerweise durch den Verweis auf innerpsychische Ursachen erklärt – Ursachen, die im Verstand oder der Seele zu suchen sind. Wenn wir zum Beispiel sagen, ein Kollege sei mit einem Schirm zur Arbeit gekommen, weil er *glaubte,* es werde regnen, bringen wir damit unsere Meinung zum Ausdruck, daß ein bestimmter *Gedanken*gang ihn an diesem Morgen dazu veranlaßte, seinen Weg zur Arbeit mit dem Schirm unter dem Arm anzutreten. Wenn derselbe Kollege des öfteren Überstunden macht, sich Arbeit mit nach Hause nimmt und sich seiner beruflichen Karriere widmet, wird dieses Verhalten wahrscheinlich von manchen als Ergebnis einer besonderen »Leistungs*motivation*« gedeutet. Und Leistungsmotivation gibt es, wie Glaubensvorstellungen, nur im Bewußtsein.

Die Schwächen der dualistischen Sichtweise beruhen vor allem darauf, daß der Geist keine physikalische Qualität hat. Wenn er an keinem physikalischen Ort vorzufinden ist, wo verarbeitet er dann seine Erfahrungen, wo finden die Denkvorgänge statt, wo ist der Gedächtnisspeicher? Wenn das Bewußtsein wirklich vom Gehirn unabhängig existiert, wie kann es dann Verhalten auslösen (das ganz eindeutig physikalische Eigenschaften hat), ohne das Newtonsche Gesetz zu verletzen, demzufolge Materie und Energie weder geschaffen noch zerstört werden kann.

Die Stärke des Materialismus liegt darin, daß er metaphysische Gedanken zugunsten von meßbarer, beobachtbarer, objektiver physikalischer Materie aufgibt. Als Philosophie des Bewußtseins hat der Materialismus aber gerade deswegen eigene, schwerwiegende Probleme. Wenn es zum Beispiel keinen »Geist« außerhalb der Wirkungsweise des Nervensystems gibt, wie kann sich dann das Gehirn seiner selbst bewußt sein? Wer oder was beobachtet und lenkt unsere Gedanken, während wir vor uns hindenken? Und wodurch entscheiden wir uns für unser jeweiliges Verhalten? Wenn wir beschließen, ein Buch zu lesen, statt ins Kino zu gehen, wer traf die Wahl? Materialisten haben sich bemüht, diese Fragen zu beantworten, indem sie postulierten, ein Teil des Gehirns diene als »erkenntnisleitende Instanz« – eine Art Geschäftsführer, der die Aktivitäten des übrigen

Nervensystems kontrolliere. Doch das ist keine sonderlich befriedigende Antwort, da nicht klar ist, wer den Kontrolleur kontrolliert. Die Materialisten können zwar eine noch höhere Instanz postulieren (eine Art Direktor, der dem Geschäftsführer Befehle erteilt), doch das führt zu nichts, da wir immer noch nicht wissen, wer diesen Direktor wiederum kontrolliert. Ein Philosoph hat diesen imaginären Leiter, der die Aktionen des Nervensystems steuert, einmal den »Geist in der Maschine« bezeichnet – ein Geist, den bis jetzt noch kein materialistischer Philosoph hat austreiben können.

In den Religionen wird selbstverständlich immer zwischen Leib und Seele unterschieden. Die Unterscheidungen der Philosophen waren und sind dagegen recht verschiedenartig. Plato etwa trennte Gedanken und Objekte in zwei »Welten«. Die übergeordnete Welt enthält zeitlos abstrakte Vorstellungen wie Freiheit und Schönheit; die untergeordnete Welt besteht aus der physikalischen Alltagswirklichkeit. Für Plato ist Schönheit als abstraktes Ideal angeboren und bleibt als solches immer kategorialer Bestandteil der Psyche, unabhängig von Erfahrungen mit irgendwelchen schönen Objekten oder schönen Menschen. Letztlich setzte Plato die Psyche mit den ihr innewohnenden zeitlosen Idealen gleich und unterschied sie von der physikalischen Welt der flüchtigen Existenz.

Platos Unterscheidung blieb in der einen oder anderen Form über Tausende von Jahren gültig. Selbst als im 17. und 18. Jahrhundert die moderne Wissenschaft entstand, unterschieden europäische Philosophen wie René Descartes und Immanuel Kant nach wie vor zwischen der physikalischen Welt und dem nichtkörperlichen Geist. Diese dualistische Philosophie wurde jedoch schließlich von empiristisch orientierten englischen Philosophen wie John Locke in Frage gestellt, der sehr heftig gegen die Vorstellung ankämpfte, es gäbe angeborene Ideale und eine körperliche Psyche. Nach Lockes Überzeugung entspringt alles Wissen vielmehr der Erfahrung und wird in einem materiell existierenden Gedächtnis gespeichert. Lockes Philosophie wurde insbesondere von Wissenschaftlern begrüßt, die der Metaphysik im allgemeinen und nicht-beobachtbaren Dingen (wie der Psyche) im besonderen skeptisch gegenüberstanden.

Im 19. Jahrhundert hatte der Erfolg der Physik die dualistische Sichtweise bei den Wissenschaftlern beinahe vollständig ausgelöscht. Wie bereits erwähnt, wandten die Experimentalpsychologen die physikalischen Methoden auf die Untersuchung des Bewußtseins an. Und zusammen mit den wissenschaftlichen Methoden übernahmen die Psychologen auch die materialistische Sichtweise der Physiker. Als Fechner sich der psychologischen Forschung zuwandte, waren beinahe alle Wissenschaftler Materialisten.

Fechners Erholung nach Jahren der Schwäche rief in ihm religiöse Empfindungen wieder wach, die lange in ihm geschlummert hatten. Der Materialismus mit seiner Leugnung nicht nur eines nicht-physikalischen Geistes, sondern auch einer nichtkörperlichen Seele, stand diesem neu gefundenen Glauben diametral entgegen. Als früherer Physikprofessor distanzierte sich Fechner nun allerdings seinerseits nicht von den Erfahrungen seiner wissenschaftlichen Ausbildung, um etwa Metaphysiker zu werden, sondern versuchte wie sein Vater, Religion und Wissenschaft miteinander zu verbinden. Auf dualistische Ideen konnte und wollte er sich dabei nicht stützen, statt dessen setzte sich Fechner konsequent für ein anderes wissenschaftliches Weltbild ein: den sogenannten *Panpsychismus.* Nach dieser aus der Religion des *Pantheismus* hervorgegangenen Lehre sind alle Dinge beseelt.

Die pantheistischen Religionen können bis in antike Gesellschaften zurückverfolgt werden. Selbst bei den alten Griechen mit ihren menschenähnlichen Göttern wurden Anschauungen vertreten, nach denen das physikalische Universum mit all seinem Inhalt lediglich Widerspiegelungen Gottes seien. Für die Pantheisten ist Gott in allem und alles ist Gott. Der Pantheismus existiert heute noch bei manchen Buddhisten und in Stammesvölkern wie den australischen Ureinwohnern. Fechner vertrat die Auffassung, der Dualismus sei in Wirklichkeit eine Illusion, die sich aus der jeweiligen Art und Weise ergebe, wie Beobachtungen durchgeführt wurden. Interne, introspektive Beobachtungen führten so zu der Überzeugung, daß Geist und Körper getrennt seien, während objektive, externe Beobachtungen materialistische Ansichten förderten. Tatsächlich aber, so Fechner, seien interne und externe Beobachtungen zwei Formen, dasselbe zu untersuchen. Körper und Psyche seien nur zwei Seiten derselben Realität. Geist und Seele sind in allem enthalten, weil Gott in allem ist.

Fechner glaubte, er könne die »Einheit« von Geist und Körper beweisen, wenn es ihm gelänge, eine mathematische Beziehung zwischen subjektiven Empfindungen und äußeren Reizen nachzuweisen. Wie wir allerdings sehen werden, hat Fechners Erfolg auf diesem Gebiet mehr die dualistische Position untermauert als die panpsychistische. Bevor wir jedoch zu Fechners Psychophysik übergehen, müssen wir uns die Arbeit eines anderen Wissenschaftlers des 19. Jahrhunderts ins Gedächtnis rufen, dessen Forschungen eine wichtige Grundlage für Fechners Erfindung waren.

Das Webersche Gesetz

Fechner behauptete zwar, seine ursprüngliche Konzeption der Psychophysik sei ihm ohne Einfluß früherer Forschungsarbeiten anderer Wissenschaftler und schon als vollständiges Ganzes gekommen, dennoch erkannte er die Bedeutung an, die Messungen aus den 30er Jahren des 19. Jahrhunderts für sein Werk hatten – Messungen des Physiologen Ernst Weber. Weber war wie Fechner ein Pfarrerssohn, studierte wie er zunächst Medizin und wechselte dann zu Physik und Physiologie. Obwohl er auf vielen unterschiedlichen Gebieten forschte, bestand Webers Hauptinteresse darin, die Funktion des Tastsinns zu untersuchen. Seine Monographie zu diesem Thema, *De Tactu* (die in lateinischer Sprache verfaßt war, damals noch ein übliches Verfahren), machte ihn nicht nur berühmt, sondern brachte ihm auch den Lehrstuhl für Physiologie an der Universität Leipzig ein, derselben Universität, an der Fechner den Lehrstuhl für Physik innehatte.

Als Physiologe interessierte sich Weber für die Funktionsweise der verschiedenen Sinnesorgane. Dabei konzentrierte er sich auf das, was die Psychologen *Empfindung* nennen. Härte, Wärme, Rot, Schmerz – all das sind Empfindungen. Es ist allerdings wichtig, zwischen Empfindungen und *Wahrnehmungen* zu

Abb. 23: Ernst Weber (1795–1878), Physiologe und Erforscher des Tastsinns

unterscheiden, wobei letztere als Interpretationen von Empfindungen zu charakterisieren sind. Dieser Unterschied zwischen Empfindung und Wahrnehmung läßt sich an einem alltäglichen Geschehen verdeutlichen. Nehmen wir an, Sie fahren im Auto eine Straße entlang und sehen in der Ferne irgend etwas, das sich bewegt. Das sich bewegende Etwas ist eine visuelle Empfindung. Wenn Sie nun die Geschwindigkeit verringern, weil Sie glauben, daß es sich um ein Tier handelt, das die Straße überquert, dann haben Sie ihre Empfindung so interpretiert, daß daraus eine Wahrnehmung wurde – Sie haben ein Tier auf der Straße wahrgenommen. Es mag sich herausstellen, daß Ihre

Wahrnehmung falsch war: beim Näherfahren entdecken Sie, daß es sich um eine Plastiktüte handelt, die über die Straße geweht wird. Empfindungen dagegen können nicht falsch oder richtig sein; sie sind nur die von den Sinnesorganen gelieferten Rohdaten, auf denen Wahrnehmungsurteile basieren. Das bedeutet nicht, Empfindungen seien die absolut korrekte Widerspiegelung der Außenwelt. Äußere Reize und innere Empfindung unterscheiden sich sehr oft. So mögen uns zum Beispiel zwei Töne, die sich in der Tonhöhe minimal unterscheiden, als ein und derselbe Ton vorkommen, das heißt, wir nehmen diese Töne als identisch wahr, da unser Gehör nicht sensibel genug ist, um den kleinen Unterschied zu erfassen.

Die Auflösungsfähigkeit unserer Sinne, die kleinste Differenz zwischen zwei Reizen, die noch entdeckt werden kann, war Webers hauptsächliches Forschungsinteresse. Seine Technik bestand darin, seine Versuchspersonen zu bitten, zwei Reize miteinander zu vergleichen. Er ließ zum Beispiel eine Versuchsperson ein Gewicht von 100 Gramm in die eine Hand nehmen (Standard- oder Bezugsgröße, auch Ankerreiz genannt), ein Gewicht von 101 Gramm in die andere Hand. Dann sollte sie angeben, ob die beiden Gewichte identisch sind. Antwortete die Versuchsperson mit Ja (und in der Regel war es so), dann ließ Weber sie das Standardgewicht weiter in der einen Hand halten, und in die andere wurde ihr ein Gewicht von 102 Gramm gelegt. Wieder wurde sie gefragt, ob die beiden Gewichte gleich schwer waren. Dieses Verfahren wurde wiederholt, wobei das Vergleichsgewicht jedesmal ein wenig erhöht wurde, bis die Versuchsperson angab, daß sie zwischen den beiden Gewichten einen Unterschied wahrnahm. Webers Vergleichs-Verfahren ist natürlich nicht nur auf Gewichte anwendbar. Die Fähigkeit, zwischen der Helligkeit zweier Lichtquellen, der Lautstärke zweier Klänge, der Temperatur zweier Wasserproben, ja selbst dem Geschmack zweier Salzlösungen zu unterscheiden, kann jeweils auf mehr oder weniger gleiche Art getestet werden. Tatsächlich wandte Weber dieses Verfahren auf die unterschiedlichsten Sinnesempfindungen an und kam jedesmal zu einem recht merkwürdigen Ergebnis.

Betrachten wir dazu noch einmal das Gewichts-Beispiel.

Wenn ein 100-Gramm-Gewicht als Standardgröße diente, stellte Weber fest, daß die Versuchspersonen ein Vergleichsgewicht von 102 Gramm benötigten, um einen Unterschied zwischen beiden feststellen zu können. Hielten sie jedoch ein 200-Gramm-Gewicht in der einen Hand, konnten sie es in der Schwere nicht von einem 202-Gramm-Gewicht in der anderen unterscheiden. Das Vergleichsgewicht mußte mindestens 204 Gramm schwer sein, um eine unterschiedliche Empfindung hervorzurufen. Bei einem 400-Gramm-Standardgewicht mußten es 408 Gramm im Vergleichsgewicht sein. Das bedeutete, der Gewichtsunterschied, der nötig war, um eine Unterscheidung in der Schwereempfindung hervorzurufen, stieg im selben Maße, wie das Standardgewicht schwerer wurde. Das allein ist noch nicht sonderlich überraschend. Bei jedem unserer fünf Sinne wird die Bedeutung eines bestimmten Reizniveaus durch den »Hintergrund« bestimmt, vor dem die Empfindung stattfindet.

In einem dunklen Raum scheint das Anzünden eines Streichholzes ein sehr helles Licht hervorzurufen, bei Tageslicht nur eine kleine Flamme. Ähnlich ist es bei Klängen: Ein Geräusch, das uns nachts in einem stillen Zimmer aus dem Schlaf schreckt, mag uns tagsüber im Geräuschpegel gar nicht auffallen.

Was an Webers Ergebnissen überrascht, ist die Tatsache, daß

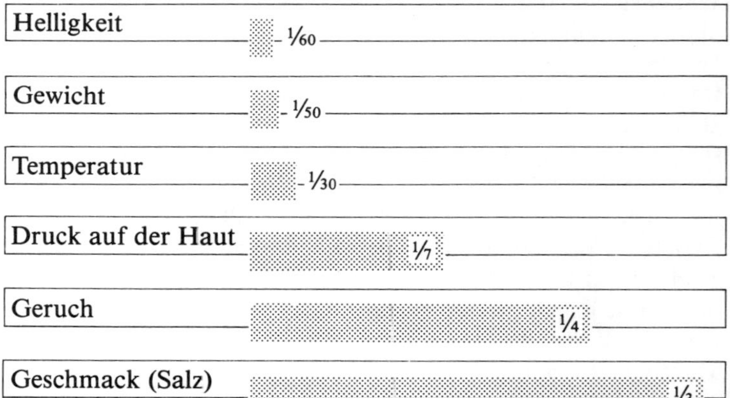

Abb. 24: Werte der Weber-Fechnerschen Konstante für verschiedene Sinneswahrnehmungen

die Veränderung, die nötig ist, um als Unterschied zur Standardgröße bemerkt zu werden, immer in *konstantem* Verhältnis zur Standardgröße steht. Die Rechnung war einfach. Bei einem Standardgewicht von 100 Gramm betrug der erforderliche Unterschied zwei Gramm; bei einem 200-Gramm-Gewicht vier Gramm und bei einem Gewicht von 400 Gramm war der »eben merkliche Unterschied« acht Gramm. Der für die Diskrimination erforderliche Unterschied betrug jeweils ein Fünfzigstel des Standardgewichts.

Weber untersuchte jedoch nicht nur die Gewichtswahrnehmung. Er experimentierte auch mit der visuellen und auditiven Unterscheidungsfähigkeit – mit ähnlichen Ergebnissen, denn der notwendige Unterschied stand jeweils in konstantem Verhältnis zum Standardreiz (obwohl das Verhältnis nicht für jeden Reiz gleich ist, vgl. die Tabelle oben). Die Gleichung, die den kleinsten eben noch bemerkbaren Unterschied beschreibt, den sogenannten Schwellenwert, wird als *Weber-Fechnersche Konstante* bezeichnet. Denn Weber selbst hat seine Ergebnisse nie mathematisch formuliert, es war Fechner, der die folgende Gleichung aufstellte:

$$\frac{\Delta I}{I} = K$$

In dieser Gleichung bedeutet I die Intensität des Standardreizes, ΔI ist die zusätzliche Intensität, die erforderlich ist, damit ein zweiter Reiz die Schwelle überschreiten und als unterschiedlich vom Standardreiz wahrgenommen werden kann, und K ist die Weber-Fechnersche Konstante. Fechner nannte diese Gleichung das Webersche Gesetz, in Anerkennung der Forschungsarbeiten des Physiologen; Weber selbst jedoch schien niemals bemerkt zu haben, daß er ein Gesetz aufgestellt hatte. Auf jeden Fall aber konnte er nicht voraussehen, was Fechner mit seinen Beobachtungen anfangen würde.

Das Messen von Sinnesempfindungen

Die Entdeckung des Weberschen Gesetzes löste Fechners dringendstes Problem – wie der Geist oder die Psyche zu messen sei. Erinnern wir uns daran, daß er sich zum Ziel gesetzt hatte, eine mathematische Beziehung zwischen äußeren physikalischen Reizen und inneren geistig-seelischen Zuständen festzustellen. Dazu mußte er in der Lage sein, sowohl physikalische Reize wie geistig-seelische Zustände in Zahlen auszudrücken. Physikalische Reize stellten kein Problem dar: es gab Waagen, Thermometer und Längenmaße. Doch seelische Zustände zu messen, das war etwas ganz anderes. Was Fechner brauchte, war ein Maß, ähnlich wie ein Thermometer oder eine Waage, das allerdings in psychischen und nicht in physikalischen Einheiten zählen mußte. Bei der Entwicklung dieser Skala benutzte er die Beziehung, die im Weberschen Gesetz beschrieben wird.

Fechners Überlegungen gingen in folgende Richtung: Wer »Länge« messen will, wird dazu ein Lineal benutzen, doch »Länge« ist eine abstrakte Größe, sie existiert nicht von Natur aus. »Länge« wird nur konkret, indem man eine bestimmte Meßlatte benutzt. Da alle Maßeinheiten gleichermaßen willkürlich sind, ist die jeweilige spezielle Einheit immateriell. Ob man ein Lineal entwickelt, das in Zentimetern, oder eines, das in Inches mißt, das Resultat ist dasselbe – eine Skala, die in direkter Beziehung zur Länge steht. Ähnlich kann man eine »psychologische« Skala entwickeln, in der jede Einheit so lang ist, wie sie in direkter Beziehung steht zum abstrakten Merkmal, das gemessen wird.

Aufbauend auf Webers Befunden definierte Fechner eine Maßeinheit für seelische Empfindungen: der eben merkliche Empfindungszuwachs (just noticeable difference, JND). Jeder JND ist der Anstieg der Reizintensität, der erforderlich ist, bevor eine Versuchsperson von einem »eben merklichen Unterschied« berichten kann. Da JNDs in direkter Beziehung stehen zur Reizintensität (Webersches Gesetz), können Empfindungen einfach dadurch gemessen werden, daß man die Reize mißt, die sie ansteigen läßt. Und da alle guten physikalischen Meßinstrumente einen Nullpunkt haben (null Zentimeter, null Kilogramm etc.), gab auch Fechner seiner Skala psychischer Empfindungen einen Nullpunkt. Dieser wurde definiert als die *absolute Schwelle.* Die absolute Schwelle ist für jedes sensorische System die jeweils niedrigste Reizintensität, die notwendig ist, damit eine Versuchsperson in 50 Prozent der Fälle die Anwesenheit des Reizes bemerkt. Der absolute Schwellenwert für Lautstärke ist zum Beispiel der leiseste Klang, den eine Versuchsperson in der Hälfte der Durchgänge noch gerade eben empfinden kann.

Nachdem Fechner eine Skala zur Messung psychischer Empfindungen entwickelt hatte, wollte er empirisch nachweisen, daß diese Empfindungen durch eine direkte Beziehung zu äußeren Reizen charakterisiert sind. Er hoffte dabei, seine Demonstration werde die Menschen davon überzeugen können, daß Geist und Materie tatsächlich nur zwei Seiten einer Medaille sind. Doch er stellte fest, daß es sowohl bei der Messung absoluter Schwellenwerte als auch bei den eben merklichen Unterschieden eine große Vielzahl an Reaktionen gab. Unterschiedliche Beobachtungen führten zu unterschiedlichen Ergebnissen. Fechner betrachtete diese Variabilität hauptsächlich als methodisches Problem: Er gab der Verwendung nichtstandardisierter experimenteller Verfahren die Schuld, daß so inkonsistente Ergebnisse herauskamen. Deshalb bemühte er sich darum, experimentelle Techniken zu entwickeln, die verläßliche Messungen von Empfindungen ermöglichen sollten. Er gründete diese »psychophysischen« Techniken auf der Arbeit anderer Wissenschaftler; daher waren sie in gewisser Hinsicht nicht ursprünglich seine Techniken. Doch es war Fechner, der die Methoden zusammenführte und zeigte, wie sie sich zu seinem Zweck, der Messung psychischer Empfindungen, zueinander in Beziehung setzen lassen.

Sehen	Eine Kerzenflamme in 50 Kilometern Entfernung in einer klaren Nacht
Hören	Das Ticken einer Armbanduhr in 6 Metern Entfernung in einem ruhigen Zimmer
Geschmack	Ein Teelöffel Zucker in 2 Litern Wasser
Geruch	Ein Tropfen Parfum, in einem Haus durchschnittlicher Größe verteilt
Berührung	Ein Insekt, das aus einem Zentimeter Höhe auf die Wangenhaut fällt

Abb. 25: Ungefähre absolute Schwellenwerte

Psychophysik

Gustav Fechner

Fechner nannte sein experimentelles Vorgehen »Psychophysik«, da er glaubte, es stelle eine Verschmelzung physikalischer und psychologischer Messungen dar. In seinem Buch *Elemente der Psychophysik* beschreibt Fechner drei psychophysikalische Methoden. Jede ist sowohl ein experimentelles als auch ein mathematisches Verfahren. Obwohl alle drei zu Recht Klassiker genannt werden können, soll hier nur die erste seiner Methoden ausführlicher beschrieben werden, da sie die Methode ist, die am meisten mit der Psychophysik in Verbindung gebracht wird.

Eben merkliche Unterschiede

Fechner nannte die erste seiner psychophysischen Techniken die Methode der *eben merklichen Unterschiede.* Heute ist dieser Ansatz im allgemeinen als die Schwellenbestimmung bekannt. Fechner beschrieb die Anwendung dieser Methode zur Bestimmung der Empfindungsfähigkeit bei Gewichtsschätzungen folgendermaßen:

In der Anwendung der Methode der eben merklichen Unterschiede vergleicht eine Person das Gewicht zweier Behälter, A und B, indem sie sie hochhebt, nachdem sie leicht unterschiedliche Gewichte erhalten haben. Der Gewichtsunterschied wird empfunden, sobald er groß genug ist; sonst wird er nicht bemerkt. Die Methode der eben merklichen Unterschiede besteht nun darin, die Größe des Gewichtsunterschiedes zu bestimmen, welcher nötig ist, um als eben merklich erkannt zu werden.

Diese Methode erinnert zwar an das Vorgehen Ernst Webers und basiert auf einer einfachen Theorie, doch Fechner stellte fest, daß sich der Gedanke in der Praxis nicht direkt umsetzen ließ. Wenn man nämlich nicht äußerst sorgfältig vorgeht, kann der Schwellenwert, der mit Hilfe dieser Methode festgestellt werden soll, in unterschiedlicher Weise verzerrt werden. Nach einer Reihe von Versuchen, bei denen das Vergleichsgewicht jedesmal schwerer war als das Standardgewicht, kann sich die Versuchsperson zum Beispiel angewöhnen, jedesmal die Antwort »schwerer« zu geben, auch wenn diese Reaktion falsch ist. Psychophysiker nennen die Tendenz, fortgesetzt die gleiche Reaktion zu zeigen, den *Gewöhnungseffekt.* Umgekehrt kann es dazu kommen, daß eine Versuchsperson einen Wahrnehmungssprung macht und plötzlich »leichter« statt »schwerer« antwortet bei gleichbleibender Empfindung; auch das kann zu einer Verzerrung der Ergebnisse führen. Psychophysiker nennen das den *Antizipationseffekt.* Um solche möglichen Verzerrungen zu vermeiden, bemühte sich Fechner darum, die Reihenfolge der Reizdarbietungen dauernd zu verändern. Wiederum mit seinen eigenen Worten:

Wenn Versuche zum Beispiel mit einer Serie von Standardgewichten durchgeführt werden, könnte man so vorgehen, daß man zuerst eine aufsteigende Reihenfolge wählt (mit einem Vergleichsgewicht beginnt, das geringer ist als das Standardgewicht, und es allmählich steigert), *dann eine absteigende Reihenfolge am selben Tag, am nächsten Tag mit einer absteigenden Reihenfolge den Versuch wiederholt, gefolgt von einer aufsteigenden. Man könnte auch die Reihenfolge in einer Richtung pro Tag durchführen, also nur ansteigende Gewichte an einem Tag, nur geringer werdende am nächsten, und dies methodisch während der ganzen Tage abwechseln, die notwendig sind, um den Versuchsdurchgang abzuschließen.*

Die aufsteigende und absteigende Reihenfolge abzuwechseln, ist zwar eine notwendige, aber noch keine hinreichende Bedingung, um mögliche Fehlerquellen auszuschließen. Fechner verwandte auch große Mühe darauf, verzerrende Einflüsse zu kontrollieren, die aus dem experimentellen

Material stammen könnten. In seinen Gewichtsexperimenten benutzte er zum Beispiel einen Apparat, der so konstruiert war, daß er mögliche Hinweise auf das Gewicht ausschloß. Der Apparat bestand aus vier vertikalen Stäben, die am Boden durch horizontale Stäbe miteinander verbunden wurden. Blei- oder Zinkgewichte wurden fest in den Rahmen eingepaßt. Jeder dieser Rahmen war auf allen Seiten mit Holz verkleidet, so daß leere Kästen entstanden. Die äußere Form der Kästen enthielt keinerlei Hinweis auf ihr Gewicht. Jeder dieser Behälter wurde einmal an einem Holzgriff hochgehoben, der an der Oberseite des Kastens angebracht war. Alle Behälter sahen gleich aus, dennoch wechselte Fechner die als »Standardgewicht« bezeichneten Behälter dauernd aus, um sicherzugehen, daß nicht etwa kleine, unbemerkte Unterschiede zwischen den Behältern die Ergebnisse verfälschten. Außerdem wollte Fechner sichergehen, daß die Kästen immer nur bis zu einer bestimmten Höhe hochgehoben wurden; als Grenzmarkierung diente ein waagerecht angebrachtes Holzbrett über der Bank im Labor; zudem kontrollierte er die Dauer der Zeit, die jedes Gewicht in der Luft hing, indem er die Gewichte mit dem Klacken eines Metronoms hochheben ließ. Und schließlich wechselte Fechner in seinen Versuchen auch die Hand, die das Standardgewicht hielt, damit Empfindungsunterschiede in beiden Händen kontrolliert werden konnten: mal ließ er das Standardgewicht mit der rechten Hand hochheben, mal mit der linken. Diese sorgfältigen experimentellen Techniken verminderten nicht nur die unerwünschten Verzerrungen der experimentellen Ergebnisse auf ein Minimum, sondern setzten auch für kommende Jahrzehnte die Maßstäbe für sorgfältig kontrolliertes psychologisches Experimentieren.

Die Methode der eben merkbaren Unterschiede kann auch auf andere Aufgaben als die Schätzung von Gewichten angewandt werden. So kann sie dazu verwandt werden, für jede einzelne Sinnesmodalität den absoluten Schwellenwert und die eben merklichen Unterschiede festzulegen. Abbildung 26 zeigt zum Beispiel ein Experiment, das die absolute Schwelle von Tonhöhen feststellen sollte. Die Versuchspersonen wurden lediglich gebeten anzugeben, ob sie einen Ton hörten. Die erste Spalte der Tabelle zeigt, von oben nach unten, die Antworten einer Versuchsperson (»J« steht

Frequenz Hertz	Abwechselnd absteigende und ansteigende Tonfolgen									
24	J									
23	J									
22	J		J							
21	J		J							
20	J		J						J	
19	J		J				J		J	
18	J		J		J		J		J	
17	J		J		J		J		J	
16	J	J	J		J		J		J	
15	J	N	J	J	J	J	J		J	J
14	N	N	N	N	[a]?	N	?	J	?	N
13		N		N		N		N		N
12		N		N		N		N		N
11		N		N		N		N		
10		N		N				N		
9				N				N		
8				N				N		
7				N				N		

(1) SW = 14.5 15.5 14.5 14.5 14.5 14.5 14.5 13.5 14.5 14.5
M = 14.5; SA = 45

(2) ASW = 15.0 14.5 14.5 14.0 14.5
M = 14.5; SA = .32

[a]? = »Zweifelhaft«, zählt als Anzeichen für einen Wahrnehmungswechsel

M = Mittelwert
SA = Standardabweichung
SW = Schwellenwert
ASW = aufsteigender Schwellenwert

Abb. 26: Schwellenbestimmung durch die Grenzwertmethode. Nähere Erläuterungen im Text

für Ja und »N« für Nein) bei einer absteigenden Reihenfolge. Der Versuchsleiter benutzte eine Reihe von Präzisions-Stimmgabeln und begann damit, einen Ton von 24 Hertz (24 Schwingungen pro Sekunde) darzubieten, den die Versuchsperson mühelos erkannte. Dann verminderte der Versuchsleiter den Ton um ein Hertz und versuchte es wieder. Auch diesmal antwortete die Versuchsperson mit Ja. Hertz für Hertz wurde der Ton dann weiter vermindert, bis die Versuchsperson auf die Frage, ob sie einen Ton höre, mit Nein antwortete. Daraus folgerte der Versuchsleiter, die Schwelle müsse irgendwo zwischen 14 und 15 Hertz liegen. Da keine genaueren Unterscheidungen gemessen wurden, nahm der Versuchsleiter den Schwellenwert bei 14,5 Hertz an und trug diese Zahl unter SW ein.

Dann begann der Versuchsleiter mit einer aufsteigenden Tonserie, beginnend mit einem Ton von 10 Hertz – weit unter der Schwelle der Versuchsperson. Dann wurde der Ton immer um ein Hertz erhöht, bis die Versuchsperson angab, einen Ton zu hören. Diesmal fand der Reaktionswechsel (von Nein zu Ja) bei 16 Hertz statt, die Schwelle wurde zwischen 15 und 16 Hertz angenommen und als 15,5 Hertz eingetragen. Der Versuchsleiter führte dann so lange aufsteigende und absteigende Versuchsreihen durch, bis er sicher war, daß die Schwellenwerte nicht sonderlich fluktuierten. Auch veränderte er den Ton, mit dem er die Serie jeweils begann, um jede Tendenz der Gewöhnung oder Antizipation auf ein Minimum zu reduzieren.

Als das Experiment beendet war, wurde die absolute Schwelle als Durchschnittswert der SW-Werte festgelegt, und es ergab sich ein Wert von 14,5 Hertz. Nach Fechner ist dieser Wert der Nullpunkt einer Skala zur Messung der psychischen Empfindung der Tonhöhe. Den Nullpunkt herauszufinden ist erst der Anfang. Nun muß man die Maßeinheiten festlegen, die eben merklichen Unterschiede zwischen den Reizen, aus denen sich die Skala zusammensetzt.

Solche »JND-Einheiten« können nun ebenfalls mit der

Methode der eben merklichen Unterschiede bestimmt werden, notwendig sind dazu zwei Reize, ein Standard- und ein Vergleichsreiz, sowie drei statt nur zwei Antwortkategorien. Im Experiment, das in Abbildung 27 dargestellt wird, möchte der Versuchsleiter die Hertzzahl herausfinden, bei der zwei Töne als eben merklich verschieden empfunden werden, wenn man den Standardton bei 50 Hertz beläßt. Die Versuchsperson kann entweder antworten »höher« (der Vergleichston ist höher als der Standardton), »tiefer« (der Vergleichston ist tiefer als der Standardton) oder »gleich« (beide Tonhöhen sind identisch). Der Versuchsleiter beginnt damit, einen Vergleichsreiz darzubieten, der weit höher liegt als der Standardton, und paßt ihn dann

Antworten in abwechselnd absteigenden und ansteigenden Serien								
Vergleichswerte								
80	+	+		+	+	+		
70	+	+	+	+	+	+	+	+
60	+	+	+	=	=	=	+	+
Standard								
= 50	=	=	–	+	+	+	=	=
40	=	–	–	–	–	=	+	+
30	–	–		–	–	–	=	=
20	–	–				–	–	–
10	–						–	–
SW(+) =	55	55	55	45	65	45	55	35 MSW(+) = 51.25
SW(–) =	35	45	55	45	45	35	25	25 MSW(–) = 38.75

SW = Schwellenwert
MSW = Mittlerer Schwellenwert
Unsicherheitsintervall = SW (+) – (SW–) = 51.25 – 38.75 = 12.5
Schwellendifferenz = 1/2 Unsicherheitsintervall = 0.625

Punkt subjektiver Gleichheit $\frac{SW(+) + SW(-)}{2} = \frac{51.25 + 38.75}{2} = 45$

Irrtumskonstante = Punkt subjektiver Gleichheit – Standard = 45 – 50 = 5

Abb. 27: Feststellung des eben merklichen Unterschiedes durch die Grenzwertmethode. Nähere Erläuterungen im Text

nach unten hin dem Standardton immer mehr an, bis die Versuchsperson beide als identisch wahrnimmt. Der Punkt, an dem die Reaktion sich von »höher« zu »gleich« wandelt (SW+) wird notiert; dennoch geht der Versuch weiter. Der Versuchsleiter vermindert die Tonhöhe des Vergleichstones so lange, bis die Versuchsperson mit »tiefer« antwortet. Dieser Punkt (SW–) wird ebenfalls notiert. Dann präsentiert der Versuchsleiter eine aufsteigende Reihe von Reizen, beginnend mit einem Ton, der viel tiefer ist als der Standardreiz; die Vergleichstöne werden dann immer höher, bis die Versuchsperson berichtet, daß Vergleichs- und Standard-Ton derselbe seien. Dieser Punkt (SW–) wird festgehalten, dennoch bietet der Versuchsleiter immer höhere Töne dar, bis die Versuchsperson »höher« antwortet (SW+). Diese aufsteigenden und absteigenden Versuchsreihen werden so lange wiederholt, bis der Versuchsleiter sicher ist, daß die aufgezeichneten Tonhöhen-Schätzungen stabil bleiben.

Der eben merkliche Unterschied wird errechnet, indem man zunächst den Durchschnitt aller SW- vom Durchschnitt aller SW+ abzieht. Die Differenz nennt man das Unsicherheits-Intervall. Alle Töne dieses Frequenzbereiches empfindet die Versuchsperson als identisch, wobei das Zentrum dieses Intervalls denjenigen Punkt verkörpert, an dem eine Empfindung als mit dem äußeren Reiz gleich wahrgenommen wird. Das Unsicherheits-Intervall stellt also zur Hälfte den Betrag dar, den man von der Standardgröße abziehen oder zu ihr addieren muß, damit der Beobachter eine Veränderung bemerkt – das ist ein eben merklicher Unterschied. Indem das Experiment mit verschiedenen Standardtönen wiederholt wird, kommt der Versuchsleiter schließlich zu einer Skala eben merklicher Unterschiede für die Empfindung von Tonhöhen, mit einem Ausgangspunkt, der beim absoluten Schwellenwert liegt, und bei der jede Einheit einen Anstieg um einen eben merklichen Unterschied darstellt.

Die Methode der eben merklichen Unterschiede ist experimentell dasjenige psychophysikalische Vorgehen, das am direktesten mit der Vorstellung einer Empfindungsschwelle verbunden ist. Doch perfekt ist sie nicht, neben den bereits erwähnten Verzerrungsmöglichkeiten kann beispielsweise auch Ermüdung die Ergebnisse beeinflussen. Fechner war sich dieser möglichen Probleme bewußt und schlug deswegen vor, noch andere psychophysikalische Methoden anzuwenden, um die Gültigkeit der durch die Methode der eben merklichen Unterschiede gewonnenen Ergebnisse zu überprüfen.

Zusätzliche psychophysikalische Methoden

Fechners zweite psychophysikalische Methode, die *Methode des mittleren Fehlers,* ist heute besser bekannt unter dem Namen *Anpassungsmethode.* Der neue Name beschreibt die Technik sehr gut. Bei dieser Methode soll eine Versuchsperson einen dauernd variablen Reiz so lange manipulieren (anpassen), bis er einem Standardreiz gleich ist. So zeigt man der Versuchsperson zum Beispiel eine Lampe, anschließend erhält sie eine Glühbirne und einen Dimmer und soll die Lichtstärke dieser Glühbirne so lange verändern, bis sie der Lichtstärke der Standard-Glühbirne entspricht. Manchmal stellt die Versuchsperson das Licht zu hell, manchmal zu dunkel. Die Differenz zur Standardlampe wird als Irrtum bezeichnet. Je kleiner der Irrtum, desto besser die Sensibilität der Versuchsperson. Wenn der Versuch mehrfach wiederholt wird, zeigt sich, daß das Ausmaß des Fehlers der Versuchsperson variiert. Der durchschnittliche Irrtum und die Variabilität der Irrtümer können als Meßgrößen für die Messung der Helligkeitsempfindlichkeit verwendet werden. Zwar bevorzugen die Versuchspersonen diese Methode meist gegenüber der Methode der eben merklichen Unterschiede (weil sie aktiver am Experiment teilnehmen können), doch sie läßt sich nicht bei allen Reiz-

Arten anwenden. Töne lassen sich zum Beispiel auf diese Weise nur schlecht miteinander vergleichen, da man sie hintereinander und nicht gleichzeitig darbieten muß. Dafür eignet sich wiederum Fechners dritte psychophysikalische Technik, die *Methode der richtigen und falschen Fälle.*

Heute als die *Methode der konstanten Reize* bezeichnet, besteht diese psychophysikalische Technik darin, den Vergleichs- und den Standardreiz darzubieten und die Versuchsperson die Richtung angeben zu lassen, in welcher der Vergleichsreiz vom Standardreiz differiert. Nehmen wir an, ein Psychophysiker ist daran interessiert, die Längenwahrnehmung von Linien zu untersuchen. Er projiziert eine Linie von beispielsweise 70 Millimetern auf eine Leinwand. Dieser Standardlinie folgen fünf Vergleichslinien von 68, 69, 70, 71 und 72 Millimetern. Die Versuchsperson muß nun angeben, ob der Vergleichsreiz (nur die Vergleichsreize werden bei den Versuchsdurchgängen dargeboten) länger oder kürzer ist als die Standardlinie. Um Verzerrungen durch die Reihenfolge zu vermeiden, wird dabei manchmal zuerst der Vergleichsreiz und dann der Standardreiz dargeboten. Unter Verwendung von Fechner entwickelter mathematischer Formeln können die mit Hilfe dieser Methode gesammelten Daten verwendet werden, um eben merkliche Unterschiede beim Hören, Sehen und bei anderen Sinnesempfindungen festzustellen.

Nachwirkungen

Von Anfang an wurden Fechners Forschungen kontrovers diskutiert. Kritiker wandten sich gegen seine Überzeugung, er könne auf diese Weise tatsächlich seelische Empfindungen messen, und stellten seine Annahme in Frage, alle eben merklichen Unterschiede seien gleich groß. Doch die bedeutendste Kritik an Fechners Arbeiten bezieht sich auf den Nullpunkt seiner Skala – die absolute Schwelle. Wie oben dargestellt, wird die absolute Schwelle nicht als null physikalische Energie definiert, sondern als das Niveau an Reizenergie, das erforderlich ist, um in 50 Prozent der Fälle eine Reaktion hervorzurufen. Da der Schwellenwert willkürlich statistisch definiert wird, könnte man jeweils eine andere statistische Definition wählen (etwa das Niveau an Reizenergie, das in 25 Prozent der Fälle eine Reaktion hervorruft). Diese neue Definition ergab allerdings einen anderen Schwellenwert und verschob damit den Nullpunkt auf Fechners Skala.

Die statistische Definition des absoluten Schwellenwertes bedeutet auch, daß es eine Klasse »negativer« Empfindungen gibt – Empfindungen, die zu schwach sind, um in 50 Prozent der Fälle eine Reaktion hervorzurufen, aber dennoch auf gewisse Wei-

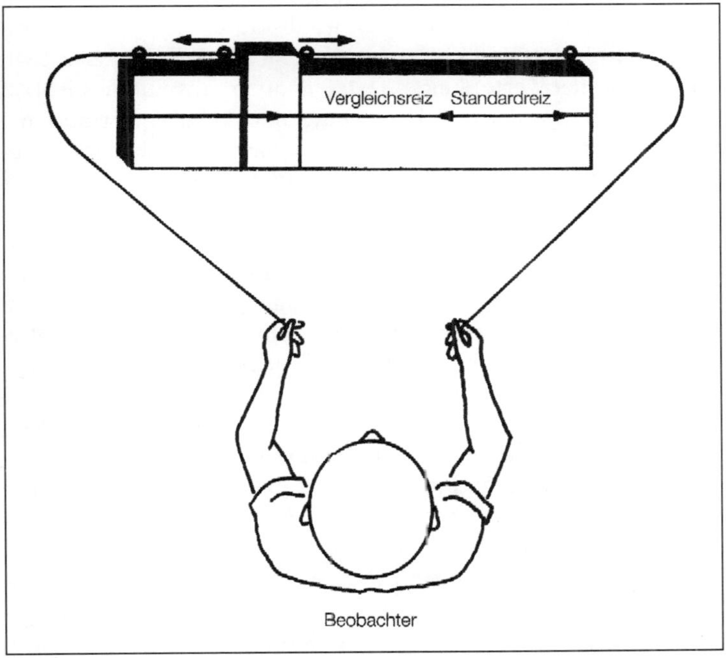

Abb. 28: Die Anpassungsmethode. Die Versuchsperson kann die Länge des Vergleichsreizes so lange variieren, bis dieser ihrem subjektiven Empfinden nach der Standardlänge entspricht

se wirksam sein können. Und zwar deswegen, weil die Möglichkeit nicht ausgeschlossen werden kann, daß diese Reize in solchen Fällen immer noch unbewußt empfunden werden. In diesem Zusammenhang war es sicherlich auch kein Zufall, daß sich Sigmund Freud auf Fechners statistische Vorstellungen von der absoluten Schwelle stützte, als er seine Theorie des Unbewußten entwickelte. Trotz der bizarren Vorstellung, es könne »negative Empfindungen« geben, war Fechner davon überzeugt, daß absolute Schwellen (auch wenn sie schwer zu messen sind) tatsächlich existieren. Viele Wissenschaftler vertraten demgegenüber die gegenteilige Auffassung: die Existenz von negativen Empfindungen beweise, daß es keine absoluten Schwellen geben könne, Empfindungen vielmehr kontinuierlich und nicht abrupt ansteigen. Und tatsächlich haben zahlreiche experimentelle Untersuchungen die Theorie absoluter Schwellen empirisch nicht bestätigen können. Es hat sich dabei herausgestellt, daß Schwellenwerte keine feststehenden absoluten Größen sind, sondern immer von der jeweiligen Motivation, Ermüdung, Aufmerksamkeit und dem Interesse einer Versuchsperson beeinflußt werden und dementsprechend auch individuell unterschiedlich ausfallen können. Die heute am meisten akzeptierte Theorie der Wahrnehmungspsychologie, die sogenannte »Signalentdeckungs-Theorie«, berücksichtigt daher irgendwelche »absoluten« Empfindungsschwellen auch nicht mehr, sondern geht von einem komplexen Zusammenhang verschiedener physiologischer und psychologischer Faktoren aus.

Fechners experimentelle Techniken und seine theoretischen Annahmen sind häufig kritisiert worden, fanden aber gerade dadurch auch eine gewisse Anerkennung. Von seiner Philosophie – der Hauptgrund zur Entwicklung einer Psychophysik – kann man dies nicht behaupten: sie wurde fast vollständig ignoriert, die *Elemente der Psychophysik* konnten der Idee eines wissenschaftlich betriebenen Panpsychismus nicht zum Durchbruch verhelfen. Da physikalische Reize und Empfindungen getrennt voneinander betrachtet werden mußten, um meßbar zu sein (und die Beziehung zwischen ihnen eine ganz bestimmte sein mußte), trugen Fechners Forschungsarbeiten sogar mehr dazu bei, den Dualismus zu fördern – die zeitgenössische Theorie über das Verhältnis zwischen Leib und Seele, von der er sich ausdrücklich distanziert hatte.

Obwohl Fechners Philosophie nie sonderlich viele Anhänger gewinnen konnte und obwohl sein Glaube an absolute Empfindungsschwellen und an gleich große eben merkliche Unterschiede weiteren experimentellen Überprüfungen nicht standhielt, muß er dennoch als einer der Großen unter den Experimentalpsychologen gelten. Seine historische Bedeutung beruht nicht auf seinem speziellen philosophischen Ansatz, nicht einmal auf seiner Entwicklung psychophysikalischer Methoden. Sie ergibt sich aus seinem Bestreben, Meßmethoden zu entwickeln, die der neuen Wissenschaft Psychologie angemessen waren. Fechner setzte damit Maßstäbe in Richtung einer Quantifizierung – jenen Weg, den die Experimentalpsychologen dann auch eindeutig einschlagen und jahrzehntelang beibehalten sollten. Und er überzeugte die Wissenschaftler seiner Generation davon, daß es möglich war, eine mathematisch orientierte und wissenschaftlich ernst zu nehmende Psychologie zu entwickeln.

Zum Weiterlesen

Fechner, G.: *Elemente der Psychophysik.* Breitkopf & Härtel, Leipzig 1860.

Fodor, J. A.: *The Mind-Body Problem.* In: Scientific American, 244, S. 24–133, 1981.

Jones, F. N.: *History of Psychophysics and Judgement.* In: Carterette, E. C. and Friedman, M. P. (Hrsg.): Handbook of Perception (Bd. 1). Academic Press, New York, 1974.

Velden, M.: *Die Signalentdeckungstheorie in der Psychologie.* Kohlhammer, Stuttgart 1982.

II. Wahrnehmung, Gedächtnis und Emotion

Die ersten Experimentalpsychologen waren die Strukturalisten, deren Ziel darin bestand, mit Hilfe von Introspektion die grundlegenden Elemente – die »Atome« – der Gedanken und Empfindungen zu entdecken. Es dauerte zwar viele Jahre, doch bis zum Beginn dieses Jahrhunderts war den meisten Experimentalpsychologen deutlich geworden, daß das strukturalistische Vorgehen weitgehend versagt hatte. Statt Tatsachen, auf die man sich allgemein einigen konnte, hatte die Methode der Introspektion oft zu überflüssigen Diskussionen geführt, beispielsweise derjenigen, ob die Empfindung *lila* mehr *rötliche* oder mehr *bläuliche* Anteile enthält. Die Experimentalpsychologie orientierte sich nun zunehmend an den Funktionalisten, die sich mehr für die Wechselwirkungen psychischer Vorgänge interessierten als für ihre physikalische Qualität. Das heißt, sie beschäftigten sich weniger mit der Frage, was Gedanken und Empfindungen sind, als damit, warum sie auftreten.

In gewisser Hinsicht ähnelt der funktionalistische Ansatz in der Psychologie der Methode der klassischen Genetik. Vor der Entdeckung der genetischen Struktur von Chromosomen pflegten sich die Genetiker ihrem Forschungsgegenstand ausschließlich »von außen« zu nähern. Sie züchteten und kreuzten Pflanzen bzw. Tiere, beobachteten die Merkmale der Nachkommen und versuchten, aufgrund der äußeren Beobachtung auf die biologischen Mechanismen der Fortpflanzung zu schließen, durch die diese Merkmale entstanden waren. Die Funktionalisten näherten sich ihrem Untersuchungsgegenstand, den psychischen Vorgängen, auf ähnliche Weise: Sie beobachteten, wie sich Organismen in unterschiedlichen Situationen verhielten. Wie die Dualisten des 17. Jahrhunderts nahmen auch die Funktionalisten an, daß der Mann, der Wolken am Himmel sieht und zu einem Regenschirm greift, eine *Überzeugung* entwickelt hat – die Überzeugung, daß es regnen wird. Man kann diese Überzeugung natürlich nicht beobachten, vielmehr handelt es sich um eine hypothetisch erschlossene psychische Kategorie, die aus der Beobachtung des Verhaltens dieses Mannes in einer bestimmten Situation abgeleitet wird. Mit Ausnahme der wenigen noch verbliebenen Radikal-Behavioristen und ihrer Überzeugung, psychische Kategorien und die dazugehörigen geistigen Vorgänge seien etwas, was die Psychologie nichts angeht – ihnen genügt die Verbindung zwischen den Regenwolken am Himmel (dem Reiz) und dem Griff nach dem Schirm (Reaktion) –, nehmen heute die meisten Psychologen eine im Grunde funktionalistische Position ein.

Die folgenden drei Kapitel beschreiben funktionalistische Ansätze bei der Erforschung einiger bedeutender psychischer Phänomene: Die Funktionsweise des menschlichen Gedächtnisses (Kapitel Vier), die Art, wie wir die Welt um uns herum wahrnehmen (Kapitel Fünf) und die psychologischen Strukturen von Empfindungen (Kapitel Sechs).

KAPITEL VIER

Gedächtnis

Ohne Gedächtnis könnten wir nicht lernen, wir könnten keine sinnvollen Gespräche führen (weil wir uns nicht an die Gedanken erinnern würden, die wir zum Ausdruck bringen wollen), und das Leben hätte keine Kontinuität. Jeder Tag bestünde aus einer Kette momentaner, unzusammenhängender, sinnleerer und bedeutungsloser Erlebnisse, die wir weder untereinander verknüpfen noch auf vergangene Erfahrungen beziehen könnten. Ohne Gedächtnis wären wir auch unfähig, ein »Ich« und eine bestimmte Persönlichkeit zu entwickeln, denn jegliche Identitätsfindung setzt ein seit frühester Kindheit kontinuierlich arbeitendes Gedächtnis voraus. In diesem Kapitel werden zwei klassische Gedächtnis-Experimente beschrieben. Das erste wurde von Hermann Ebbinghaus durchgeführt, mit dem die Tradition des *verbalen Lernens* begann, wie man es heute nennt. Das zweite Experiment stammt von Frederick Bartlett und begründete eine ganz andere Forschungstradition – die Behandlung des Gedächtnisses als dynamisches, *kognitives* Informationssystem.

Die Wachstafel

Plato betrachtete das Gedächtnis als eine Art Wachsblock: »Wenn wir uns an etwas erinnern wollen, das wir gesehen oder gehört haben ... halten wir das Wachs an die Wahrnehmungen und Gedanken, und in diesem Material konservieren wir unsere Eindrücke.« Für Plato ist eine schlechte oder ungenaue Erinnerung mit einem schlechten Wachsabdruck zu vergleichen: Die Umrisse sind zu erkennen, die Einzelheiten jedoch zeichnen sich kaum ab.

In gewisser Hinsicht hat Plato sicherlich recht gehabt – das Gehirn muß gewisse Transformationen vornehmen, damit es Informationen an das Gedächtnis weitergeben kann. Aber als Erklärung unseres alltäglichen Erinnerungsvermögens ist Platos »visuelle« Analogie des Gedächtnisses eher irreführend; wenn unser Gedächtnis nämlich so funktionieren würde wie ein Wachsabdruck, dann müßten die Menschen über das beste Erinnerungsvermögen verfügen, die sich ihre Gedächtnis-Bilder am lebhaftesten vor Augen führen – visualisieren – können. Vor etwa einhundert Jahren hat der englische Wissenschaftler Francis Galton zu genau dieser Frage eine empirische Studie durchgeführt. Er schrieb einer Vielzahl berühmter Männer und bat sie, sich daran zu erinnern, wie ihr Frühstückstisch an dem Morgen aussah, als sie diesen Brief erhalten hatten. Jede Versuchsperson wurde außerdem gebeten, die Lebendigkeit und Detailgenauigkeit ihrer geistigen Vorstellung zu bewerten. Galton stellte krasse Unterschiede bei den Antworten fest. Manche der Angeschriebenen antworteten, ihre Erinnerung sei so frisch, als säßen sie noch am Frühstückstisch, andere berichteten, sie hätten überhaupt kein Frühstücksszenario vor ihrem geistigen Auge erstehen lassen können. Galton schloß daraus, daß es hinsichtlich der bildlichen Vorstellungskraft große zwischenmenschliche Unterschiede geben müsse.

Galtons Experiment war allerdings kein wirklicher Test der Hypothese Platos, weil er damit nicht nachweisen konnte, ob ein gutes visuelles Vorstellungsvermögen tatsächlich genauere Abbilder von Frühstückstischen liefert als ein schlechtes Vorstellungsvermögen. Einige Jahre später wiederholte Frederick Bartlett Galtons Experiment, führte aber auch einen unabhängigen Test zur Genauigkeit des Vorstellungsvermögens seiner Versuchspersonen durch. Dabei stellte er fest, daß diejenigen, die sich an lebhafte Bilder erinnern, zwar mehr Zutrauen zu ihrer Gedächtnisleistung haben, daß diese aber in Wirklichkeit nicht genauer sind.

Für Bartletts Befund gibt es zwei mögliche Erklärungen: Entweder stimmt Platos Analogie nicht – es gibt keine Beziehung zwischen der Lebhaftigkeit einer Erinnerung und ihrer Genauigkeit – oder die subjektiven Berichte dieser Lebhaftigkeit sind ungenau. Es ist nicht möglich zu entscheiden, welche dieser beiden Erklärungen zutrifft, wenn man lediglich bestimmte Menschen nach den Bildern befragt, die ihnen im Gedächtnis geblieben sind: Diese Frage läßt sich nur im Rahmen experimen-

Abb. 29: Hermann Ebbinghaus (1850–1909) führte die ersten Gedächtnisexperimente durch

teller Untersuchungen klären. Der erste Wissenschaftler, der solche Gedächtnisexperimente durchführte, war Hermann Ebbinghaus.

Hermann Ebbinghaus: Vater der Gedächtnisforschung

Hermann Ebbinghaus wurde 1850 in Barmen (Wuppertal) geboren. Sein Vater war Kaufmann, und allen Schilderungen zufolge erlebte Ebbinghaus eine wohlbehütete Kindheit. Er besuchte das Gymnasium, und im Alter von 17 Jahren schrieb er sich an der Universität Bonn im Fach Geschichte ein. Doch Ebbinghaus blieb weder in Bonn noch an anderen Universitäten sehr lange: Mit 20 Jahren hatte er auch schon in Halle und Berlin studiert und begonnen, sich mehr für Philosophie als für Geschichte zu interessieren.

Ebbinghaus' unstetes Leben wurde vorübergehend unterbrochen, als er während des französisch-preußischen Krieges in der deutschen Armee diente. Die Kriegserfahrung schien seiner Wanderlust ein Ende zu setzen, denn er kehrte nach dem Krieg nach Bonn zurück und blieb dort, bis er 1873 promovierte. Seine Doktorarbeit behandelte das psychologische Problem des Unbewußten, das er jedoch mehr vom philosophischen als vom psychologischen Blickwinkel aus betrachtete.

Die nächsten sieben Jahre verbrachte Ebbinghaus mit »selbständigen Studien«, wie er es nannte. Er bereiste Deutschland, England und Frankreich, besuchte Universitäten, las Bücher und lebte größtenteils von dem, was seine Familie ihm zukommen ließ. In dieser Zeit war es auch, als Ebbinghaus einmal in einem Antiquariat in Paris stöberte und Gustav Fechners *Elemente der Psychophysik* entdeckte (in Kapitel Drei ist Fechners Arbeit näher beschrieben). Ebbinghaus war zwar beeindruckt von Fechners Buch, besonders von dessen Nachweis, daß streng empirische Methoden zur Überprüfung psychologischer Fragestellungen verwendet werden konnten, allerdings hatte er den Eindruck, daß Fechner noch nicht weit genug gegangen war. Fechner beschäftigte sich ausschließlich mit vergleichsweise einfachen Sinnesempfindungen, zu den »höheren mentalen Prozessen« – komplexeren Formen menschlichen Denkens – hatte er keinen Zugang eröffnet. Allein auf sich gestellt, ohne Kollegen und ohne eine feste Anstellung an einer Universität faßte Ebbinghaus den Entschluß, dieses Neuland zu erkunden und Fechners psychophysikalische Methoden auf die Untersuchung von Gedächtnisleistungen anzuwenden. Wie sich herausstellte, unterschied sich sein Ansatz allerdings sehr von dem Fechners, doch Ebbinghaus fühlte sich sein Leben lang dem älteren Psychologen verpflichtet und widmete ihm viele Jahre später auch sein berühmtes psychologisches Lehrbuch.

Im Jahre 1880 übernahm Ebbinghaus seine erste Universitätsposition als Dozent an der Universität Berlin. Er wiederholte dort jahrelang all seine Gedächtnisexperimente, und als sich seine Ergebnisse bestätigt hatten, veröffentlichte er sein erstes Buch: *Über das Gedächtnis.* Darin beschrieb Ebbinghaus anhand von Experimenten, welche Auswirkungen die Wiederholung auf die Speicherung von Gedächtnisinhalten, auf die Assoziationsstärke des Gedächtnisses und die Beziehung zwischen Zeit und Vergessen hatte. Dieses Buch erregte bei Experimentalpsychologen einiges Aufsehen, denn es zeigte auf, wie »höhere mentale Prozesse« mit Hilfe von sorgfältigen Experimenten untersucht werden konnten. 1886 wurde Ebbinghaus größtenteils aufgrund dieses Buches eine professorenähnliche Stellung an der Universität zuerkannt. Er behielt diese Stelle acht Jahre, verfolgte die Gedächtnisforschung jedoch typischerweise nicht weiter; Ebbinghaus gehörte zu den Menschen, die ständig neue Herausforderungen brauchen. Für den Rest seiner akademischen Laufbahn widmete er sich innovativen Forschungen auf Gebieten, die von anderen Psychologen vernachlässigt wurden – die Überprüfung seiner Pionierarbeiten, die wissenschaftlich notwendigen Nachfolgestudien, überließ er dabei allerdings immer anderen. Einige Jahre nach seinem Gedächtnis-Buch veröffentlichte Ebbinghaus eine ertragreiche Studie über Farbwahrnehmung, kurz darauf eine Beschreibung, wie man bei der Messung mentaler Fähigkeiten von Kindern vorzugehen habe. Die letztgenannte Arbeit erschien einige Jahre *vor* Binets berühmter Veröffentlichung.

Im Jahre 1890 gründeten Ebbinghaus und sein Kollege Arthur König die *Zeitschrift für Psychologie und Physiologie der Sinnesorgane,* die heute noch unter dem kürzeren Namen *Zeitschrift für Psychologie* existiert. 1894 wechselte Ebbinghaus von Berlin an die Universität Breslau, wo er den Lehrstuhl für Psychologie übernahm. Er war ein äußerst beliebter Dozent und, nachdem 1897 sein Psychologie-Lehrbuch erschienen war, auch ein bekannter Autor. Dieses Lehrbuch war so erfolgreich, daß es in mehreren großen Auflagen nachgedruckt wurde und ihn zu einem gesuchten Vortragsredner machte. Auch als Persönlichkeit war Ebbinghaus sehr beliebt, er ging mit jüngeren Kollegen freundlich um und genoß sowohl die beruflichen wie die sozialen Aspekte von Psychologie-Kongressen.

Verglichen mit Psychologen wie Jean Piaget, der Hunderte von wissenschaftlichen Artikeln und Büchern veröffentlichte, blieb Ebbinghaus' Publikationsliste kurz. Den Mangel an Quantität machte er jedoch durch Qualität mehr als wett. Seine Originalität, Klarheit und Humanität regten viele Forschungskarrieren an. Dieser Einfluß ist um so beeindruckender, als er selbst keine Lehrer gehabt hatte – alle seine Forschungsideen und -methoden hat er selbst entwickelt – und keine Schule begründete. Obwohl es Schüler Piagets und sogenannte Freudianer gibt, gab es nie Ebbinghausianer. Sein Beitrag bestand hauptsächlich darin, daß er den Experimentalpsychologen einige Methoden zur Verfügung stellte. Diese Methoden wurden so sehr Bestandteil der Wissenschaft Psychologie, daß sie oft ohne Nennung ihrer Quelle angewandt wurden – so, als hätte es sie immer gegeben. Seine berühmtesten Methoden waren dabei auch für die klassischen Experimente grundlegend, die im nächsten Abschnitt beschrieben werden.

KLASSISCHES EXPERIMENT

Erinnern und Vergessen

Hermann Ebbinghaus

Als Ebbinghaus Gedächtnisleistungen experimentell zu untersuchen begann, brach er mit einer zweitausendjährigen philosophischen Tradition. Der spekulativen »Lehnstuhl«-Philosophie der Vergangenheit wollte Ebbinghaus – wie Fechner – mittels objektiver Forschungsmethoden gewonnene, verallgemeinerbare Tatsachen entgegensetzen. Er folgte Fechner auch dahingehend, daß psychologische Probleme vereinfacht werden müßten, um sie der Untersuchung zugänglich zu machen. Diese Vereinfachungen seien besonders wichtig, wenn es darum gehe, Gedächtnisleistungen zu untersuchen, da wir nicht alle über dasselbe Wissen und dieselben Erfahrungen verfügen. So hat es etwa keinen Sinn, Erinnerungen an historische Ereignisse zu untersuchen, wenn ein Teil der Versuchspersonen nie etwas über diese Ereignisse erfahren hat. Um geistige Vorgänge unbeeinflußt von Wissen und Vorerfahrungen erforschen zu können, erfand Ebbinghaus völlig neue Gedächtnisinhalte: sinnlose Silben.

Sinnlose Silben sind Kombinationen von drei Buchstaben – zwei Konsonanten um einen zufällig gewählten Vokal –, die aussprechbar sind, aber keinerlei Bedeutung haben: BOL, HAR, ZUP und so weiter. Ebbinghaus glaubte, da sinnlose Silben keinerlei Bedeutung hätten, seien sie ideale Reize für Gedächtnis-Experimente, die es dem Versuchsleiter ermöglichten, »reine« und von früheren Lern- oder Übergangserfahrungen völlig unbeeinflußte Gedächtnis-

Phänomene zu untersuchen – zum Beispiel die Auswirkungen einer bestimmten Menge an Übung auf das Erinnerungsvermögen. Die sinnlosen Silben waren Ebbinghaus' Erfindung: niemand hatte sie zuvor, aber viele haben sie seither verwendet.

Ebbinghaus erfand 2300 sinnlose Silben und begann dann, sie einer lernbereiten, engagierten Versuchsperson beizubringen – sich selbst. Selbstversuche waren auch damals ungewöhnlich, doch man erinnere sich daran, daß Ebbinghaus zu dieser Zeit noch keine Stelle an einer Universität hatte und Versuchspersonen ansonsten nur äußerst schwierig zu einer Teilnahme an einem psychologischen Experiment zu gewinnen waren.

Darüber hinaus ist es unwahrscheinlich, daß er anderen zumuten konnte, was er sich selbst abverlangte: In zwei Jahren lernte er mehr als 1000 Listen mit jeweils 12 bis 16 sinnlosen Silben auswendig.

Ebbinghaus begann jeweils damit, sich jede Silbe auf der Liste einmal laut vorzulesen. Dann versuchte er, die gesamte Silbenreihe aus dem Gedächtnis zu wiederholen. Wenn ihm das nicht auf Anhieb gelang, machte er zunächst wieder den »Lese-Test«, so lange, bis er die Silbenreihe einmal fehlerlos wiedergeben konnte. Wenn er dies erreicht hatte, wartete Ebbinghaus eine Weile und versuchte dann, sich die Liste wieder in Erinnerung zu rufen. Gelang ihm das nicht, wiederholte er sein früheres Vorgehen, las die Reihe der Silben noch einmal laut und überprüfte sein Gedächtnis, bis ihm ein weiteres Mal jede einzelne Silbe wieder einfiel. Um seine Gedächtnisleistung bei jedem Durchgang messen zu können, erfand Ebbinghaus ein Maß, das er das *Behaltensmaß* nannte.

Dieses Maß wird berechnet, indem man die Zahl der Wiederholungs-Durchgänge, die erforderlich sind, um eine Silbenliste auswendig zu lernen, abzieht von der Zahl der Lautlese-Durchgänge, die ganz am Anfang notwendig war, um die sinnlosen Silben in der richtigen Reihenfolge zu lernen. Diese Differenz ist bekannt als die Zahl der *ersparten* Wiederholungen. (Da das Einprägen bereits erlernter Inhalte schneller geht als das ursprüngliche Lernen, ist die Zahl der Wiederholungen immer positiv.)

Die durchschnittliche Differenz der Ersparnis wurde in Prozent ausgedrückt. Dieser Prozentsatz wird errechnet, indem man die Zahl der ersparten Wiederholungen durch die Zahl der Durchgänge teilt, die für das ursprüngliche Lernen erforderlich waren (und mit 100 multipliziert, um ganze Zahlen zu erhalten).

Wenn beispielsweise für das Lernen einer bestimmten Liste mit sinnlosen Silben ursprünglich 100 Durchgänge erforderlich waren und beim Neulernen nur 50 gebraucht wurden, erhält man somit eine Ersparnisrate von 50 Prozent (50 : 100 x 100 = 50).

Ebbinghaus war äußerst sorgfältig in seinem experimentellen Vorgehen. Er rezitierte die sinnlosen Silben laut im Takt mit einem Metronom und stellte sicher, daß ihm für seinen Selbstversuch jeden Tag die gleiche Stunde zur Verfügung stand, um die Auswirkungen von eventueller Müdigkeit unter Kontrolle zu halten; und er führte den Selbstversuch nur dann durch, wenn ihm gerade nichts anderes Wichtiges durch den Kopf ging und ihn an der Konzentration hinderte (»Bei allzu großen Änderungen des äußeren und inneren Lebens«, bemerkte er dazu, »wurden die Versuche vorübergehend ausgesetzt.«).

In zwei Testjahren erprobte Ebbinghaus diese Methoden in einer ganzen Reihe von Experimenten, und es gelang ihm auf diese Weise, einige fundamentale Fragen über die Funktionsweise des Gedächtnisses zu beantworten. In seinem berühmtesten Experiment untersuchte er die Beziehung zwischen der für das Lernen erforderlichen Zeit und dem Erinnerungsvermögen sowie der Länge des seit dem letzten Lerndurchgang vergangenen Zeitintervalls und der Menge des dabei vergessenen Lernmaterials.

Aneignungszeit und Gedächtnis

Ebbinghaus' Experiment über die zum Aneignen von Lernmaterial erforderliche Zeitdauer sollte klären, ob die zum Lernen notwendige Zeit in direktem Verhältnis zur Zahl der korrekt erinnerten Begriffe steht. In anderen Worten: Wenn mehr Zeit zum Lernen zur Verfügung steht, führt das dann notwendigerweise auch zu immer besseren Erinnerungsleistungen, oder gibt es einen Punkt, an dem zusätzliches Lernen keinen zusätzlichen Lernerfolg mehr bringt? Ebbinghaus versuchte diese Frage zu beantworten, indem er zunächst eine Serie von Listen mit jeweils 16 sinnlosen

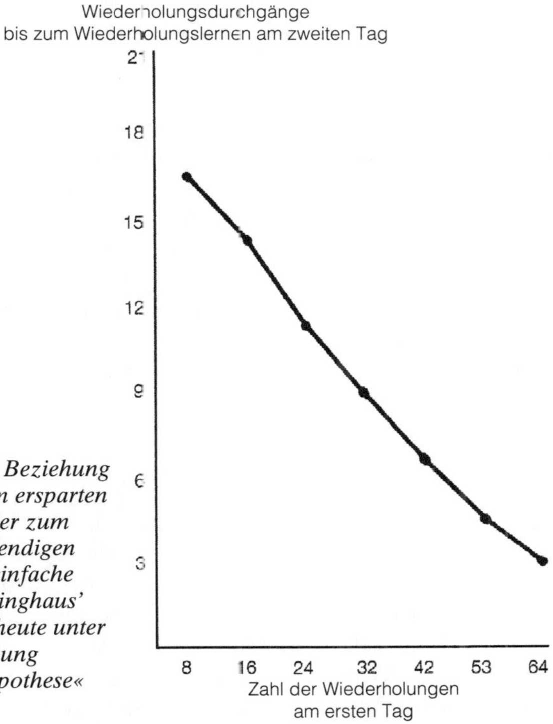

Abb. 30: Die Beziehung zwischen dem ersparten Betrag und der zum Lernen notwendigen Zeit ist eine einfache Gerade. Ebbinghaus' Ergebnis ist heute unter der Bezeichnung »Ganzzeithypothese« bekannt

Silben auswendig lernte. An einem bestimmten Tag wählte er zum Beispiel eine der Listen aus und versuchte sie auswendig zu lernen, indem er sie sich in relativ schnellem Tempo laut vorlas. Und das nicht nur einmal, sondern sehr oft. Manche Listen wurden achtmal wiederholt, andere 16, 24, 32, 50 oder sogar 64mal.

Am nächsten Tag bemühte sich Ebbinghaus, die Liste korrekt wiederzugeben. Wenn er Fehler machte, wiederholte er die Prozedur so lange, bis er sie wieder auswendig hersagen konnte. Dann errechnete Ebbinghaus den durchschnittlichen Behaltensprozentsatz als eine Funktion der Zahl der Wiederholungen, die beim ursprünglichen Lernen erforderlich war. Diese Ergebnisse sind in Abbildung 30 wiedergegeben; wie man erkennen kann, ergibt die Beziehung zwischen der Zahl der Wiederholungen am ersten Tag und der Wiederholungszahl am zweiten Tag eine absteigende Gerade. Die Menge des im Gedächtnis gespeicherten Lernmaterials wird direkt beeinflußt durch die Zeit, die für das ursprüngliche Lernen erforderlich ist; verdoppelt man die ursprüngliche Lern-Zeit, dann verdoppelt man auch die Zahl der korrekt erinnerten Wörter. Es gab keinerlei Hinweise darauf, daß der Wert der Übung mit der Zeit abnimmt. Die Hypothese, daß die zum Lernen erforderliche Zeit die Menge des erinnerten Lernmaterials bestimmt, wurde seit den Originalexperimenten von Ebbinghaus viele Male bestätigt.

Vergessen

Das zweite klassische Experiment von Ebbinghaus stand unter fast entgegengesetzten Vorzeichen; diesmal war er nicht an der Beziehung zwischen der Aneignungszeit und der Erinnerungsleistung interessiert, sondern an der Beziehung zwischen der verstrichenen Zeit seit dem letzten Lernen und der Vergessensrate. Er wollte wissen, ob diese Beziehung eine lineare ist, wie in seinem früheren Experiment,

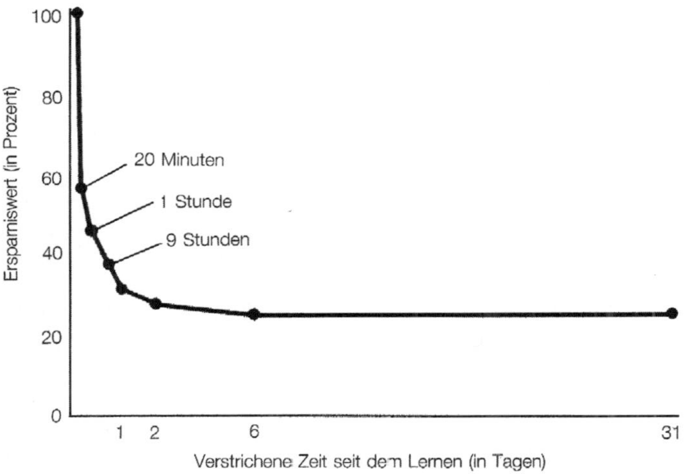

Abb. 31: Die klassische Vergessenskurve nach Ebbinghaus. Jeder Punkt stellt den Prozentsatz erinnerter Silben aus der ursprünglichen Liste dar. Es ist deutlich erkennbar, daß in den ersten 20 Minuten mehr vergessen wird als in den folgenden 31 Tagen

oder ob das Vergessen von einmal Gelerntem nach anderen Gesetzmäßigkeiten vor sich geht. Wieder begann Ebbinghaus damit, Listen von sinnlosen Silben auswendig zu lernen. Diesmal aber ging er so vor, daß er so lange übte, bis er eine Liste korrekt auswendig hersagen konnte, dann lernte er dieselbe Liste nach einer gewissen Zeitspanne noch einmal. Die Zeit zwischen ursprünglichem Lernen und Neulernen variierte von 20 Minuten bis 31 Tagen. Wieder einmal war der Behaltensprozentsatz eine abhängige Variable. Die Ergebnisse dieses Experiments sind in Abbildung 31 zu sehen.

Diese Ergebnisse unterscheiden sich deutlich von denen aus seinem früheren Experiment. Man vergißt offenbar nicht auf so geradlinige Weise, wie man sich etwas aneignet, sondern vergißt zunächst sehr viel, worauf sich die Vergessensrate dann aber deutlich stabilisiert: Etwa die Hälfte des gelernten Materials wird in der ersten Stunde vergessen, zwischen dem fünften und dem einunddreißigsten Tag nach dem Lernen demgegenüber nur noch fünf Prozent der Silben. Schließlich scheint irgendwann das Vergessen sogar völlig aufzuhören, es sieht so aus, als ob das Gedächtnis nach einiger Zeit einen bestimmten Punkt erreicht, an dem das Erlernte dauerhaft behalten und nicht mehr vergessen wird. Ebbinghaus selbst hat das so ausgedrückt:

Indes dürfte sowohl die anfängliche Schnelligkeit als die spätere Langsamkeit ... überraschen. Eine Stunde nach Aufhören des Lernens war das Vergessen bereits so weit fortgeschritten, daß über die Hälfte der ursprünglich aufgewendeten Arbeit erneut aufgewandt werden mußte, ehe die Reihen wieder reproduziert werden konnten; nach acht Stunden betrug das zu Ersetzende fast zwei Drittel des ersten Aufwandes. Allmählich aber verlangsamte sich der Prozeß, so daß selbst für größere Zeiträume die Verluste nur eben noch sicher konstatierbar waren.

Es scheint keinen »Nullpunkt« zu geben, an dem das Gedächtnis sozusagen gar nichts mehr von dem einmal Gelernten gespeichert hat. Ebbinghaus demonstrierte das, indem er einige Verse aus dem Gedicht »Don Juan« auswendig lernte und sich 20 Jahre später daran zu erinnern versuchte. Dabei stellte er trotz der sehr langen Abstände fest, daß es ihn beim zweiten Mal weniger Zeit kostete, die Verse noch einmal zu lernen als vor 20 Jahren.

Selbstverständlich ist der genaue Betrag, der in einer gewissen Zeit vergessen wird, nicht immer derselbe, wie auf der Grafik in Abbildung 31 zu sehen ist. Ebbinghaus hat bereits gezeigt, daß das Gedächtnis besser arbeitet, wenn man sich für das ursprüngliche Lernen mehr Zeit läßt. Es sind jedoch nur die Werte auf der senkrechten Achse der Grafik, die sich bei längerem Lernen verändern – nicht die eigentliche Form der Vergessenskurve. Dieselbe *Vergessenskurve* erhält man nämlich auch dann – wie viele Experimente späterer Wissenschaftler gezeigt haben –, wenn anderes Lernmaterial als sinnlose Silben und andere Versuchspersonen als Hermann Ebbinghaus benutzt werden.

Die Vergessenskurve gilt heute als gesicherte Darstellung einer grundlegenden psychologischen Gesetzmäßigkeit.

Die Arbeiten zur Gedächtnisforschung von Ebbinghaus werden häufig als einer der größten Fortschritte beschrieben, den die Experimentalpsychologie je gemacht hat. Ihre Ergebnisse haben nicht nur wiederholten Tests über verschiedene Jahrzehnte standgehalten, Ebbinghaus' Techniken wurden auch übernommen, um mit ihrer Hilfe eine Vielzahl von Gedächtnis- und Lernphänomenen zu untersuchen.

Nachwirkungen

Ein Aspekt der Ebbinghausschen Methode war von besonderem Einfluß auf die spätere Psychologie: die Erfindung der sinnlosen Silben. Nach dem Vorbild von Ebbinghaus haben zahlreiche Psychologen, die sich für die Gedächtnisforschung interessierten, Experimente mit sinnlosem Lernmaterial entwickelt. Auf diese Weise glaubten sie, »Gedächtnis pur« studieren zu können, unbeeinflußt von vorangegangenen Lernerfahrungen ihrer Versuchspersonen. Nach kurzer Zeit war die Gedächtnisforschung bereits ein blühender Zweig der Psychologie. In Hunderten von Experimenten untersuchten Psychologen, wie das Erinnerungsvermögen durch Veränderungen in der Art des Lernmaterials (sinnlose Silben, Zahlen, gelegentlich auch Worte) beeinflußt wird, welche Rolle die Reihenfolge der Reizdarbietung, die Zahl der bis zur korrekten Wiedergabe erforderlichen Lerndurchgänge und die Zeit seit dem Lernen sowie die Tatsache spielt, ob das ursprüngliche Lernmaterial laut oder still gelesen wird. Insgesamt ist dieses Forschungsgebiet als *verbales Lernen* bekannt geworden, da es um die Bedingungen geht, die das Lernen verbalen Materials erleichtern. Als wesentliches Ergebnis kristallisierte sich dabei die Einsicht heraus, daß der Lernerfolg bei sinnlosem Material davon abhängt, wie gut man sich das Material einprägen kann (Anzahl der Wiederholungen, dazugehörige Zeitspannen und -intervalle, etc.).

Obwohl nur wenige der frühen Psychologen sich dessen bewußt waren, enthält die durch Ebbinghaus vereinfachte Herangehensweise an die Erforschung von Gedächtnisleistungen allerdings auch einige schwerwiegende Probleme. Eines dieser Probleme resultiert aus seiner Annahme, sinnlose Silben seien wirklich sinn-, also bedeutungslos. Das sind sie jedoch keineswegs, weil viele nur scheinbar sinnlose Silben starke Assoziationen zu sinnvollen »Begriffen« hervorrufen und damit das Behalten erleichtern können. Für manche Menschen mag zum Beispiel die Silbe BON bedeutungslos sein, doch wer Französisch kann, wird damit einen bestimmten Sinn verbinden und sich infolgedessen leichter an BON erinnern als diejenigen, denen die Silbe nichts sagt. In der Gedächtnisforschung bezeichnet man diese eingehend untersuchten Phänomene als »Mnemotechniken«.

Ein noch gravierenderes Problem der Ebbinghausschen Methode liegt darin, daß gleichzeitig mit dem Ausblenden früheren Wissens und subjektiver Erfahrungen auch wichtige Aspekte alltäglicher Gedächtnisfunktion unberücksichtigt bleiben müssen. Der Ansatz von Ebbinghaus erfordert eine hochgradig künstliche Laborsituation, in der das Gedächtnis durch Wiederholungen statt durch die Verbindung des neuen Lerninhalts mit anderen, bereits gespeicherten Inhalten angeregt wird. Es gibt deutliche Belege dafür, daß solche assoziativen Verbindungen wichtigere Bestimmungsgrößen dafür sind, was wir und wie wir uns an jeweilige »wirkliche« Ereignisse erinnern, als nur die Zahl der Übungsdurchgänge, in denen wir uns einen bestimmten Inhalt einprägen. Diese Belege stammen nicht aus den Experimenten zum verbalen Lernen, sondern aus klinischen Beobachtungen.

Einer der aufmerksamsten Beobachter der Gedächtnisfunktionen war Sigmund Freud, der immer differenziertere Techniken entwickelte, um aus den nur scheinbar unbedeutenden

Äußerungen und Verhaltensweisen seiner Patienten auf gleichsam »vergessene«, nicht bewußte psychische Vorgänge schließen zu können. Seine Methode war zwar weniger kontrolliert als Laborexperimente, dafür waren seine Ergebnisse häufig von einschneidender Bedeutung. In seinem Buch *Zur Psychopathologie des Alltagslebens* beschreibt Freud zum Beispiel, wie er auf einer Zugfahrt ein Gespräch mit einem jungen Mann begann. Die beiden unterhielten sich über den damals bedrohlichen Anstieg des Antisemitismus in Europa, als der junge Mann einen klassischen Vers auf Latein zitierte, der sich darauf bezog, daß zukünftige Generationen die Fehler ihrer Väter korrigieren. Er zitierte allerdings falsch, und Freud wies den jungen Mann darauf hin, daß er das Wort *aliquis* (jemand) ausgelassen hatte. In seinen Schriften hatte Freud oft betont, solche Auslassungen, Gedächtnislücken und Versprecher – »Freudsche Fehlleistungen« – seien nicht zufällig, sondern durch unbewußte Kräfte motiviert. Der junge Mann wußte von Freuds Ansichten und forderte ihn auf herauszufinden, warum er das entscheidende Wort vergessen hatte.

Freud willigte in die Herausforderung ein und instruierte den jungen Mann, frei zum Wort *aliquis* zu assoziieren. Er zerlegte daraufhin das Wort in *a* und *liquis,* dazu fielen ihm Begriffe wie Reliquien, Liquidation und Flüssigkeit ein, daraus wiederum ergaben sich die Namen verschiedener katholischer Heiliger, darunter der heilige Simon, der als Kind ermordet wurde, und der heilige Januarius, dessen getrocknetes Blut, so wußte es der junge Mann, in einer Phiole in einer neapolitanischen Kirche aufbewahrt und jedes Jahr am selben Festtag durch ein Wunder wieder flüssig wurde. Dann zögerte der Mann, Freud zu enthüllen, was ihm als nächstes in den Sinn kam, doch Freud ermunterte ihn, und so gab er zu, es könnte sein, daß er von einer Dame eine Nachricht erhielte, die sich für ihn als recht unangenehm herausstellen könnte. Zur großen Betroffenheit des jungen Mannes sagte Freud ihm auf den Kopf zu, daß er befürchte, bei dieser jungen Frau könnte die Periode ausbleiben und sie also schwanger sein. Zur Erklärung, wie er darauf gekommen sei, meinte Freud, daß alle Assoziationen des jungen Mannes in diese Richtung wiesen: erstens die *Flüssigkeit,* dann der kalenderartige Name Januarius, der als Kind ermordete Heilige und das Blut, das sich »durch ein Wunder« verflüssigt. Damit erkläre sich auch, warum dem jungen Mann das Wort *aliquis* entfallen sei: Es sei ein unbewußter Widerspruch gegen die im Zitat ausgesprochene Nachkommen- bzw. Vaterschaft und der Wunschidee, die Kinder machen die Fehler der Väter wieder gut.

Freuds Vorstellungen von der Funktion des Gedächtnisses unterscheiden sich ganz offensichtlich fundamental von denen, die Hermann Ebbinghaus vertreten hatte. Ebbinghaus betrachtete das Gedächtnis als ein gleichsam ordentlich gefülltes Warenhaus voller Güter: Wenn wir einen bestimmten Inhalt erinnern wollen, müssen wir nur in den richtigen Teil des Warenhauses gehen und es aus dem Regal nehmen. Im Gegensatz zu dieser »statischen« Sichtweise war Freud davon überzeugt, das Gedächtnis sei »dynamisch« organisiert: keine säuberlich geordnete Sammlung voller Tatsachen, Daten und Ereignisse, sondern vielmehr ein sich ständig veränderndes und vielfältig aufeinander bezogenes Strukturgefüge, das durch unbewußte Themen zusammengehalten wird. Und Freuds Ansichten stimmen bei genauerem Hinsehen auch tatsächlich eher mit der Alltagserfahrung überein. Nehmen wir das Beispiel der Namen. Sicherlich haben Sie das auch schon einmal erlebt: Sie treffen eine weitläufig Bekannte, können sich aber an deren Namen partout nicht mehr erinnern. Es fallen Ihnen nur andere Namen ein, die mit dem gesuchten in einer gewissen Verbindung stehen. Sie erinnern sich vielleicht, daß der Name mit einem R beginnt, aber weder Regine noch Reinhild lautet. Dann fällt Ihnen ein, daß der Name irgend etwas mit einer Blume zu tun hat – und dann erinnern Sie sich wieder: Rosemarie. William James, der berühmte amerikanische Philosoph und Psychologe, beschrieb diese häufige Erfahrung in seinem 1890 erschienenen Psychologie-Lehrbuch folgendermaßen:

Nehmen wir an, wir versuchen, uns an einen vergessenen Namen zu erinnern. Dann befindet sich unser Bewußtsein in einem merkwürdigen Zustand. Es gibt darin eine Kluft, doch nicht nur das. Es ist eine sehr aktive Kluft. Eine Art Geist des Namens ist darin, winkt uns in eine bestimmte Richtung, vermittelt uns in be-

stimmten Augenblicken das Gefühl, daß er ganz nah ist, dann läßt er uns zurücksinken, ohne daß wir den ersehnten Begriff zu fassen bekämen. Wenn uns falsche Namen vorgeschlagen werden, handelt die Kluft sofort und lehnt sie ab. Sie passen nicht in ihre Mulden. Und die Kluft des einen Wortes fühlt sich anders an als die Kluft eines anderen Wortes, auch wenn beide notwendig leer von Inhalt zu sein scheinen, wenn sie als Kluft beschrieben werden.

Dieses Phänomen, daß uns etwas »auf der Zunge liegt« – im übrigen auch der Grund unserer Fähigkeit, Kreuzworträtsel zu lösen –, läßt Freuds Darstellungen über das Gedächtnis zutreffender erscheinen als diejenigen von Ebbinghaus. Es gibt mehr zu erinnern als in der Vorstellung enthalten ist, einen Gedächtnisinhalt aus dem Warenhausregal zu holen: das Gedächtnis ist dynamisch und im höchsten Grade individualistisch. Von allen Experimentalpsychologen hat Frederick Bartlett am meisten dazu beigetragen, die Dynamik der Gedächtnis-Funktionen aufzudecken.

Frederick C. Bartlett: Britischer Pionier-Psychologe

Frederick Bartlett genoß die beste Erziehung, die England im 19. Jahrhundert zu bieten hatte. Er wurde 1886 geboren und schloß sein Studium in London ab, worauf er 1912 ans Saint John's College an der Universität Cambridge ging. Die Psychologie in Cambridge war damals noch unterentwickelt, was genau genommen für ganz England zutraf. Es gab im ganzen Land keinen einzigen Psychologie-Lehrstuhl und nur wenige Dozentenstellen. Cambridge verfügte jedoch über ein psychologisches Labor, das einige Jahre zuvor von C. S. Myers, einem Arzt, Physiologen und Anthropologen hauptsächlich mit eigenem Geld und Spenden von Verwandten gegründet worden war. Im Jahre 1914 wurde Bartlett stellvertretender Direktor des Labors und arbeitete unter Myers, der Direktor war. Beide Positionen warfen keinerlei Gehälter ab. Mit Ausnahme einer Pause während des Zweiten Weltkrieges, als Bartlett daran arbeitete, die Psychologie auf praktische militärische Probleme anzuwenden,

Abb. 32: Sir Frederick C. Bartlett (1866–1969), erster Professor für Psychologie an der Universität Cambridge

blieb er sein Leben lang in Cambridge. Seine Erfahrungen beim Militär führten ihn allerdings zu der lebenslang vertretenen Überzeugung, die Psychologie sollte sich, wo immer möglich, auf praktische Probleme konzentrieren.

Als Myers sich 1922 aus dem psychologischen Labor zurückzog, übernahm Bartlett dessen Leitung und erhielt zusätzlich die Stelle eines Dozenten für Psychologie – eine höhere Position für die psychologische Lehre an den Universitäten Englands gab es nicht. Als neun Jahre später die Universität Cambridge endlich einen Lehrstuhl für Psychologie einrichtete, wurde Bartlett der erste Professor für Psychologie. Zu dieser Zeit gab es außer ihm nur noch einen einzigen weiteren Psychologie-Professor in England: Cyril Burt an der Londoner Universität. Und sie blieben bis auf weiteres auch die beiden einzigen, die ebenso renommierte Universität Oxford etwa brachte es erst 1947 fertig, einen Psychologie-Professor zu ernennen.

Die 20er und 30er Jahre waren für Bartlett besonders produktive Jahre. Er veröffentlichte zu verschiedenen Themen mehrere Bücher – darunter auch sein berühmtestes Buch: *Remembering* – und übernahm für lange Jahre die Herausgebertätigkeit beim *British Journal of Psychology.* Bei einer Reise nach Afrika konnte er wichtige Daten darüber zusammentragen, wie sich unterschiedliche Sozialerfahrungen auf das Erinnerungsvermögen auswirken. Die Bedeutung des kulturellen und sozialen Kontextes für menschliches Verhalten hat Bartlett während seiner gesamten Laufbahn immer wieder nachdrücklich betont.

Seine Forschungsarbeiten machten ihn unter Psychologen ebenso bekannt, wie ihn seine Studenten als anregenden Lehrer schätzten. Er bevorzugte Gruppendiskussionen gegenüber trockenen Vorlesungen und ermutigte die Studenten, analytisch über die Probleme nachzudenken. Sein Stil zog viele Studenten nach Cambridge, darunter auch einige in der Psychologie später bekannt gewordene Persönlichkeiten. Und Bartlett war ein guter Organisator, dem es mit offensichtlich geringem Aufwand gelang, das explosive Wachstum seiner Abteilung zu lenken. Als er 1922 das Psychologie-Labor übernahm, hatte Bartlett einen einzigen Assistenten, als er 1952 emeritierte, bestand der wissenschaftliche und technische Mitarbeiterstab aus 70 Personen. In Anerkennung seiner wissenschaftlichen und pädagogischen Leistungen wurde er 1932 in die Royal Society gewählt und 1948 geadelt. Bartlett starb 1969 im Alter von 82 Jahren. Von seinen zahlreich erschienenen Beiträgen zur Psychologie ist sein Experiment zur Dynamik des Gedächtnisses ein Klassiker geworden.

»Der Krieg der Geister«

Frederick C. Bartlett

Bartlett teilte zwar die Auffassung der Experimentalpsychologen, ausschließlich exakt kontrollierte wissenschaftliche Methoden anzuwenden, allerdings war er ganz und gar nicht davon überzeugt, daß die Methoden psychologischer Forschung mit denen der Naturwissenschaftler identisch sein müßten. Naturwissenschaftler, wie die Physiker etwa, nähern sich ihrem Untersuchungsgegenstand, indem sie ihn so weit wie möglich reduzieren und isolieren. Psychologen wie Hermann Ebbinghaus gingen oft ähnlich vor, wobei der Vorteil dieses Ansatzes für die Gedächtnisforschung auf der Hand liegt: Sie reduziert ein komplexes System – das menschliche Gedächtnis – auf eine Reihe einfacher Vorgänge, von denen jeder einzelne unter sorgfältig kontrollierten Laborbedingungen untersucht werden kann. Bartlett hielt dem entgegen, dieser Vorteil werde durch einen schwerwiegenden Nachteil mehr als aufgewogen: das Gedächtnis auf diese Weise zu reduzieren, bedeutet letztlich nichts anderes, als wesentliche Aspekte einfach auszublenden. Indem Ebbinghaus relativ bedeutungslose sinnlose Silben verwendete, konnte er beispielsweise nichts darüber herausfinden, auf welche Weise Erfahrungen und Kenntnisse nutzbar gemacht werden, um Gedächtnisinhalte zu speichern und wieder zu aktivieren. Selbst wenn wir alles über die Meisterung und die korrekte Wiedergabe von Listen sinnloser Silben wüßten, so Bartlett weiter, würden wir immer noch sehr wenig darüber wissen, wie das Gedächtnis in der wirklichen Welt funktioniert. Im übertragenen Sinn verhalten sich die Psychologen, die das Lernen von sinnlosen Silben untersuchen, ähnlich wie der Mann, der seine im dunklen Park verlorene Brieftasche unter einer hellen Straßenlampe sucht, weil es dort offensichtlich »mehr Licht« gibt.

Wie Freud glaubte auch Bartlett nicht, daß das Gedächtnis einfach in irgendwelche hypothetischen »Erinnerungsregale« greife oder wie die Wachsbilder Platos funktioniere. Er war demgegenüber der festen Überzeugung, wonach Gedächtnisinhalte konstruiert werden. Oder, wie er es ausdrückte:

... die Beschreibung von Erinnerungen als »festgelegt und leblos« ist vielmehr eine genauso unerfreuliche wie realitätsferne Vorstellung ... das Gedächtnis arbeitet an sich konstruktiv ... Ich staune über diese großartige Leistung, eine endlose Welt voller Vielfalt und rascher Veränderungen zu meistern und sich daran zu erfreuen. Das Gedächtnis und das gesamte damit verbundene Bild- und Spracherleben ermöglicht uns nicht nur jenes identitätsstiftende Gefühl der Unterscheidung zwischen »Innen und Außen«, sondern hilft uns auch jene befreienden Vorstellungen und kreativen Gedanken zu entwickeln, die uns aus der Enge der gegebenen Zeit und des gegebenen Ortes herausführen.

Um seinen Standpunkt zu erläutern, führte Bartlett Experimente mit sinnvollem Material durch, das in »natürlichen« und nicht in künstlich geschaffenen Situationen wieder erinnert werden sollte. Seine wichtigste Technik bestand darin, seine Versuchspersonen zu bitten, Geschichten auswendig zu lernen und wiederzugeben. Eine dieser Geschichten ist besonders bekannt geworden. Sie stammt aus einer nordamerikanischen Indianererzählung namens *Der Krieg der Geister.* Bartlett wählte diese Geschichte aus, weil sie zwar sicherlich von Bedeutung ist, aber von Vorgängen handelt, die seinen britischen Versuchspersonen recht fremdartig erscheinen mußten. Bartletts Vorgehen war sehr einfach: Die Versuchspersonen lasen die Geschichte selbst durch und versuchten dann, sie wiederzugeben. (Wenn Sie wissen wollen, wie das vor sich ging – warum wollen Sie sich nicht selbst einmal als Versuchsperson versuchen? Die Geschichte wird im folgenden abgedruckt. Lesen Sie sie zweimal in Ihrem normalen Lesetempo durch – diese Instruktion gab

Bartlett gewöhnlich auch –, dann schließen Sie das Buch, warten fünfzehn Minuten und schreiben dann die Geschichte so auf, wie Sie Ihnen im Gedächtnis geblieben ist.)

Der Krieg der Geister

Eines Nachts gingen zwei Männer aus Egulac zum Fluß hinunter, um Seehunde zu jagen, und während sie dort waren, wurde es neblig und still. Dann hörten sie Kriegsgeschrei, und sie dachten: »Vielleicht ist das ein Kriegsfest.« Sie flüchteten zum Strand und versteckten sich hinter einem Baumstamm. Nun kamen Kanus herbei, und sie hörten das Geräusch von Paddeln und sahen, wie ein Kanu direkt auf sie zusteuerte. Es waren fünf Männer im Kanu, und sie sagten:

»Was denkt Ihr Euch? Wir wollen Euch mitnehmen. Wir fahren den Fluß hinauf, um den Menschen Krieg zu bringen.«

Einer der jungen Männer sagte: »Ich habe keine Pfeile.«

»Pfeile sind im Kanu«, sagten sie.

»Ich werde nicht mitkommen. Vielleicht werde ich getötet. Meine Verwandten wissen nicht, wo ich hingegangen bin. Aber du«, sagte er und wandte sich an den anderen, »du kannst mit ihnen gehen.«

Also ging einer der beiden jungen Männer mit ihnen, der andere kehrte jedoch nach Hause zurück.

Und die Krieger fuhren den Fluß hinauf zu einer Stadt auf der anderen Seite von Kalama. Die Menschen kamen hinunter ans Wasser, und sie begannen zu kämpfen, und viele wurden getötet. Doch bald hörte der junge Mann einen der Krieger sagen: »Schnell, laß uns nach Hause fahren: der Indianer dort wurde verletzt.« Jetzt dachte er: »Oh, es sind Geister.« Er fühlte sich nicht krank, doch sie sagten, er sei getroffen.

So fuhren die Kanus zurück nach Egulac, und der junge Mann ging am Strand entlang nach Hause und machte ein Feuer. Und er erzählte es allen und sagte: »Seht, ich begleite-

te die Geister, und wir gingen in einen Kampf. Viele unserer Getreuen wurden getötet, und viele von denen, die uns angriffen, wurden getötet. Sie sagten, ich sei getroffen, und ich fühlte mich nicht krank.«

Er erzählte ihnen alles, und dann wurde er still. Als die Sonne aufging, fiel er auf den Boden. Etwas Schwarzes quoll ihm aus dem Mund. Sein Gesicht verzog sich. Die Menschen sprangen auf und schrien.

Er war tot.

Ende

Wie ist es Ihnen mit der Geschichte ergangen? Wenn Sie es ähnlich gemacht haben wie die 20 Versuchspersonen, die Bartlett testete, ist die Geschichte, an die Sie sich erinnern, kürzer und präziser als das Original. Sie haben wahrscheinlich auch vergessen, wie die Eigennamen gesprochen oder geschrieben werden (Egulac, Kalama). Das weist eigentlich eher darauf hin, daß das Gedächtnis fehlbar ist, nicht unbedingt, daß es konstruktiv arbeitet. Doch Bartletts Versuchspersonen machten noch andere Fehler, aus denen die dynamische Natur des Gedächtnisses deutlich wird. In einer der von den Probanden Bartletts gelieferten Versionen wird die Geschichte beispielsweise so erinnert:

Ich habe keine Ahnung, wie der Titel der Geschichte war.

Da waren zwei Männer in einem Boot, die auf eine Insel zusegelten.

Als sie sich der Insel näherten, eilten einige Eingeborene auf sie zu, erzählten ihnen, daß auf der Insel eine kriegerische Auseinandersetzung stattfand und baten sie, ihnen zu helfen. Der eine sagte zum anderen: »Es ist besser, wenn du mitgehst. Ich kann nicht so gut weg, weil einige Verwandte mich erwarten, und sie werden nicht wissen, was aus mir geworden ist. Aber auf dich wartet niemand.« Also begleitete der eine die Eingeborenen, der andere kehrte jedoch zurück.

Hier gibt es einen Teil, an den ich mich nicht mehr erinne-

re. Was ich nicht mehr genau weiß, ist, wie der Mann in den Kampf hineingeraten ist. Jedenfalls wurde er mitten im Kampf verletzt. Die Eingeborenen beschworen ihn, zurückzukehren, doch er versicherte ihnen, er sei nicht verwundet.

Ich glaube, sein Kampf beeindruckte die Eingeborenen, die ihn dafür bewunderten.

Der verwundete Mann fiel schließlich in Ohnmacht. Er wurde von den Eingeborenen aus der Kampfzone herausgetragen.

Dann, glaube ich, beschreiben die Eingeborenen, was geschehen ist, und sie glaubten anscheinend, einen Geist aus seinem Mund kommen zu sehen. In Wirklichkeit war es eine Art Materialisierung seines Atems. Ich weiß, daß dieser Satz so nicht in der Geschichte steht, aber das ist meine Vorstellung dazu. Im Morgengrauen des nächsten Tages starb der Mann schließlich.

Die übernatürlichen Aspekte dieser Geschichte scheinen dieser europäischen Versuchsperson schwer verständlich gewesen zu sein, insbesondere die Teile, in denen es um die Geister und den Tod des Indianers ging. Um sich also einen Reim auf diese Geschichte zu machen, veränderte er sie: In seiner Version paddelte der Indianer nicht mit Geistern den Fluß entlang, sondern segelte mit richtigen Kriegern. Es ist zwar in der Nacherzählung noch die Rede von einem Geist, doch diesmal ist es ein imaginärer und kommt aus dem Mund des bewußtlosen Indianers. Bemerkenswert ist auch, daß eine der Entschuldigungen des Indianers dafür, daß er nicht kämpfen könne, ausgelassen wurde, nämlich: »Ich habe keine Pfeile.« Demgegenüber wird die andere Entschuldigung betont, daß sich die Verwandten Sorgen machen

Abb. 33: Bartlett fand heraus, daß nicht nur verbales Material sich im Gedächtnis verändert. Das Bild »Portrait d'homme« wurde von den Versuchspersonen, die es aus dem Gedächtnis zeichnen sollten, jedesmal in ein eher menschenähnliches Gesicht verwandelt

KLASSISCHES EXPERIMENT

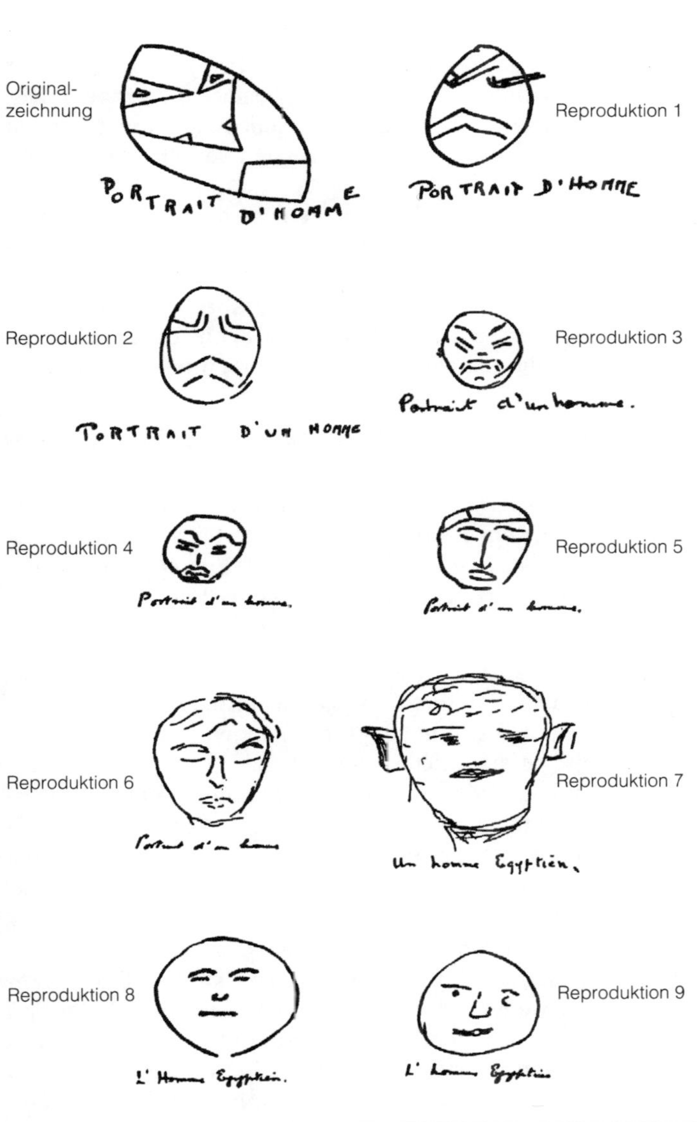

würden – ein Thema, das der Versuchsperson offenbar vertrauter ist. Jede Versuchsperson hat die Geschichte in der einen oder anderen Hinsicht rationalisiert, die genauen Details dieser Rationalisierung waren jedoch abhängig von den jeweiligen Interessen und Erfahrungen der einzelnen Nach-Erzähler.

Die meisten Versuchspersonen verdichteten bei ihrer Nacherzählung die Geschichte, einige fügten allerdings auch manch ausschmückendes Detail hinzu, offenbar um die Geschichte mit ihren eigenen Erfahrungen und Überzeugungen besser in Einklang zu bringen. Eine Versuchsperson ließ die Geschichte zum Beispiel mit folgender Szene enden:

Am nächsten Morgen kamen die Nachbarn vorbei, um nachzusehen, wie es ihm ging, und stellten fest, daß er Fieber hatte. Und als er hinaustrat ins aufgehende Sonnenlicht, fiel er hin. Die Nachbarn schrien. Er wurde bleich und krümmte sich am Boden. Etwas Schwarzes quoll ihm aus dem Mund, und er starb. Also, schlossen die Nachbarn daraus, mußte er sich im Krieg mit Geistern befunden haben.

Bartlett vertrat die Ansicht, daß diese Versuchsperson das Fieber als Detail in ihre Geschichte einfügte, um das seltsame Verhalten des Indianers für jemanden mit europäischer Denkweise verständlicher zu machen.

Bartlett analysierte die Geschichte seiner Versuchspersonen und suchte nach typischen Irrtümern. Interessanterweise, so stellte sich heraus, hatten die meisten männlichen Versuchspersonen die Entschuldigung des Indianers, er habe keine Pfeile und könne deshalb nicht mit in den Krieg ziehen, ausgelassen. Frauen begingen diesen Auslassungsfehler nur selten. Bartlett erklärte das damit, daß die Männer alle entweder schon im Krieg gewesen waren oder den Dienst noch vor sich hatten. Die andere Entschuldigung des Indianers, seine Verwandten würden ihn vermissen, rief den Versuchspersonen ihre eigenen Empfindungen ins Gedächtnis und wurde daher in ihren Nacherzählungen besonders betont. Offensichtlich konnte Bartlett damit etwas zeigen, was auch Freud behauptete: Das Gedächtnis wird durch unbewußte Bedürfnisse und Gefühle organisiert und motiviert.

Zusammenfassend stellte Bartlett fest, daß die Versuchspersonen nicht nur Details ausließen, sondern ihre Gedächtnisinhalte auch so veränderten, damit die Geschichte für sie sinnvoll erschien. Diese konstruierten Veränderungen waren größtenteils individueller Natur, allerdings gab es auch einige gemeinsame Themen. Die meisten Versuchspersonen spielten zum Beispiel die Bedeutung übernatürlicher Kräfte in der Geschichte herunter, und fast alle rationalisierten den Inhalt in ihrer Nacherzählung, um eine passende Erklärung für Einzelheiten zu finden, die ihnen sonst unverständlich geblieben wären. »Etwas Schwarzes quoll ihm aus dem Mund« etwa wurde zu »ein Geist kam aus seinem Mund«, oder, in einer anderen Nacherzählung, »Schaum stand ihm vor dem Mund«. Viele veränderten auch andere Einzelheiten der Geschichte so, daß sie mit ihren eigenen Erfahrungen und ihrem Vokabular in Einklang stand: Aus Kanus wurden Boote, aus Paddeln wurden Ruder, und so weiter.

Bartlett schlußfolgerte daraus, daß die Versuchspersonen in seinem Experiment nicht nur eine mehr oder weniger genaue Kopie der Geschichte lieferten, als sie sich daran erinnerten – sie schrieben eine neue, ihre eigene Geschichte. Die Versuchspersonen erinnern sich an das Hauptthema der Geschichte (jedenfalls an das, was sie für das Hauptthema halten), und dann fügen sie die Details ein, auf eine Weise, die ihre Interpretation unterstützt. Nicht »stimmige« Einzelheiten werden entweder umgedeutet oder vergessen. Kurz, für Bartlett ist das Gedächtnis nichts anderes als ein Aspekt aktiven, kreativen Denkens. In dieser Hinsicht ähneln seine Ansichten über Gedächtnisfunktionen den Vorstellungen Gibsons über die Wahrnehmung, wie sie in

Kapitel Fünf beschrieben werden. Beide sind der Überzeugung, daß die psychischen Funktionen nicht voneinander getrennt werden können, und daß alles Denken – einschließlich Wahrnehmung und Gedächtnis – darauf ausgerichtet ist, den aus der Umwelt kommenden Informationen einen »Sinn« zu verleihen. Mit Bartletts Untersuchungen zum dynamischen Charakter des Gedächtnisses begann ein neues Kapitel der Gedächtnisforschung, in dem den kognitiven und konstruktiven Aspekten eine besondere Bedeutung zugeordnet wird.

Nachwirkungen

Bartletts frühe Forschungsarbeiten aus den 30er Jahren hatten zunächst noch keine weiterreichenden Auswirkungen auf die Experimentalpsychologie; verglichen mit Ebbinghaus' Ansatz des verbalen Lernens waren seine Methoden und Fragestellungen mit den damals vorherrschenden behavioristischen Vorgehensweisen nicht zu vereinbaren. Aber Bartletts empirisch abgesicherte Ansichten waren zu überzeugend, als daß sie sich auf längere Sicht nicht hätten durchsetzen können: Mit der in den 60er Jahren den Behaviorismus ablösenden und zu tiefgreifenden Veränderungen führenden »kognitiven Wende« der Psychologie war sein konstruktiver Ansatz endgültig richtungweisend geworden. Heute beschäftigten sich so gut wie alle Gedächtnisexperimente damit, wie Informationen in Gedächtnisinhalte umgeformt werden.

Eines seiner Konzepte wurde dabei in den letzten Jahren besonders wichtig: seine Theorie des *Schemas.* Bartlett beschrieb ein *Schema* als eine Einheit organisierten Wissens im Gedächtnis. Zum Beispiel haben wir ein bestimmtes Schema im Kopf, wenn wir Essen gehen (einen Tisch reservieren, eine Speisekarte erhalten, Essen und Getränke bestellen und so weiter), und ein anderes Schema, wenn wir eine Flugreise unternehmen (Gepäck aufgeben, Bordkarte erhalten, zum jeweiligen Ausgang gehen und so weiter). Sobald wir mit neuen Informationen konfrontiert werden, versuchen wir, diese nach Möglichkeit einem bereits bestehenden Schema einzufügen. Dieser durch aktivierte Schemas gesteuerte Prozeß des »Wiedererkennens« ermöglicht uns zwar in vielerlei Hinsicht eine sinnvolle Orientierung, kann andererseits aber auch zu bestimmten Verzerrungen führen. In einem Experiment lasen Versuchspersonen zum Beispiel eine Geschichte darüber, wie jemand in ein Restaurant ging, und gaben die Geschichte anschließend mit eigenen Worten wieder; dabei »erinnerten« sich einige daran, daß die Personen gegessen und ihre Rechnung bezahlt hatten – obwohl nichts dergleichen in der Geschichte vorkam.

Ein Schema kann zwar manchmal die Erinnerung in charakteristischer Weise verzerren, es kann ihr gleichsam aber auch »auf die Sprünge« helfen. Denn es ermöglicht uns, bereits im Gedächtnis gespeicherte Informationen zu benutzen, und so neues Wissen zu integrieren. Die durch Schemas organisierten Wisseneinheiten weisen häufig sehr differenzierte und komplexe Strukturen auf. Bartlett beschrieb beispielsweise einen Vorfall bei seinem Besuch in Afrika, als ihn ein weißer Farmer auf einen seiner Viehtreiber aufmerksam machte, der für sein phänomenales Gedächtnis bezüglich der einzelnen Tiere bekannt war. Bartlett befragte den Viehtreiber daraufhin unter anderem nach einem Kauf, den sein Chef vor mehr als einem Jahr auf dem Viehmarkt getätigt hatte. Sofort ratterte der Mann eine Liste von Transaktionen herunter, auszugsweise so: »Von Ndoda Kedeli eine junge Färse, das Kalb einer roten Kuh mit einem weißen Bauch, für ein Pfund.« Die verschiedenen Käufe, an die sich der Viehtreiber erinnerte, wurden mit den offiziellen Verkaufslisten verglichen und stimmten alle fast haargenau, obwohl keiner der Einkäufe von dem Viehtreiber selbst getätigt worden war. Bartlett erklärte diese bemerkenswert gute Leistung mit der Bedeutung, die dem Vieh in einer solchen Umgebung zukommt. Bei jedem anderen Thema war das Gedächtnis des Viehtreibers nicht mehr als durchschnittlich.

Zu einem ähnlichen Ergebnis kam der holländische Psychologe Adriaan de Groot, der in einem bekannt gewordenen Experiment das Gedächtnis von Schachmeistern untersuchte. Dabei fand er heraus, daß die Schachmeister in der Lage waren, wenn man ihnen fünf Sekunden lang ein Schachbrett gezeigt hatte, sich an die Stellung aller Figuren auf dem Brett richtig zu erinnern, und zwar in 90 Prozent der Fälle. Im Vergleich dazu konnten durchschnittliche Spieler unter denselben Bedingungen im Schnitt nur 40 Prozent der Figurenpositionen wiedergeben. Interessanterweise zeigte sich dieser Unterschied nur, wenn die Figuren auf dem Schachbrett tatsächlich in Positionen standen, wie sie bei einem Spiel vorkommen können: wurden die Figuren nach dem Zufallsprinzip auf dem Brett verteilt, war die Merkfähigkeit der Schachmeister nicht besser als die der durchschnittlichen Spieler. De Groot begründete dies damit, daß Schachmeister umfassendere Schemas für Schachspiele entwickelt haben, mit deren Hilfe sie neue Informationen über die Position der einzelnen Figuren schneller aufnehmen und exakter wiedergeben können. Werden sie jedoch mit einer Aufgabe konfrontiert, die nicht in ihr Schema paßt (ein Brett, auf dem die Figuren nach dem Zufallsprinzip angeordnet sind), dann ist ihr Gedächtnis ähnlich wie das des afrikanischen Viehtreibers, nicht besser als der Durchschnitt.

Der konstruktive und konstruierende Charakter des Gedächtnisses, auf den Bartlett hinwies, hat auch bedeutende Auswirkungen auf das Strafrecht, bei dem Augenzeugen eine sehr wichtige Rolle spielen. Elizabeth Loftus, eine amerikanische Psychologin, hat dies in einem Experiment näher beleuchtet, in dem sie die Versuchspersonen nach einem Film über einen Autounfall genauer fragte, was sie gesehen hatten. Eine Gruppe der Versuchspersonen wurde gefragt: »Wie schnell etwa fuhren die Autos, als sie *ineinanderkrachten*?«; der anderen Gruppe wurde die Frage etwas anders gestellt, nämlich: »Wie schnell fuhren die Autos, als sie *zusammenstießen?*« Eine Woche später wurden die Versuchspersonen erneut ins Labor gebeten, um sich nochmals an im Film gezeigte Details zu erinnern. Bei dieser Gelegenheit wurde allen die Frage gestellt: »Haben Sie gesehen, daß Glas zersplittert ist?« Im Film waren zwar keinerlei Glassplitter zu sehen, dennoch beantworteten die Versuchspersonen, denen zuvor die Frage mit dem Verb »ineinanderkrachen« gestellt worden war, doppelt so häufig, sie hätten Glas ge-

Abb. 34: Die obere Illustration zeigt den Unfall, wie die Versuchspersonen ihn tatsächlich in Loftus' Experiment sahen. Dann folgt die Frage nach dem »Ineinanderkrachen«, die das veränderte Gedächtnisbild hervorruft, wie es die untere Abbildung zeigt

sehen, als diejenigen, denengegenüber von einem »Zusammenstoß« die Rede gewesen war.

Loftus' Ergebnisse sind von offensichtlicher Relevanz für Gerichtsprozesse, bei denen Aussagen von Augenzeugen insbesondere bei Gegenüberstellungen ein entscheidender Stellenwert zugeordnet wird. Die Bedeutung der Gegenüberstellung für die Urteilsfindung kann gar nicht hoch genug eingeschätzt werden. Einer britischen Studie zufolge wurden in 45 Prozent aller Gegenüberstellungen die Verdächtigen identifiziert, 82 Prozent davon schließlich als »überführt« verurteilt. Selbst in Fällen, in denen die Identifizierung durch den Augenzeugen das einzige Beweismittel war, wurden 74 Prozent der Angeklagten verurteilt. Die große Mehrheit der Augenzeugen hat sicherlich richtige Angaben gemacht – doch Fehler sind auch hier nicht gerade selten. In den letzten Jahren mußten in amerikanischen und englischen Gefängnissen zahlreiche Verurteilte wieder freigelassen werden, nachdem zweifelsfrei feststand, daß die ihnen zur Last gelegte Tat von jemand anderem begangen worden war. In jedem dieser Fälle war der Verurteilte nach einer Gegenüberstellung von Augenzeugen »identifiziert« worden.

Die Tatsache, daß Augenzeugen vor Gericht manchmal falsch aussagen, ist letzten Endes nicht sonderlich überraschend. Unser Gedächtnis arbeitet selbst hinsichtlich sehr vertrauter Dinge alles andere als perfekt: Versuchen Sie einmal, eine Münze, die Sie täglich in der Hand halten (ein 50-Pfennigstück oder ein Markstück zum Beispiel) aus dem Gedächtnis zu zeichnen und vergleichen Sie das Ergebnis mit der tatsächlichen Münze. Wie gut waren Sie? Kümmern Sie sich nicht darum, wie exakt Ihr Bild gezeichnet ist, es geht schließlich nicht um einen Test Ihrer zeichnerischen Begabung. Zählen Sie nur die Zahl der Details, die Sie aufgeführt haben. Wenn Ihr Gedächtnis durchschnittlich ist, werden Sie kaum mehr als die Hälfte der auf der Münze erkennbaren Einzelheiten richtig wiedergeben. Und dabei handelt es sich um einen Gegenstand, den Sie täglich vor Augen haben. Verbrechen geschehen oft unter Umständen, die für die Beobachtung alles andere als ideal sind (nachts zum Beispiel), zudem befinden sich Zeugen und Opfer dann oft in einem aufgeregten Zustand, der sich auf die Merkfähigkeit höchst nachteilig auswirkt.

Die Fehlbarkeit des Gedächtnisses wird besonders durch einen Fall verdeutlicht, der sich in Australien ereignet hat. Ein Psychologe, der zusammen mit einem Polizeibeamten in einer Talkshow im Fernsehen auftrat – in der es ausgerechnet über die konstruktive Leistung des Gedächtnisses ging –, wurde kurze Zeit später verhaftet und bei einer Gegenüberstellung von einer Frau als der Mann identifiziert, der sie vergewaltigt hatte.

Die Vergewaltigung hatte, so stellte sich heraus, genau um die Uhrzeit stattgefunden, als der Psychologe im Studio saß und mit dem Polizisten über die Zuverlässigkeit von Augenzeugenberichten diskutierte. Während die Frau sich diese Sendung ansah, wurde sie vergewaltigt – und prägte sich das Gesicht des Psychologen als das des Vergewaltigers ein.

Selbst jemand mit einem sogenannten außergewöhnlich guten Gedächtnis hat dieses sehr häufig sorgfältig »aufgebaut«. Während der amerikanischen Watergate-Hearings Anfang der 70er Jahre wurde John Dean – der letztlich für Nixons Sturz verantwortlich war – als der Mann mit dem »Tonband-Gedächtnis« bekannt, da er sich oft wörtlich an Gespräche erinnern konnte, die im *Oval Office* geführt worden waren. Als die Abschriften der Tonbänder auftauchten, die Nixon heimlich bei den Gesprächen hatte mitlaufen lassen, stellte sich jedoch heraus, daß Dean die Gespräche keineswegs wortwörtlich in seiner Erinnerung gespeichert hatte. Er erinnerte sich häufig an Dinge, die gar nicht gesagt worden waren, und schrieb einzelne Bemerkungen den falschen Leuten zu. Es waren eher die allgemeinen Themen und nicht die spezifischen Bemerkungen, an die er sich erinnerte.

Heutzutage gilt es unter Psychologen als selbstverständlich, das Gedächtnis als einen dynamischen Prozeß aufzufassen. In

Abb. 35: Acht Versuche, einen US-Penny aus dem Gedächtnis zu zeichnen. Auch solche alltäglichen Gegenstände wie Münzen sind schwer aus dem Gedächtnis wiederzugeben

gewisser Hinsicht muß man also eher Freud als Ebbinghaus das Verdienst zuschreiben, seine Ansichten durchgesetzt zu haben. Vergleicht man Freud und Bartlett, muß vom wissenschaftlichen Standpunkt aus ein bedeutender Unterschied festgehalten werden: Bartletts theoretische Konzepte beruhen auf sorgfältigen Messungen und objektiven wissenschaftlichen Methoden. Darin stimmte er mit Ebbinghaus überein, und auf diese Weise haben die beiden mit ihren in diesem Kapitel beschriebenen klassischen Experimenten der Psychologie ein dauerndes Vermächtnis hinterlassen. Ebbinghaus demonstrierte den Forschern streng methodisches Vorgehen, während Bartlett sie in theoretischer Hinsicht von der Vorstellung überzeugte, daß das Gedächtnis konstruktiv arbeitet.

Zum Weiterlesen

Bartlett, F. C.: *Remembering.* Cambridge University Press, Cambridge, Mass. 1950 (Erstveröffentlichung 1932).

Ebbinghaus, H.: *Über das Gedächtnis.* Erstveröffentlichung: Leipzig, 1885.

Freud, S.: *Zur Psychopathologie des Alltagslebens.* Fischer Verlag, Frankfurt a. M. 1954 (Erstveröffentlichung 1904).

Jüttner, C.: *Gedächtnis.* Reinhart, München 1979.

Lotfus, E.: *Eyewitness Testimony.* Harvard University Press, Cambridge, Mass. 1979.

KAPITEL FÜNF

Empfindung und Wahrnehmung

Die Wahrnehmungspsychologie beschäftigt sich mit der Frage, wie Menschen aus der Flut der auf sie einströmenden Reize »sinnvolle« Informationen und Erkenntnisse gewinnen. In einer etwas pointierteren Formulierung könnte man auch fragen, warum uns eigentlich die Dinge genauso erscheinen, wie wir sie gewöhnlich auch wahrnehmen? Auf den ersten Blick scheint dies eher einfach zu beantworten zu sein, bei genauerem Hinsehen wird es allerdings sehr schnell äußerst kompliziert. Die Komplikationen ergeben sich dabei im wesentlichen aus der Tatsache, daß unsere Sinnesorgane – Augen, Ohren, Nase, Zunge, Haut – im engeren Sinne *keine* »Wahrnehmungsorgane« sind. Wenn bei einem Menschen oder Tier beispielsweise die Nervenverbindung zwischen Auge oder Ohr und Gehirn zerstört ist, wird Sehen bzw. Hören nicht mehr möglich sein – obwohl die Sinnesorgane selbst weiterhin vollkommen in Ordnung sind und ihre Aufgabe erfüllen. Das heißt im Klartext: Die Wahrnehmungsorgane registrieren zwar Umweltinformationen (Licht, Geräusche, Gerüche, Geschmack, Berührung), doch es ist das Gehirn, das entscheidet, was diese Empfindungen »sind« und bedeuten. Wörtlich genommen ist damit auch der Ausspruch falsch, die Beurteilung von Schönheit liege im Auge des Betrachters: erst unser Gehirn fällt das Urteil.

Die Wahrnehmungspsychologie ist der älteste Zweig der Experimentalpsychologie, eigentlich sogar ihr Stamm, denn bis vor kurzem wurden andere wichtige Disziplinen – Sozial-, Klinische, Physiologische, Entwicklungspsychologie – lediglich als Nebenzweige der Wahrnehmungspsychologie betrachtet. Zu Beginn dieses Jahrhunderts konzentrierten sich die damaligen Wahrnehmungspsychologen – von ihrer theoretischen Ausrichtung her waren es hauptsächlich Gestaltpsychologen – darauf, herauszufinden, auf welche Weise Sinnesempfindungen zu subjektiven Erfahrungen werden. Sie waren der Überzeugung, daß Geräusche, Geschmacksempfindungen oder Lichtmuster nur die »Rohdaten« der Wahrnehmung bilden, die als Empfindungsraster nach Ansicht der Gestaltpsychologen an sich bedeutungslos sind. Der dazugehörige Sinn wird ihnen ausschließlich im Gehirn verliehen, indem es die Rohdaten vor dem Hintergrund früherer Erfahrungen bewertet. Diese Betrachtungsweise wurde später insbesondere von dem Psychologen James J. Gibson kritisiert.

Das Kapitel beginnt mit den Gestaltpsychologen und einigen ihrer Probleme, danach werden wir auf die Arbeiten Gibsons und seiner dazu alternativen Erklärung von Wahrnehmungsvorgängen eingehen. Da der Großteil der Wahrnehmungsforschung sich mehr mit dem Sehen als mit dem Hören, Riechen, Schmecken oder Fühlen befaßt hat, handeln die meisten Beispiele dieses Kapitels von der visuellen Wahrnehmung. Doch wie wir sehen werden, lassen sich die Prinzipien und Probleme der visuellen Wahrnehmung auch auf die anderen Sinnesempfindungen übertragen.

Augen und Kameras, Ohren und Mikrophone

In fast allen Schulbüchern zum Biologieunterricht wird das Auge als eine Art Kamera dargestellt, das Ohr wird häufig mit einem Mikrofon verglichen. Vom Standpunkt der Anatomie aus sind das keine schlechten Analogien: Das Auge hat – wie eine Kamera – eine verstellbare Öffnung, welche die Menge des einfallenden Lichts reguliert, eine Linse, die das Licht bündelt, und eine Netzhaut (einen Film), auf die das Bild übertragen wird. Und unsere Ohren haben – wie Mikrofone – vibrierende Membranen, welche die Energie der Geräusche in mechanische Energie und letztlich in Informationen über Tonhöhe, Klangfärbung und Lautstärke umwandeln.

Die Gestaltpsychologen des frühen 20. Jahrhunderts erweiterten die Kamera- und Mikrofon-Analogie über die reine Sinnesempfindung hinaus auch auf die Wahrnehmung. Sie nahmen nämlich an, daß das Auge dem Gehirn Bilder weitergibt, während das Ohr Klänge vermittelt. Diese »Bilder« und »Klänge« im Gehirn führten dann ihrer Ansicht nach zu der entsprechenden Wahrnehmung der Außenwelt. Zwar beschäftigten

Abb. 36: Das Auge (A) und das Ohr (B) werden mit einer Kamera bzw. einem Mikrophon verglichen. Das Auge verfügt über eine Linse, die ihre Form verändern kann, um Objekte in unterschiedlicher Distanz scharf in den Blick zu bekommen. Auch die Pupille kann sich verändern und so die durch das Auge auf die Netzhaut fallende Lichtmenge kontrollieren. Die Schallwellen treffen im Ohr auf das Trommelfell, das Schwingungen an das Innenohr weitergibt. Das Ergebnis sind eine Reihe von Nervenimpulsen, welche die Klanginformationen über den Hörnerv an das Gehirn weiterleiten

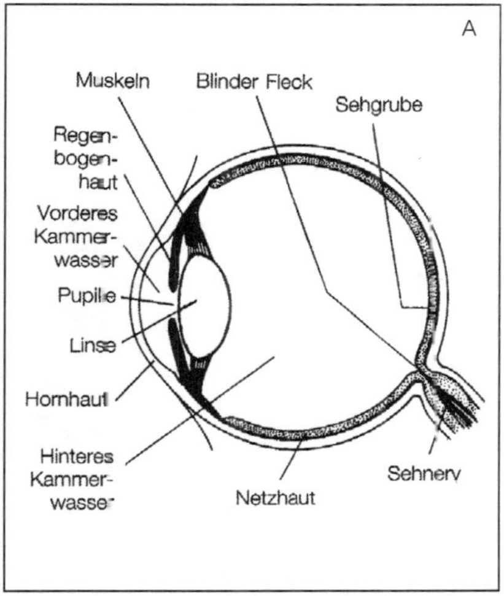

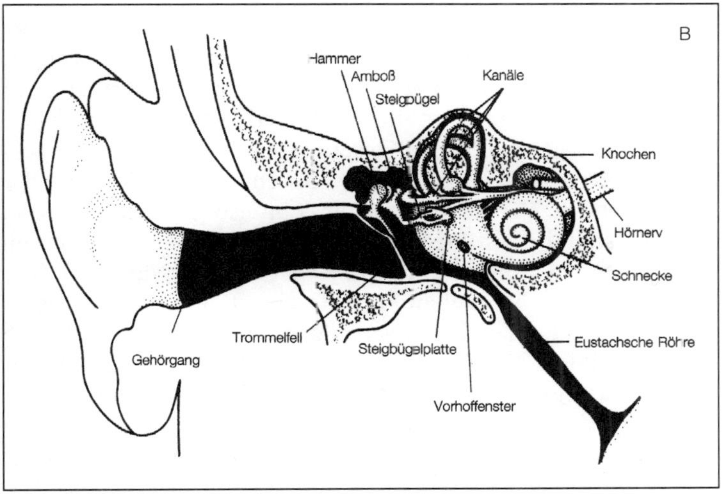

sich die Gestaltpsychologen nicht sonderlich mit der Mikrofon-Analogie, doch viele von ihnen haben über die »Bilder im Gehirn« geschrieben. Sie stellten sich dann jeweils vor, daß das Licht, das durch die Iris ins Auge fällt, von der Linse auf die Netzhaut projiziert wird, wo es ein Abbild der Außenwelt bil-

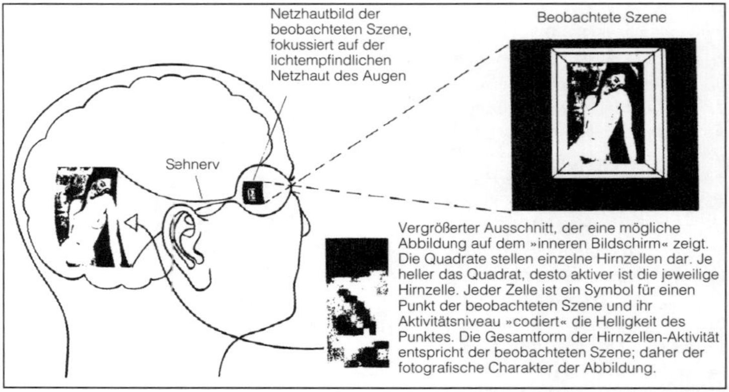

Abb. 37: Gestaltpsychologen betrachten das Wahrnehmungssystem als eine Art körpereigenen Fernsehapparat, dessen Bilder im Gehirn in Form elektrischer Impulse codiert werden

det. Diese Netzhaut-Bilder stellen die Sinnes-Rohdaten dar, die das Gehirn verwendet, um Wahrnehmungen hervorzubringen, wobei Kopien der Netzhaut-Bilder die Sehnerven entlang zur visuellen Region des Großhirns weitergeleitet werden. Diese Hirnregion betrachteten die Gestaltpsychologen als eine Art organische Kinoleinwand, auf die das entsprechende Bild der Außenwelt in Form elektrischer Impulse projiziert werde. Selbstverständlich wußten die Gestaltpsychologen, daß es im Gehirn keine Kinoleinwand gibt. Sie stellten sich darunter eher ein Muster von Hirnzellen vor, die eine Leinwand sozusagen nachahmten, und bei der verschiedene Hirnzellen verschiedene räumliche Punkte repräsentieren. Alles in allem aber hätten wir es doch mit irgendwelchen »Bildern« im Gehirn zu tun.

Obwohl die Gestaltpsychologen überzeugt davon waren, daß in der visuellen Wahrnehmung die im Gehirn erzeugten Bilder eine wesentliche Rolle spielen, glaubten sie nicht, daß diese Bilder unbedingt identisch mit dem sein müßten, was sich in der Außenwelt tatsächlich vorfinden läßt. Zeitungsfotos zum Beispiel bestehen aus einem Raster Hunderter von kleinen Punkten, doch bei einer entsprechenden Entfernung von unserem Auge nehmen wir sie als einheitliches Bild wahr. Die Gestaltpsychologen sahen konsequent auch die Hauptaufgabe der Psychologie im Problem, nach welchen Regeln die durch das Auge vermittelten Sinnesempfindungen im Gehirn zu Wahrnehmungs-Bildern umgeformt werden. Und betonten dabei, die Wahrnehmung sei mehr als nur eine Aneinanderreihung einzelner visueller Empfindungen: »Das Ganze«, so sagten sie, »ist mehr als die Summe seiner Teile.«

Gestaltgesetze der Wahrnehmung

Einige der Gestaltgesetze der Wahrnehmung sind in Abbildung 38 zu sehen. Das erste Bild (A) verdeutlicht das Gesetz der *Nähe*: Im Raum nahe beieinanderliegende Gegenstände werden als zusammengehörig wahrgenommen. In Abbildung 38 B sehen wir das Gesetz der *Ähnlichkeit:* Die Gegenstände schließen sich zu Gruppen zusammen. Das Wahrnehmungsgesetz der *Kontinuität* ist in Abbildung 39 dargestellt. Die getrennten Linien in Abbildung A und B können leicht voneinander unterschieden werden, doch ihre Kombination kann auch ganz andere Linien ergeben. Nach dem Gesetz der Kontinuität neigen wir zu fortlaufenden Wahrnehmungen, indem wir gedanklich beispielsweise gerade Linien immer als gerade, gebogene immer als gebogene fortsetzen: Es bedarf schon großer Anstrengungen, um eine Kurve zu sehen, in der sich gerade und gebogene Linien mischen. Abbbildung 40 zeigt das Gesetz der *Geschlossenheit*: Auch unvollständige Figuren werden als voll-

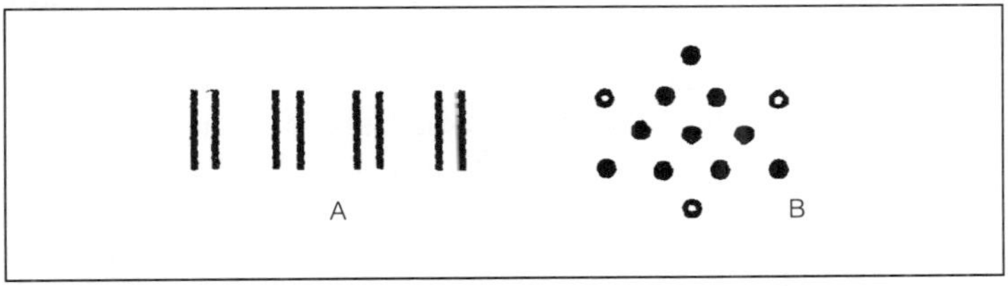

Abb. 38: A. Nach dem Gestaltgesetz der Nähe werden Dinge, die sich nahe beieinander befinden, als zusammengehörig betrachtet B. Aufgrund des Gestaltgesetzes der Ähnlichkeit wird diese Figur als zwei Dreiecke wahrgenommen; das eine Dreieck hat seine Spitze oben, das andere unten

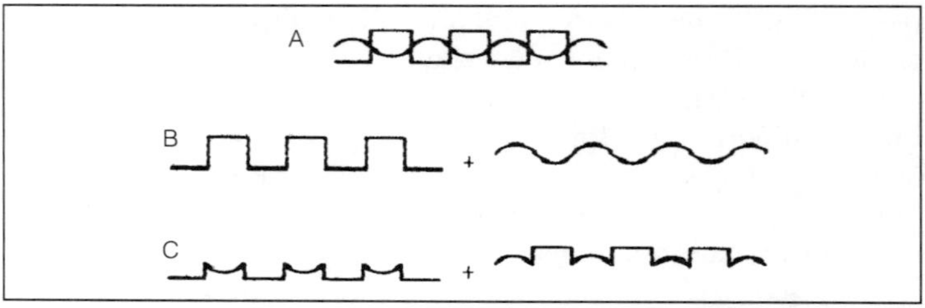

Abb. 39: Das Gestaltprinzip der Fortsetzung. Wir betrachten die in A abgebildete Figur so, als sei sie aus den beiden Linien in B zusammengesetzt, nicht als Ergebnis der Überschneidung solcher Linien, wie sie in C zu sehen sind

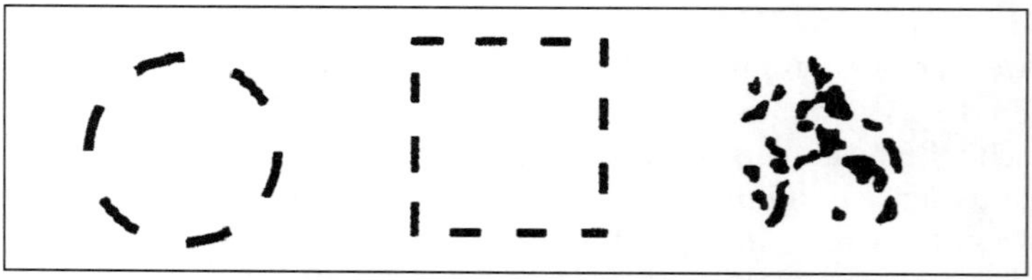

Abb. 40: Beispiel für das Gestaltgesetz der Geschlossenheit. Dieses Gesetz besagt, daß wir dazu neigen, einen Gegenstand zu vervollständigen, auch wenn manche Teile fehlen

ständig wahrgenommen, die Tendenz zu einer geschlossenen Wahrnehmung ergänzt tatsächlich lückenhafte Reizmuster zu sinnvollen »Gestalten«.

Die Gestaltgesetze sind nicht nur auf visuelle Reize anwendbar. Auch für den Tastsinn und das Gehör entdeckten Gestaltpsychologen gesetzmäßige Organisationsprinzipien; sie interessierten sich beispielsweise dafür, wie sich einzelne Noten zu Klangmustern oder Melodien formen. Eine Melodie verkörpert für die Gestaltpsychologen ein hervorragendes Beispiel eines »Ganzen«, das mehr ist als die Summe seiner Teile: Die Nationalhymne etwa erkennt jeder sofort, gleichgültig, in welcher Tonart oder auf welchem Instrument sie gespielt wird. Nach der Theorie der Gestaltpsychologen liegt das daran, daß das Muster, das durch die einzelnen Klänge gebildet wird – die Melodie –, eigene Qualitäten besitzt, die unabhängig davon existieren, aus welchen Noten sich die Melodie zusammensetzt. Wie wir sehen werden, war die Existenz konstant bleibender Muster bei gleichzeitiger Veränderung der sie hervorbringenden Empfindungen ein wesentlicher Aspekt in James J. Gibsons Forschungsarbeiten.

Optische Täuschungen und mehrdeutige Figuren

Die Gestaltpsychologen widmeten einen Großteil ihrer Forschungsanstrengungen der Erklärung von *optischen Täuschungen.* Abbildung 41 zeigt eine davon, die sogenannte Fraser-Spirale. Wenn Sie dabei die Umrisse einer »Spirale« sorgfältig mit dem Finger nachzeichnen, werden Sie feststellen, daß sich das Bild in Wirklichkeit aus konzentrischen Kreisen zusammensetzt. Mit anderen Worten: Ihre optische Wahrnehmung unterscheidet sich erheblich von der physikalischen Realität.

Es bedarf keiner vollendet ausgeführten Zeichnungen, um optische Täuschungen hervorzurufen, bereits einfache Striche können zwingende optische Fehl-Eindrücke vermitteln. Die Zeichnung in Abbildung 42 zeigt zum Beispiel nur zwei gerade Linien und je zwei Pfeilspitzen – und schon erscheint der Pfeil mit den nach außen weisenden Spitzen deutlich länger als der mit den nach innen deutenden, obwohl beide Linien genau gleich lang sind. Auch die »Schienen«-Täuschung in Abbildung 43 ist ebenso einfach wie zwingend: Die obere horizontale Linie

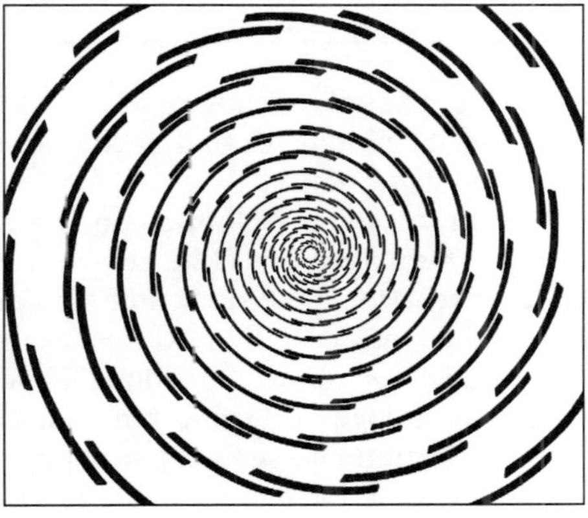

Abb. 41: Frasers Spirale ist eine so zwingende optische Täuschung, daß viele Menschen nicht glauben mögen, daß diese Figur nur aus konzentrischen Kreisen besteht und keineswegs eine Spirale darstellt.

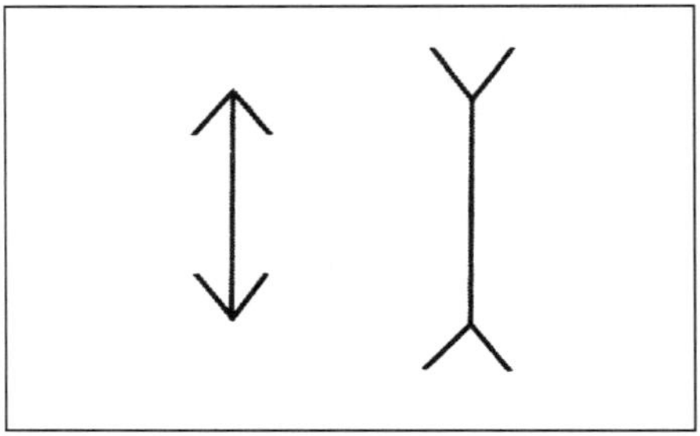

Abb. 42: Eine der berühmtesten optischen Täuschungen. Die beiden vertikalen Linien sind in Wirklichkeit genau gleich lang

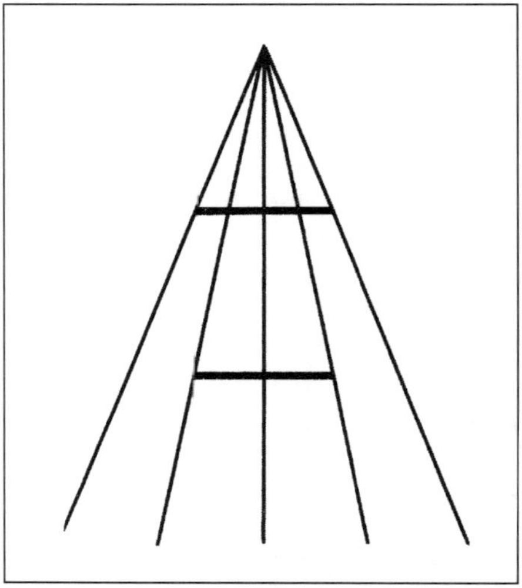

Abb. 43 : Die obere horizontale Linie erscheint zwar länger, doch beide Linien sind tatsächlich gleich lang

sieht länger aus als die untere, tatsächlich sind aber beide gleich lang – in Abbildung 45 sind noch einige weitere optische Täuschungen dargestellt.

Gestaltpsychologen versuchten – nicht immer erfolgreich – diese Täuschungen mit Hilfe verschiedener Wahrnehmungsgesetze zu erklären. Und sie bemühten sich, ihre Gesetze auf eine bestimmte Sorte visueller Reize anzuwenden, die man *mehrdeutige Figuren* nennt. Abbildung 44 A stammt von dem dänischen Psychologen Edgar Rubin und verdeutlicht eine ganz bestimmte Struktur unserer Wahrnehmung: *entweder* sehen wir zwei Gesichter *oder* eine Vase. Solche visuellen Reizmuster werden auch als Kippfiguren bezeichnet, da in der Wahrnehmung jeweiliger (Hinter)Grund und »eigentliche« Figur alternieren und buchstäblich »kippen« können: Manchmal ist die weiße Vase die Figur und die schwarzen Gesichter sind der Hintergrund, dann wieder sieht man schwarze Gesichter vor weißem Grund. Das in Abbildung 44 B zum Ausdruck kommende Wahrnehmungsphänomen wurde von dem amerikanischen Psychologen E. G. Boring zum ersten Male beschrieben. Dieses Bild läßt sich als hübsche junge Frau oder aber als furchterregende alte Hexe deuten und enthält damit also zwei vollkommen verschiedene Wahrnehmungs-Möglichkeiten. Die junge Frau ist im Profil zu sehen, neben der Wange sind lange Wimpern zu erkennen; sie trägt ein schwarzes Halsband. Sieht man in dem Bild eine häßliche alte Frau, dann wird das Kinn des

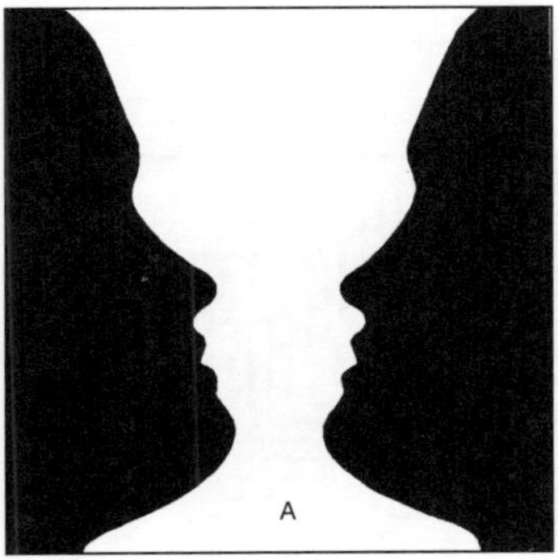

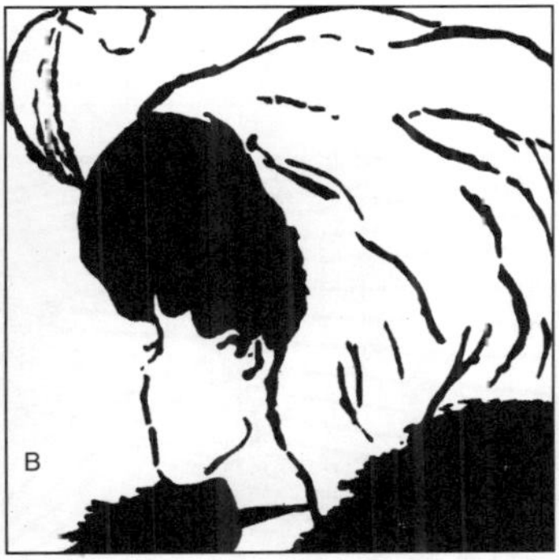

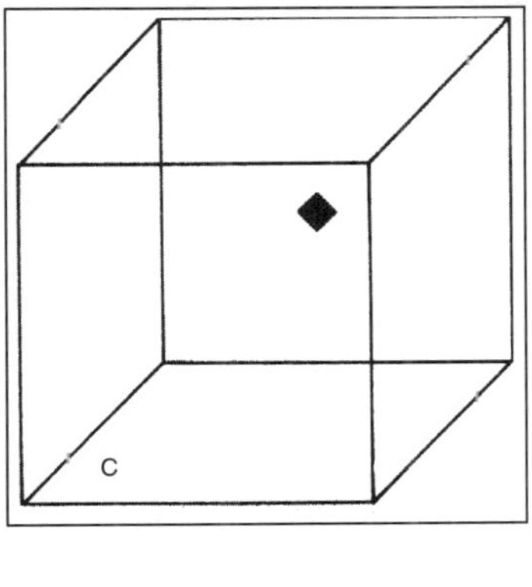

Abb. 44: A. Rubins »Peter-Paul-Pokal«. Die Kippfigur kann als zwei sehr verschiedene Bilder wahrgenommen werden
B. Borings »Frau und Schwiegermutter«-Bild kann als hübsches Mädchen und als häßliche alte Frau gesehen werden
C. Fixieren Sie den Diamanten im Necker-Würfel und achten Sie darauf, was passiert

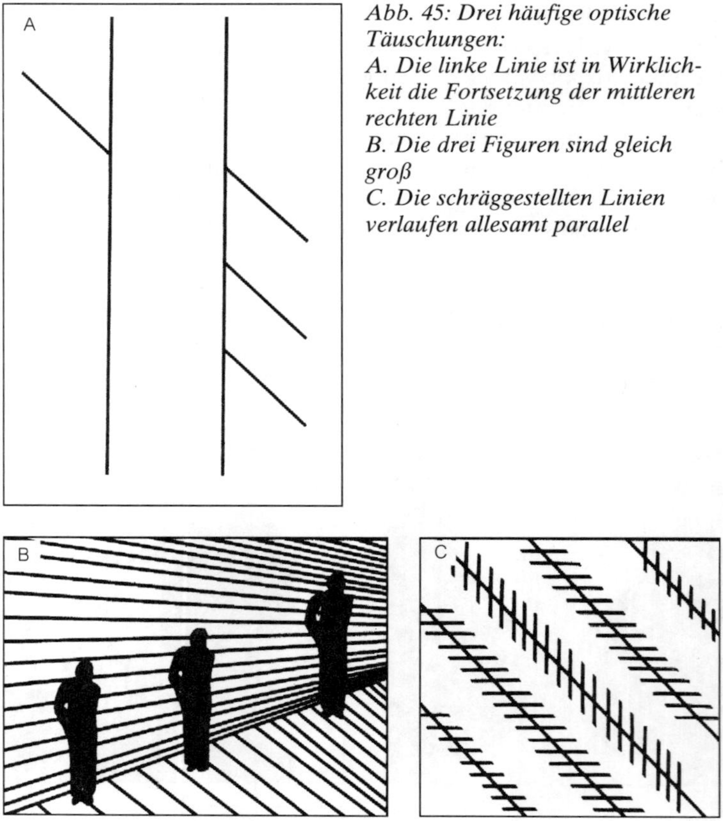

Abb. 45: Drei häufige optische Täuschungen:
A. Die linke Linie ist in Wirklichkeit die Fortsetzung der mittleren rechten Linie
B. Die drei Figuren sind gleich groß
C. Die schräggestellten Linien verlaufen allesamt parallel

Mädchens zur großen, gebogenen Nase, und aus dem Halsband wird ein schmaler, leicht geöffneter Mund. Der Wahrnehmungswechsel, das »Umkippen« des Bildes, geschieht nicht sofort. Sie müssen das Bild dazu schon eine Weile betrachten; falls Sie Schwierigkeiten damit haben, Ihr Bild bewußt »umzukippen«, dann verweilen Sie doch mit Ihrem Blick ein wenig auf der Kinn/Nasen-Region, dann werden Sie schließlich auch das andere Gesicht erkennen können. In Abbildung 44 C ist der auf den eidgenössischen Wissenschaftler L. A. Necker zurückgehende Würfel gleichen Namens dargestellt: Wenn Sie den Diamanten eine Weile fixieren und ein wenig Geduld aufbringen, wird etwas Erstaunliches geschehen.

Da mehrdeutige Figuren mehr als nur einen Gegenstand oder eine Szene enthalten und so eine alternative Sichtweise anbieten, obwohl sich das faktische Bild auf der Netzhaut nicht verändert, hatten Gestaltpsychologen einige Schwierigkeiten, dieses Phänomen zu erklären. Zu den sinnvollsten gestaltpsychologischen Erklärungsversuchen zählte dabei die Argumentation, nach der in der Wahrnehmung mehrdeutiger Figuren zwei oder mehrere Gestaltprinzipien wirksam werden, wobei diese dann gleichsam in »Konkurrenz« zueinander geraten, ohne daß sich dabei allerdings irgendeines der beteiligten Wahrnehmungsprinzipien deutliche »Vorteile« sichern könnte.

Optische Täuschungen und mehrdeutige Bilder zeigen, daß beim optischen Wahrnehmungsvorgang mehr beteiligt ist als alleiniges Registrieren der Empfindungen auf der Netzhaut – und mehr als nur die Übermittlung des Netzhaut-Bildes ins Gehirn. Die Gestalttheoretiker haben das erkannt und suchten daraufhin nach strukturierenden Gesetzmäßigkeiten, die bestimmen, auf welche Weise ein Netzhautbild in einen bildlichen Eindruck im Gehirn umgeformt wird. Dabei stellte sich ihnen zunächst das Problem der Gehirn-»Bilder« selbst. Denn die Gestaltpsychologen nahmen ja an, daß die Bilder im Gehirn die Wahrnehmung hervorrufen; sie machten sich jedoch nie die Mühe zu erklären, wie das denn nun eigentlich genauer vor sich gehen solle. Das heißt, sie erklärten nicht, wie wir das erkennen, was in den Bildern des Gehirns zu sehen ist. Stellen Sie sich zum Beispiel vor, daß Sie beim Weihnachtsessen quer über den Tisch auf Ihr Gegenüber schauen. Ein Bild der Ihnen gegenübersitzenden Person bildet sich auf Ihrer Netzhaut und wird zum Gehirn weitergeleitet. Wie wissen Sie nun, daß die auf dem Bild dargestellte Person Ihre Großmutter ist? Gibt es da einen kleinen grünen Mann in Ihrem Gehirn, der sich das Bild ansieht und Ihnen ins Ohr flüstert, um wen es sich handelt? Und falls ja, bräuchte der nicht seinerseits einen kleinen grünen Mann, der ihm erzählt, was die Bilder in seinem Kopf zu bedeuten haben, und so weiter?

Das zweite Problem, mit dem sich die Gestaltpsychologen

herumschlagen mußten, war dies: Sie betrachteten den Organismus im Grunde als passiven Empfänger von Empfindungen. Es gibt demnach zwar Muster in der sensorischen Welt, doch der Organismus sucht nicht im eigentlichen Sinne nach ihnen – sie erscheinen einfach. Während die Gestaltpsychologen also durchaus in der Lage waren, bestimmte Wahrnehmungserscheinungen verständlich zu machen, hatten sie größte Schwierigkeiten mit der Erklärung, wie stabile und überdauernde Wahrnehmungen in einer sich ständig verändernden Umwelt zustande kommen. Die Gestalttheoretiker scheiterten damit an einem für die Wahrnehmungspsychologie äußerst wichtigen Phänomen: der *Wahrnehmungskonstanz.*

Wahrnehmungskonstanz

Obwohl sich unser sensorischer »Input« verändert, sobald wir uns in unserer Umgebung hin- und herbewegen, sind wir dennoch in der Lage, eine konstante Welt wahrzunehmen. Wenn wir direkt vor dem Fenster stehen, ist das Abbild des Fensters, das auf unsere Netzhaut projiziert wird, rechteckig. Bewegen wir uns etwas zur Seite, dann nimmt unser Netzhautbild die Form eines Trapezes an. Doch trotz dieser Veränderungen unseres Netzhautbildes nehmen wir das Fenster nach wie vor als rechteckig wahr.

Unsere Wahrnehmung hat sich nicht verändert, obwohl sich das Netzhautbild stark verändert hat. Und trotz perspektivisch ständig anderer Netzhautbilder können wir durchs Zimmer gehen, ohne daß sich dabei die Wände verformen oder die Gegenstände im Raum ihren Ort wechseln würden.

Wahrnehmungspsychologen haben festgestellt, daß es verschiedene Arten von Wahrnehmungskonstanz gibt. *Größenkonstanz* zum Beispiel, ist ein Begriff, der die Tatsache umschreibt, daß die wahrgenommene Größe eines Gegenstandes nicht mit den Bildern auf der Netzhaut variiert, die dieser Gegenstand hervorruft. Wenn Sie jemanden auf der anderen Straßenseite erkennen und sich entschließen, hinüberzugehen, um ihm Guten Tag zu sagen, scheint diese Person keineswegs größer zu werden, während Sie auf sie zugehen, obwohl mit dem

Nähergehen das Bild, das diese Person auf Ihrer Netzhaut entstehen läßt, immer größer wird.

Helligkeitskonstanz funktioniert ähnlich wie Größenkonstanz: Sie bezieht sich auf die Alltagserfahrung, daß die Gegenstände nicht heller oder dunkler werden, selbst wenn sich die Menge des auf die Netzhaut fallenden Lichtes dramatisch verändert. Kohle wirkt für uns im Dämmerlicht ebenso schwarz wie in hellem Licht; Schnee erscheint uns nicht nur am Tage weiß, sondern auch in der Nacht. Und das, obwohl sich die Helligkeit des auf die Netzhaut fallenden Bildes deutlich verändert.

Bewegung und Wahrnehmung

Wahrnehmungskonstanz ist eine Alltagserfahrung. Wenn wir uns durch den Raum bewegen, verändert sich dabei dauernd das Licht, das auf unsere Netzhaut fällt; genauso verändert sich das Bild, das bestimmte Gegenstände auf unserer Netzhaut entwerfen. Und dennoch nehmen wir unsere Umwelt als stabil und konstant wahr. Noch interessanter sind die Wahrnehmungsphänomene, sobald die Welt um uns herum »in Bewegung gerät«. Nehmen wir an, Sie blicken aus dem Fenster auf Autos, die unten auf der Straße vorbeifahren. Wenn ein Wagen durch Ihr Gesichtsfeld »hindurchfährt«, hinterläßt er eine Reihe von Bildern auf der Netzhaut Ihrer Augen. Nehmen wir weiter an, Sie sehen aus dem Fenster auf einen geparkten Wagen. Wenn Sie den Kopf nach rechts oder links bewegen, wird auch das Bild des Autos über die Netzhaut wandern. Wären die Netzhautbilder für Sie die einzige verfügbare Information, dann könnten Sie nicht beurteilen, ob Sie sich nun bewegen oder der Wagen. Und trotzdem ist es in der Realität für niemanden problematisch, diesen Unterschied festzustellen.

Die Fähigkeit, zwischen der eigenen (Körper-)Bewegung und Bewegungen in der Außenwelt zu unterscheiden, stellt – zusammen mit den verschiedenen Arten von Wahrnehmungskonstanz – einen deutlichen Beweis dafür dar, daß die Wahrnehmung nicht nur auf den jeweils entstehenden Netzhautbildern beruhen kann. Im Gegensatz zu der Überzeugung der Gestaltpsychologen hat die Wahrnehmung nichts damit zu tun, daß

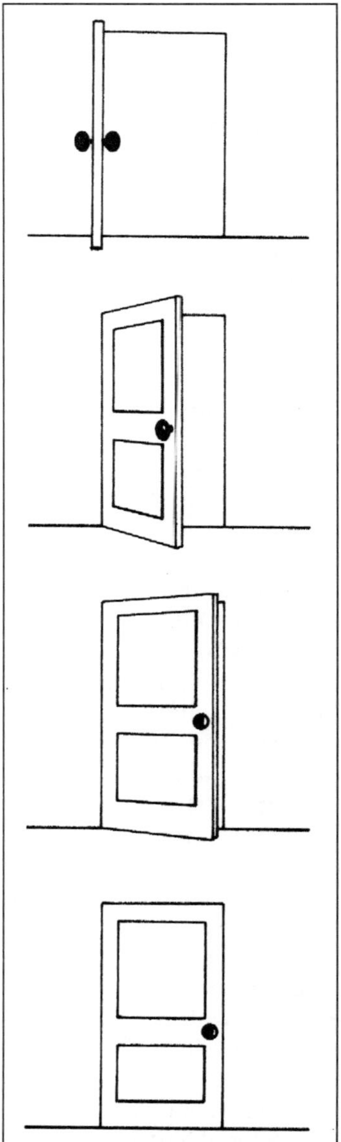

Abb. 46: Beim Schließen der Tür verändert sich das Bild, das die Tür auf der Netzhaut entwirft, dramatisch, und doch haben wir keinerlei Schwierigkeiten, es weiterhin als »Tür« zu identifizieren. Dies nennen die Psychologen »Formkonstanz«

Netzhautbilder – oder Klänge, oder Gerüche, oder irgendwelche anderen Empfindungen – als solche ans Gehirn weitergeleitet werden.

Doch wenn nicht so, wie funktioniert die Wahrnehmung dann wirklich? Wenn die Sinnesorgane keine Empfindungen an das Gehirn weiterleiten, was leiten sie dann weiter? Die Antwort lautet: Umwelt-Informationen. Die Sinnesorgane »kommunizieren« ganz bestimmt mit dem Gehirn, nur sind das, was sie übermitteln, keine bedeutungslosen Empfindungsmuster, sondern *Informationen* über die stabilen Merkmale der Umwelt. Genauso wie wir in der Lage sind, Melodien wiederzuerkennen, die uns in den unterschiedlichsten Tonarten und auf den verschiedensten Instrumenten dargeboten werden, so sind wir auch fähig, konstante visuelle Muster in dem sich unablässig verändernden Fluß visueller Reize zu unterscheiden. Es sind die Informationen über solche Muster, nicht die Netzhautbilder, die das Rohmaterial für die visuelle Wahrnehmung darstellen. Die einzige Möglichkeit, wie wir solche Muster identifizieren können, besteht ausdrücklich darin, nach ihnen zu suchen. Wir sind keineswegs nur passive Empfänger sensorischer Stimulation, sondern aktive Erforscher unserer Umwelt. Mit dieser aktiven Sichtweise der Wahrnehmung eng verbunden ist der Name des Psychologen James Gibson.

James J. Gibson und die moderne Wahrnehmungs-Psychologie

Gibson wurde 1904 in einer Kleinstadt in Ohio, dem Herzen des amerikanischen Mittelwestens, geboren. Seine Familie waren strenggläubige Presbyterianer, die ihn in diesem Glauben erzogen. Gibsons Vater arbeitete als Landvermesser für eine Eisenbahngesellschaft und Gibson brachte einen Großteil seiner Jugend damit zu, mit dem Zug durch die Lande zu fahren. In seiner Autobiographie stellt Gibson fest, daß diese Eisenbahnfahrten ihm zeigten, »wie die Welt aus der Perspektive eines vorbeifahrenden Zuges aussah, und wie sie nach innen zu fließen schien, wenn man auf der hinteren Plattform stand, und sich nach außen ausdehnte, wenn man sie von der Lokomotive

Abb. 47: James J. Gibson (1904–1979) stellte fest, daß die Wahrnehmung einen aktiven Prozeß darstellt

aus betrachtete«. Schließlich ließ sich die Familie in Chicago nieder, wo Gibson seine Ausbildung an der Northwestern University begann. Später wechselte er an die Princeton-Universität, wo er 1928 promovierte. Seine erste Stelle als Dozent erhielt er am Smith College, damals eine Mädchenschule. Dort traf er Eleanor Jack, die er 1932 heiratete. Eleanor Gibson sollte ebenfalls eine berühmte Experimentalpsychologin werden, die bei vielen Gelegenheiten mit ihrem Mann zusammenarbeitete. Während seiner Zeit am Smith College begegnete Gibson häufig Kurt Koffka, einem der führenden Köpfe der Gestaltpsychologie. Gibson selbst war zwar kein Anhänger der Gestaltpsychologie, doch wie jeder, der Koffka begegnete, wurde auch er von seinen Gedanken stark beeinflußt. Gibson interessierte sich vor allem für Koffkas Suche der Prinzipien und Gesetzmäßigkeiten, nach denen die menschliche Wahrnehmung funktioniert.

Als der Zweite Weltkrieg ausbrach, meldete sich Gibson freiwillig zum Militär, wo er Forschungen zur Auswahl und zum Training von Piloten durchführte. Während der Kriegsjahre vertiefte sich Gibsons Interesse an der Wahrnehmungspsychologie. Nach dem Krieg gingen die Gibsons an die Cornell-Universität, wo James Gibson, abgesehen von Ferienzeiten und

Freisemestern, den Rest seines Lebens zubrachte. Gibson arbeitete während seiner gesamten akademischen Laufbahn an empirischen Forschungen zur Wahrnehmungspsychologie und wurde zu einem ihrer wichtigsten Theoretiker. Er starb 1979.

KLASSISCHES EXPERIMENT

Wahrnehmung durch aktive Berührung

James J. Gibson

Gibsons Wahrnehmungsforschung war motiviert durch seine Überzeugung, daß Menschen keine passiven Empfänger sensorischer Empfindungen, sondern aktive Informationssucher sind. Ihn beschäftigte die Frage, wie die Menschen im einzelnen vorgehen, wenn sie Muster (etwa Melodien) aus den auf sie einstürmenden Umweltreizen herausfiltern. Solche Muster nannte Gibson *Invarianten,* da sie sich mit den Veränderungen der Empfindungen, die sie hervorrufen, selbst nicht verändern. Im Gegenteil: Die Invarianten werden sogar durch einen Strom sich verändernder Sinnesempfindungen erst *hervorgerufen,* ähnlich wie eine Melodie durch ein Muster verschiedener Noten entsteht. Die Wahrnehmung macht deshalb für Gibson eine aktive Erforschung des Reizstromes erforderlich. In dieser Sichtweise war es für ihn auch nicht ungewöhnlich oder erstaunlich, daß es trotz wechselnder Netzhautbilder eine Wahrnehmungskonstanz gibt. Seiner Ansicht nach sind es nämlich genau solche Veränderungen der Empfindungen, die Wahrnehmung überhaupt erst möglich machen.

Gibson führte viele Experimente durch, in denen er die Rolle aktiver Reizerforschung bei der Wahrnehmung demonstrierte; das bei weitem einfachste und überzeugendste davon war ein klassisches Experiment über den Tastsinn. Er wollte dabei zeigen, daß die Wahrnehmung nicht davon abhängt, passiv Reize zu empfangen, sondern daß sie eine aktive Erkundung der Umgebung erfordert. Die in diesem Experiment benutzten Materialien waren gebogene Metall-

Abb. 48: Gibsons Experimentalanordnung: eine Reihe ganz gewöhnlicher Backförmchen

streifen, geformt in sechs verschiedenen Backformen, wie man sie zum Plätzchenbacken benutzt (siehe Abbildung 48). Diese sechs Formen wurden verwendet, da sie sich alle deutlich voneinander unterschieden, keine hatte dieselben Kurven oder Ecken wie die andere.

Jede Versuchsperson wurde gebeten, sich an einen Tisch dem Versuchsleiter gegenüber zu setzen. Die beiden waren durch einen Vorhang getrennt, der quer über den Tisch gespannt war. Vor Beginn des Experiments wurden den Versuchspersonen die Metallformen gezeigt, zusätzlich war eine Zeichnung mit den durchnumerierten Formen in Sichthöhe vor ihnen am Vorhang befestigt. Das Experiment begann damit, daß die Versuchspersonen eine Hand durch den Vorhang steckten, die Handfläche nach oben.

Es gab zwei Versuchsbedingungen. In der einen wurden die Versuchspersonen angewiesen, die Hand zu öffnen und zu entspannen, dann wurde ihnen mit Hilfe eines Apparates eine der Formen in die Hand gedrückt. Die andere Versuchsbedingung bestand darin, daß die Versuchspersonen gebeten wurden, die Finger der geöffneten Hand nach oben zu strecken und mit den Fingerspitzen die Form rundherum abzutasten.

In beiden Fällen sollten die Versuchspersonen aus den sechs Bildern, die sie auf dem Zettel vor sich sahen, diejenige Form bestimmen, die sie gerade in der Hand hielten.

Da es sechs Formen gab, konnte man erwarten, daß die Versuchspersonen in einem von sechs Fällen (oder 16,7 Prozent der Fälle) rein zufällig die richtige Form herausfanden. Wenn die Versuchspersonen passiv die Hand offenhielten und ihnen die Form in die Hand gelegt wurde, identifizierten sie die richtige Form in 29 Prozent der Fälle. Das war zwar überzufällig, aber noch nicht gerade häufig. Konnten die Versuchspersonen die Gegenstände in ihrer Hand jedoch aktiv erkunden, dann identifizierten sie die jeweils richtige Form in 95 Prozent der Fälle. Der Hauptunterschied zwischen den beiden Bedingungen liegt darin, daß es unter der passiven Versuchsbedingung zu keiner (zum Beispiel Dreh-)Bewegung zwischen Haut und Backform kam, während die Probanden unter der aktiven Versuchsbedingung den Gegenstand mit den Fingern erkundeten. Manche ertasteten den Umriß der Form mit einem Finger; andere benutzten alle fünf Finger dazu; einige spürten den Umriß nach, indem sie die Form in eine Richtung zwischen den Fingern drehten; andere bewegten ihre Finger auf der Oberfläche des Gegenstandes hin und her. Es spielte letztlich jedoch keine Rolle, wie sie vorgingen – die aktiv die Form erforschenden Versuchspersonen identifizierten sie fast immer. Obwohl das Ergebnis dieses einfachen Experiments eindeutig ausfiel – aktive Berührung führte zu einer erheblich höheren Trefferquote als passive Berührung –, war es immerhin noch möglich, das Ergebnis darauf zurückzuführen, daß die Handfläche (passive Berührung) weniger empfindsam ist als die Finger bei der aktiven Berührung. Um diese Möglichkeit der Ergebnisverzerrung auszuschließen, führte Gibson noch eine dritte Versuchsgruppe ein. Diesmal wurde die Metallform den Probanden nicht nur einfach in die Hand gelegt, sie wurde auch mechanisch dauernd im Uhrzeigersinn und dann wieder entgegengesetzt in der Hand gedreht, wodurch dieselben Hautregionen stimuliert wurden wie bei der passiven Berührung. Der einzige Unterschied bestand darin, daß die Empfindungen, die von den Hautnerven der Versuchspersonen empfangen und weitergeleitet wurden, sich dauernd veränderten. Diese Versuchsbedingung war jedoch kein Vergleich zu der, bei der die Versuchspersonen die Form aktiv erkunden konnten. Schon allein deshalb, weil ihre Finger und Armmuskeln nicht beteiligt waren. Doch das mechanische Drehen der Form in der Hand der Versuchsperson brachte schon ein deutlich anderes Ergebnis, als wenn die Probanden die Form nur in die Hand gelegt bekamen. Denn unter dieser Versuchsbedingung identifizierten die Versuchspersonen die Form in 72 Prozent der Fälle korrekt.

Dieses einfache Experiment mit den Backformen zeigt ganz deutlich, daß die Wahrnehmung nicht durch ein ans Gehirn weitergeleitetes Faksimile sensorischer Empfindungen erklärt werden kann. Wenn die Form der Empfindungen auf der Haut tatsächlich die Rohdaten für die Wahrnehmung liefern würde – wie es die Gestaltpsychologen behaupteten –, dann hätte die Versuchsbedingung, in der die Form einfach in die Hand des Probanden gedrückt wurde, die besten Ergebnisse erzielen müssen. Denn dies war die Versuchsbedingung, unter der die Probanden die Form am eindeutigsten fühlen konnten. Unter der Bedingung der aktiven Berührung, besonders wenn die Versuchspersonen mit den Fingern den Umrissen der Form nachspüren konnten, war nicht ein einziges Mal eine Empfindung auf der Haut spürbar, die der gesamten Form entsprach; manchmal fühlten die Versuchspersonen unter den Fingern ein gerades Stück Blech, ein andermal eine Kante, nie jedoch wurde der gesamte Gegenstand gleichzeitig ertastet. Der Befund, daß sie den Gegenstand dennoch treffsicher erkannten, läßt sich nur dadurch erklären, daß die sich verändernden Empfindungen der Versuchspersonen die Wahrnehmung eines Umrisses ermöglicht haben. Diese Interpretation der Ergebnisse wird durch die subjektiven Berichte einiger Versuchspersonen zusätzlich bestätigt. Gibson fragte die Probanden unter der dritten Versuchsbedingung, warum es für sie leichter war, die Form zu identifizieren, wenn diese in ihrer Hand gedreht wurde. Mehrere Versuchspersonen berichteten, daß für sie die Umrisse deutlicher hervortraten, sobald die Form gedreht wurde.

Da die Versuchspersonen am genauesten urteilten, die

KLASSISCHES EXPERIMENT

mit ihren Fingerspitzen die Form ertasteten, schloß Gibson, daß die Wahrnehmung einer Form dann am besten ist, wenn sich die Empfindungen, die ein sich bewegender Finger auslöst, am meisten verändern. Dieses Ergebnis paßte genau in seine Wahrnehmungstheorie. Das heißt: kontinuierliche Veränderungen der sensorischen Stimulation – wenn der Finger den Umriß einer Form ertastet – führt zur Entdeckung sensorischer Invarianten. Und diese Invarianten rufen eine Wahrnehmung hervor, nicht die Form des auf die Haut gedrückten Gegenstands.

Nachwirkungen

Der Nachweis, daß die aktive und nicht die passive Stimulation eine Wahrnehmung hervorruft, konnte bei anderen Sinneswahrnehmungen wiederholt werden. So trug Gibsons Theorie beispielsweise dazu bei, ein bis dahin zwar als wichtig erkanntes, doch letztlich unerklärlich gebliebenes Phänomen zu verstehen. Wissenschaftlern ist schon seit vielen Jahren bekannt, daß die Augen niemals vollkommen stillstehen – sie vibrieren rund 50-mal pro Sekunde. Dieser »visuelle Tremor« sorgt dafür, daß ein Bild niemals an einer bestimmten Stelle auf der Netzhaut fixiert wird, sondern sich mit dem Vibrieren der Augen hin- und herbewegt. Zu Beginn dieses Jahrhunderts war es durch eine ins Auge hineinoperierte Speziallinse möglich geworden, stabile Bilder auf der Netzhaut hervorzurufen.

Da die Linse sich mit dem Augapfel bewegt, können Bilder auf eine bestimmte Stelle der Netzhaut projiziert werden. Wenn das geschieht, berichten die Versuchspersonen, daß alles, was sie ins Auge fassen, sofort wieder verschwindet. Nach wie vor wird ein Bild auf die Netzhaut projiziert, doch sie sehen es nicht länger. Das ist genau das, was man erwarten sollte, wenn die Wahrnehmung – wie Gibson es behauptete – erst durch aktive Erkundung und Veränderung entsteht. Wenn das Auge den Gegenstand nicht mehr länger aktiv erkunden kann – da ein Bild auf der Netzhaut fixiert wird –, wird der Gegenstand nicht mehr wahrgenommen. Eine dauernde Bewegung ist notwendig, damit Wahrnehmung stattfinden kann.

Gibson vertrat die Auffassung, daß Umwelt-Invarianten auch für Phänomene wie die Größenkonstanz verantwortlich sind. Wie wir alle wissen, wird eine Bekannte, die wir auf der anderen Straßenseite erkennen und zu der wir hinübergehen, nicht mit jedem Schritt für uns größer, nur weil das Bild, das unsere Bekannte auf der Netzhaut unseres Auges entstehen läßt, tatsächlich mit jedem Schritt, den wir ihr näher kommen, immer größer wird. Ein Phänomen, das für Gibson nur aufgrund bestimmter Invarianten in dieser Situation erklärt werden kann. Wenn wir uns zum Beispiel einer Person nähern, verändert sich ihre Größe in einem bestimmten Verhältnis zum Hintergrund. Da sich nun allerdings die Person und der Hintergrund gemeinsam verändern, bleiben die Beziehungen zwischen ihnen unverändert. Diese Beziehungen liefern die Information für die Größenwahrnehmung. Ähnlich kann man die Helligkeitskonstanz als Resultat unveränderter Licht-Verhältnisse betrachten. Es ist bekannt, daß Schnee auch nachts weiß »leuchtet«, obwohl er weit weniger Licht reflektiert als am Tage, doch da nachts auch alles andere schwächer beleuchtet wird, hat sich das *relative* Beleuchtungsverhältnis nicht verändert – der Schnee leuchtet immer noch »schneeweiß«.

Gibson beschäftigte sich auch mit dem vorhin beschriebenen Problem der Bewegungs-Wahrnehmung. Man durfte dabei nicht annehmen, daß das sich auf der Netzhaut bewegende Bild die Daten liefert, aus denen die Bewegung abgeleitet wird, genausowenig wie der Druck der Backform auf der Handfläche die Daten liefert, die einen Wahrnehmungs-Eindruck der Form entstehen lassen. Es sind vielmehr die Veränderungen, die stattfinden, wenn der Organismus mit dem Gegenstand interagiert – sie enthalten die entscheidenden Daten für die Bewegungswahrnehmung. Deswegen gibt es auch keinen Widerspruch in unserer Fähigkeit, zwischen Bewegungen in der Außenwelt und Bewegungen unseres Kopfes zu unterscheiden: die im Gehirn ankommende Information ist in jedem der beiden Fälle eine andere.

Gibson widmete seine letzten Lebensjahre der Untersuchung, wie der menschliche Organismus jeweilige Umwelt-Invarianten zu bestimmen vermag. Gibsons Schüler haben sein Werk auf einem Gebiet weitergeführt, das heute als *ökologische Optik* bekannt ist. Hier geht es um die Untersuchung, auf welche Weise wir Informationen aus dem sich ständig verändernden Fluß von Sinnesempfindungen herausfiltern. Gibsons Forschung führte zu einem fundamentalen Wandel der wissenschaftlichen Auffassungen über den Wahrnehmungsvorgang. Die Gestaltpsychologen hatten geglaubt, daß Empfindungen – Netzhautbilder, Gerüche, Klänge usw. – aus sich selbst heraus bedeutungslos seien und erst vom Gehirn interpretiert werden müßten. Ihre Forschungsanstrengungen waren dem Erklärungsversuch gewidmet, warum Wahrnehmungen sich oft von der Form der Rohdaten (in optischen Täuschungen zum Beispiel) unterscheiden. In gewisser Hinsicht drehte Gibson das Ganze einfach um. Mit seinem Backformen-Experiment konnte er zeigen, daß die Wahrnehmung nichts damit zu tun hat, ein genaues Abbild der äußeren Form ins Gehirn zu übermitteln, sondern daß die aktive Suche nach Informationen über die äußere Form entscheidend ist. Die Wahrnehmung, so entdeckte Gibson, beruht nicht so sehr auf der Form von Sinnesempfindungen, sondern hängt wesentlich davon ab, daß und wie der Organismus Informationen über die Form von Gegenständen herausfindet und verarbeitet.

Zum Weiterlesen

Gibson, J. J.: *Observations on Active Touch.* In: Psychological Bulletin, 69, S. 477–491, 1962.

Gibson, J. J.: *The Senses Considered as Perceptual System.* Houghton Mufflin, Boston, 1966.

Gregory, R.: *Eye and Brain.* McGraw-Hill, New York, 1973.

Krech, D., und Crutchfield, R. S.: *Wahrnehmungspsychologie.* In: ders.: Grundlagen der Psychologie, (Bd. 2). Beltz, Weinheim 1985.

KAPITEL SECHS

Emotionen

Anhänger der damals sehr erfolgreichen Fernsehserie *Star Trek* (Raumschiff Enterprise) werden sich an Mr. Spock erinnern. Mr. Spock unterschied sich von Erdenbewohnern in zweierlei Hinsicht: Er hatte seltsam hohe, spitze Ohren und er argumentierte immer äußerst logisch und gefühlsunempfindlich. Anders als Captain Kirk ließ sich Spock nie von den außerirdischen Sirenen in Versuchung führen. Und selbst als wieder einmal mörderische Feinde glaubten, das Raumschiff zerstören zu können, geriet Spock nicht in Panik. Bei solchen Gelegenheiten warf ihm der Rest der Crew jedesmal vor, »unmenschlich« zu sein, da das wesentliche Merkmal eines menschlichen Wesens in ihren Augen darin bestand, Gefühle zu haben.

Die Bedeutung von Gefühlen in unserem Leben wird auch in unserer Sprache offenkundig. Es gibt Hunderte von Begriffen, mit denen Gefühle be- oder umschrieben werden – Freude, Leidenschaft, Sorge, Ekstase, Wut, Angst, Lust, Liebe, Trauer, Ehrfurcht und so weiter –, und jeder davon hat eine besondere Bedeutung. Vom psychologischen Standpunkt aus werden mit diesen »emotionalen« Begriffen und Redewendungen nicht nur jeweilige Gefühlszustände beschrieben, sondern bringen darüber hinaus auch unsere Überzeugung zum Ausdruck, daß menschliche Handlungen im allgemeinen durch Gefühle motiviert sind. So werden umgangssprachlich beispielsweise Bankräuber »von Geldgier getrieben«, während Sexualverbrecher »ihrem Trieb ausgeliefert« sind und Liebende »von ihrer Leidenschaft überwältigt« werden. Und wer schon einmal beobachtet hat, wie eine Katze den Buckel macht und faucht, sobald eine fremde Katze in ihr Territorium eindringt, weiß, daß auch tierisches Verhalten von Emotionen bestimmt sein kann. Obwohl Gefühle psychologisch offensichtlich sehr wichtig sind und in unserem alltäglichen Leben wie in der Kunst eine bedeutende Rolle spielen, haben die Experimentalpsychologen sie lange vernachlässigt. Nur eines von hundert psychologischen Experimenten beschäftigt sich mit Emotionen, beim Rest stehen Aspekte der Wahrnehmung und des Denkens im Vordergrund.

Einer der Gründe, warum Emotionen nicht soviel experimentelle Aufmerksamkeit auf sich ziehen konnten, liegt in ihrer Vielschichtigkeit. So müssen neben physiologischen Komponenten (zum Beispiel erhöht sich unser Herzschlag, wenn wir Angst bekommen) und kognitiven Anteilen (wir müssen entscheiden, ob die Situation, in der wir uns befinden, bedrohlich ist, um zu wissen, ob die Angst angemessen ist oder nicht) auch soziale Aspekte (bei manchen Gelegenheiten finden wir es sinnvoll, unsere Gefühle zu verbergen) berücksichtigt werden. Das daraus resultierende, häufig auf komplizierten Wechselwirkungen beruhende emotionale Erleben ist experimentell nur sehr schwierig zu untersuchen. Wie die Geschichte der Emotionspsychologie dagegen gezeigt hat, läßt sich vieles vereinfachen, sobald man die Gefühle und ihre Komponenten isoliert voneinander betrachtet. Allerdings wird in diesem Kapitel deutlich werden, daß diese Forschungsstrategie weitgehend erfolglos blieb und nur wenig zu einem umfassenden Verständnis der »Gefühle im wirklichen Leben« beitragen konnte. Das im folgenden im Mittelpunkt stehende Experiment gilt deswegen als klassisch, weil es als erstes überzeugend nachweisen konnte, daß auch Emotionen in all ihrer Komplexität einer experimentellen Untersuchung zugänglich sind.

Die Psychologie der Emotionen

Emotionen bei anderen entdecken

Die moderne Untersuchung der Emotionen beginnt, wie so mancher andere Fortschritt auf dem Gebiet der Biologie, mit Charles Darwin. In seinem Buch *Der Ausdruck der Gefühle bei Mensch und Tier* entwickelte Darwin die Theorie, daß Emotionen deshalb entstanden, weil sie wichtig für das Überleben eines Organismus sind. *Angst* zum Beispiel hilft dem Organismus zu überleben, denn wer es mit der Angst bekommt, neigt dazu, aus einer Situation zu fliehen und so einer Bedrohung auszuweichen. Obwohl Gefühle ursprünglich lebenserhaltend wirkten,

Primäremotion	*Funktion*	*Funktionale Beschreibung*
Angst	Schutz	Verhalten zur Vermeidung von Gefahr oder Verletzung, etwa Davonlaufen und jede Handlung, die eine Distanz zwischen dem Organismus und der Gefahrenquelle schafft.
Wut	Zerstörung	Verhalten zur Überwindung einer Sache, die der Befriedigung eines wichtigen Bedürfnisses entgegensteht. Dazu gehören Beißen, Schlagen und verschiedene symbolische Zerstörungshandlungen wie Fluchen oder Drohen.
Freude	Einverleiben	Verhalten, das zum Zweck hat, einen positiven Reiz aus der Außenwelt aufzunehmen, etwa Essen, Pflegen, Paaren oder Zusammensein mit Mitgliedern der eigenen sozialen Gruppe. Solche Handlungen haben den Effekt, das Individuum zu unterstützen und zu nähren.
Ekel	Zurückweisung	Verhalten mit dem Ziel, einen Schadstoff auszuscheiden, in Form von Erbrechen oder, seltener, Defäkation. Es wird allgemein angenommen, daß dieses Verhalten mit Gefühlen einhergeht wie Verachtung, Feindseligkeit und Sarkasmus, die allesamt im wesentlichen eine Zurückweisung anderer beziehungsweise ihrer Ideen bedeuten.
Akzeptanz	Reproduktion	Verhalten, das den Kontakt mit dem anderen Geschlecht erleichtert, mit dem Ziel der Erhaltung des eigenen genetischen Materials. Ausdrucksformen dieser Funktion umfassen sexuelle Signale, Rituale oder Umwerbens und Geschlechtsverkehr.
Trauer	Reintegration	Verhalten in Verbindung mit dem Verlust eines Wesens, das in der Vergangenheit eine wichtige ernährende und unterstützende Funktion hatte. Unter solchen Umständen sendet das Individuum Signale aus, die dazu dienen, die Rückkehr des verlorenen Individuums zu bewirken oder einen Ersatzpartner anzuziehen. Ausdrucksformen dieser Funk-

Primäremotion	*Funktion*	*Funktionale Beschreibung*
		tion umfassen Weinen, das Aussenden von Signalen der Traurigkeit und »babyhaftes« Verhalten.
Überraschung	Orientierung	Verhaltensreaktionen, um mit einem neuen, unvertrauten Reiz in Kontakt zu kommen; zum Beispiel einem lauten Geräusch, einem fremden Tier oder einem neuen Territorium. Der Organismus ist gezwungen, sich körperlich rasch umzuorientieren und in der gerade ausgeübten Tätigkeit innezuhalten, so daß die Sinnesorgane Informationen über den neuen Reiz aufnehmen können.
Antizipation	Erkundung	Verhalten, das den Organismus in Kontakt mit unterschiedlichen Aspekten seiner Umwelt bringen soll. Die jeweilige Nachbarschaft zu erkunden, ermöglicht die Entstehung einer mentalen Landkarte, die das Lebewesen in die Lage versetzt, zukünftige Herausforderungen an die eigene Überlebensfähigkeit vorwegzunehmen und mit ihnen fertigzuwerden.

Abb. 49: Funktionale Aspekte der Primäremotionen aus Sicht der Evolutionstheorie

war Darwin davon überzeugt, daß sie über die Jahrhunderte darüber hinausgehende, zusätzliche Bedeutung erlangten. *Ekel* beispielsweise sollte den Organismus ursprünglich vor schädlicher Nahrung warnen oder helfen, diese schnell wieder auszuscheiden – heutzutage bekommen Menschen manchmal auch Ekelgefühle, die gar nichts mit der Nahrungsaufnahme zu tun haben. Darwin bemerkte folgendes dazu:

Der Ausdruck »Ekel« bezeichnet in seiner ursprünglichsten Bedeutung etwas dem Geschmack widerstehendes ... Doch da Ekel auch Ärger verursacht, wird er im allgemeinen mit Stirnrunzeln begleitet, oft auch von Gesten, als ob man etwas wegschiebt oder sich gegen das bedrohliche Objekt schützen muß ... Extremer Ekel drückt sich in Mundbewegungen aus, die denen kurz vor dem Erbrechen ähnlich sind ... Auch teilweise die Augen zu schließen oder den Blick oder gar den ganzen Körper abzuwenden, sind ebenfalls starke Ausdrucksformen für Abscheu. Diese Handlungen scheinen zu demonstrieren, daß die verachtete Person es nicht wert ist, auch nur angesehen zu werden ... Das Ausspucken scheint eine fast universelle Geste für Verachtung oder Ekel zu sein, die ganz offensichtlich zum Ausdruck bringt, daß etwas Widerliches aus dem Mund befördert werden soll.

Darwin glaubte nicht nur, daß Emotionen das Verhalten eines Organismus motivieren, sondern er hatte auch den Eindruck, daß die Fähigkeit zu erkennen, was andere empfinden, genauso wichtig für das eigene Überleben ist. Seine Überlegungen dazu sprechen für sich selbst: Ein Organismus, der erkennen kann, wann ein potentieller Feind wütend wird und bereit ist zuzuschlagen, hat durch eine rechtzeitige Flucht eine bessere Überlebenschance, als ein Lebewesen, das diese Fähigkeit nicht beherrscht. Nach einigen Ausführungen dazu, wie wir bei jemand anderem Gefühle entdecken, kam Darwin zu dem Schluß, daß der Gesichtsausdruck von entscheidender Bedeutung sei. Mit anderen Worten: Wir wissen, was andere fühlen, weil es ihnen »im Gesicht geschrieben steht«.

Um diese Hypothese zu überprüfen, führte Darwin das erste psychologische Experiment über Emotionen durch. Er sammelte dabei zunächst eine Reihe von Fotografien mit Personen eines bestimmten emotionalen Gesichtsausdruckes; danach zeigte er diese Fotos 20 Personen und bat sie, die auf dem Bild zu sehende Emotion zu benennen. Bei den meisten Bildern fand er zwar eine übereinstimmende Beurteilung, bei einigen Fotos gab es allerdings auch widersprüchliche Einschätzungen. Obwohl Darwin vor seinem Experiment überzeugt war, daß alle seine Bilder die spezifischen Emotionen eindeutig darstellten, schloß er daraus, daß diese nicht eindeutigen Bilder wohl keine besonders guten Beispiele für die jeweils abzubildenden Emotionen sein konnten – eine Argumentation, mit der er selbstverständ-

Abb. 50: Beurteilungen von mimischen Gefühlsinhalten durch Angehörige fünf verschiedener Kulturen

Prozentsatz der Übereinstimmung in der Beurteilung des Gefühlsausdrucks über verschiedene Kulturen hinweg					
	Vereinigte Staaten (N = 99)	Brasilien (N = 40)	Chile (N = 119)	Argentinien (N = 168)	Japan (N = 29)
	97 % Glück	95 %	95 %	98 %	100 %
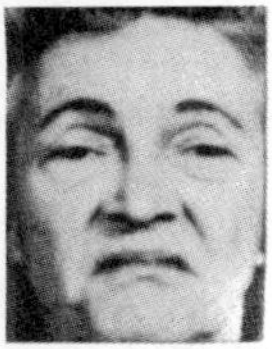	92 % Ekel	97 %	92 %	92 %	90 %
	95 % Über-raschung	87 %	93 %	95 %	100 %
	84 % Trauer	59 %	88 %	78 %	62 %
	67 % Wut	90 %	94 %	90 %	90 %
	85 % Angst	67 %	68 %	54 %	66 %

lich auch seine Hypothese trotz widersprechender Befunde bis auf weiteres aufrechterhalten konnte.

Darwins Experiment ist in den letzten hundert Jahren viele Male wiederholt worden. Abbildung 50 zeigt die Ergebnisse eines dieser Experimente, das in fünf verschiedenen Ländern durchgeführt wurde: Offensichtlich gibt es zwischen Menschen aus unterschiedlichen Kulturen eine beträchtliche Übereinstimmung über verschiedene emotionale Gesichtsausdrücke. Selbst wenn diese Fotografien männlichen Stammesangehörigen aus Papua-Neuguinea gezeigt wurden – jungen Männern, die bislang noch kaum oder gar keinen Kontakt mit der westlichen Zivilisation oder weißen Menschen hatten –, waren die Ergebnisse die gleichen. Diese Befunde stützten Darwins These, daß sich Emotionen im Gesichtsausdruck widerspiegeln, zudem scheint die Fähigkeit, diese Emotionen zu erkennen, eine universelle menschliche Leistung zu sein.

Zwar waren sich die Beurteiler bei den in Abbildung 50 gezeigten Bildern weitgehend einig, dennoch können wir in Ansätzen sehen, was auch in Darwins ursprünglichem Experiment geschah: Nicht alle Bilder wurden gleich eingeschätzt. So gab es zum Beispiel weniger Übereinstimmung bei der Fotografie, die *Angst* ausdrücken sollte, als bei dem Bild, das *Glück* darstellt. Sollte der Gesichtsausdruck bei der Beurteilung der Gefühle eines anderen Menschen tatsächlich der einzige Hinweis für uns sein, dann könnte die Mehrdeutigkeit mancher Bilder auch darauf hindeuten, daß wir uns auch im Alltag bei der Einschätzung von Emotionen relativ häufig täuschen müßten. Doch das ist nicht der Fall, wir haben selten Probleme damit zu erkennen, ob jemand ängstlich, glücklich oder traurig ist. Diese Genauigkeit wiederum, mit der wir die Emotionen anderer Menschen gewöhnlich wahrnehmen – obwohl der Gesichtsausdruck manchmal nur sehr undeutlich zu erkennen ist –, bedeutet ganz offensichtlich auch, daß Darwins Hypothese zumindest unvollständig sein muß: Der Gesichtsausdruck kann unmöglich der einzige Hinweis bei der Gefühlswahrnehmung sein.

Es stellte sich heraus, daß es verschiedenartige emotionale Hinweisreize gibt. Eine wichtige Informationsquelle sind dabei die nonverbalen Hinweise, die von bestimmten Körperteilen oder der gesamten Körperhaltung ausgesendet werden. Wer beispielsweise die Hände ringt, den Kopf hängen läßt, oder die Arme vor der Brust verschränkt, erzählt uns genausoviel über seine Gefühle, wie es sein Gesichtsausdruck verrät. Und dann spielt natürlich die Stimme eine große Rolle, wie dies in Hörspielen etwa besonders deutlich wird. Ob besänftigend, schrill, zitternd oder schluchzend – wahrscheinlich gibt es keinen deutlicheren Hinweisreiz auf den emotionalen Zustand eines Menschen als seine Stimme.

Selbst wenn das Gesicht nicht zu erkennen ist und man die Stimme nicht hören kann, ist es doch möglich, den emotionalen Zustand einer Person zu erraten – aus der Art, wie sie sich verhält. Wenn wir zum Beispiel aus großer Entfernung sehen, wie ein Kind vor einem großen Hund davonläuft, nehmen wir automatisch an, daß das Kind sich aus Angst so verhält, auch wenn wir seinen Gesichtsausdruck nicht erkennen und sein Schreien nicht hören können.

Es gibt also wesentlich mehr Informationsquellen, aus denen wir auf den Gemütszustand eines Menschen schließen können, als nur den Gesichtsausdruck. Auch die Körpersprache und bestimmte charakteristische Verhaltensweisen erlauben entsprechende Rückschlüsse. Unsere Wahrnehmung wird dabei in dem Maße genauer, wie wir neben dem Gesichtsausdruck noch möglichst viele dieser anderen Hinweisreize bekommen. Die Tatsache so vieler verschiedener emotionaler »Kanäle« erklärt schließlich auch, warum wir uns im alltäglichen Leben relativ selten täuschen: gewöhnlich nehmen wir nämlich nicht nur den Gesichtsausdruck des anderen wahr, sondern hören ihn gleichzeitig auch und registrieren die in seiner Gestik zum Ausdruck kommenden »Botschaften«. Es ist eigentlich erstaunlich, daß ein solch genauer Beobachter wie Darwin nicht erkannt haben sollte, daß Emotionen nicht ausschließlich in der Mimik ausgedrückt werden. Dies könnte vielleicht darauf zurückzuführen sein, daß er genauso wie viele andere Wissenschaftler ebenfalls dazu neigte, emotionale Phänomene zu vereinfachen, um sie untersuchen zu können. Darwin beschränkte sich praktisch ausschließlich auf den Gesichtsausdruck, womit ihm offenbar entging, daß Gefühle auch auf ganz andere Weise zum Ausdruck gebracht und (wieder-)erkannt werden können. Darwins Nachfolger »entdeckten« diese zusätzlichen emotionalen Hinweisreize, die eigentlich schon längst offensichtlich hätten sein müssen. Im nächsten Abschnitt werden Sie sehen, wie diese Reihenfolge – zunächst einen Aspekt in der Emotionsforschung isoliert zu betrachten, dann allmählich die zusätzlichen Aspekte hinzuzunehmen – von Wissenschaftlern wiederholt wurde, die einer ähnlichen Fragestellung nachgingen. Diese Forscher waren allerdings weniger daran interessiert, wie wir bei anderen Menschen bestimmte Gefühlszustände feststellen, sondern wie wir selbst merken, was wir empfinden.

Unsere eigenen Gefühle entdecken

Eine Theorie darüber, wie wir unsere eigenen Gefühle identifizieren, wurde um die Jahrhundertwende gleichzeitig von dem amerikanischen Psychologen William James und dem dänischen Psychologen Carl Lange in die wissenschaftliche Diskussion eingebracht. Da beide im wesentlichen die gleiche Auffassung vertraten, nennt man ihre Theorie heute die James-Lange-Theorie der Emotionen. Im wesentlichen postuliert diese Theorie, daß Emotionen sozusagen nur zweitrangige Reaktionen auf physiologische Ereignisse darstellen. »Ich lächle, weil ich glücklich bin«, wäre beispielsweise eine solche Aussage; nach James und Lange würde die richtige so lauten: »Ich bin glücklich, weil ich lächle.« Diese Theorie widerspricht zunächst einmal dem gesunden Menschenverstand. Für die meisten Menschen scheinen Äußerungen wie »Ich bin traurig, weil ich weine« oder »Ich fürchte mich, weil ich renne« das Pferd von hinten aufzuzäumen. Und dennoch haben wir alle schon einmal Situationen erlebt, in denen die James-Lange-Theorie bestätigt wurde.

Denken Sie nur einmal daran, was geschieht, wenn Sie um ein Haar einen Fußgänger überfahren, der plötzlich vor Ihrem Wagen auftaucht: wahrscheinlich treten Sie automatisch voll auf die Bremse und kommen mit quietschenden Reifen zum Stehen. Nachdem das Auto zum Stillstand gekommen ist, stellen Sie fest, daß Ihr Herzschlag sich beschleunigt hat und Ihnen der Schweiß ausgebrochen ist – dann erst merken Sie auch, daß Sie

Angst haben. Entsprechend der Vorhersage der James-Lange-Theorie tritt das Gefühl der Angst erst ein, nachdem das Auto schon zum Stillstand gekommen, die gefährliche Situation also vorüber ist. Oder denken Sie an Ihre Reaktionen, als Sie einmal beinahe die Treppe hinuntergefallen wären und sich im letzten Augenblick noch am Geländer festhalten konnten – die Angst spüren Sie erst *nach*, nicht vor der physiologischen Reaktion.

Die meisten Beispiele von James und Lange beziehen sich zwar auf Emotionen als Reaktionen auf äußere Handlungen (Lächeln, Laufen etc.), doch beiden Psychologen war auch bewußt, daß es nicht immer zu offen sichtbaren Handlungen kommt. Manchmal bleiben die emotionalen Reaktionen und die sie auslösenden physiologischen Reaktionen auch im ver-

Während der Kampfeinsätze empfanden Sie	Oft	Manchmal
Herzklopfen und fliegender Puls	30 %	56 %
Angespannte Muskulatur	30 %	53 %
Leicht irritierbar, wütend oder ärgerlich	22 %	58 %
Trockene Kehle oder Mund	30 %	50 %
»Nervöse Transpiration« oder »kalter Schweiß«	26 %	53 %
»Schmetterlinge« im Bauch	23 %	53 %
Ein Gefühl, alles sei unwirklich – das sind gar nicht Sie, die das jetzt erleben	20 %	49 %
Häufiger Harndrang	25 %	40 %
Zittern	11 %	53 %
Verwirrung oder Erschütterung	3 %	50 %
Schwäche, einer Ohnmacht nahe	4 %	37 %
Nach der Mission waren Sie nicht in der Lage, sich an Einzelheiten des Geschehens zu erinnern	5 %	34 %
Hosen naßgemacht oder beschmutzt	1 %	4 %
Magen-Übelkeit	5 %	33 %
Unfähig, sich zu konzentrieren	3 %	32 %

Abb. 51: Angstsymptome, genannt von Kampffliegern im Zweiten Weltkrieg

borgenen. In solchen Fällen behauptet die James-Lange-Theorie, daß die Emotionen als Reaktionen auf innere physiologische Veränderungen zustande kommen. So kann zwar jemand äußerlich unbewegt auf eine schlechte Nachricht reagieren, das muß jedoch keineswegs bedeuten, daß sie ihn auch innerlich unberührt läßt. Nach der James-Lange-Theorie ruft die schlechte Nachricht eine innere physiologische Reaktion hervor – der Herzschlag beschleunigt sich, Schweiß bricht aus, der Betreffende hat das Gefühl, ihm sei ein Schlag in die Magengrube versetzt worden –, und reagiert innerlich dann auch entsprechend, zum Beispiel mit Trauer.

Es gibt gar keinen Zweifel daran, daß innere physiologische Veränderungen bei emotional bedeutsamen Situationen eine große Rolle spielen. Wir haben alle schon einmal entsprechende Symptome an uns bemerkt: der Mund wird trocken, die Atmung beschleunigt sich, das Herz beginnt zu rasen, uns bricht der Schweiß aus, die Hände beginnen zu zittern, wir bekommen einen feuerroten Kopf oder haben das Gefühl, als drehe sich der Magen um – all das wird durch starke Emotionen ausgelöst. Diese physiologischen Symptome werden vom sympathischen Anteil unseres autonomen Nervensystems hervorgerufen und sind dazu da, in physisch anstrengenden Situationen unsere körperlichen Abwehrkräfte zu mobilisieren. Jede bedrohliche oder sehr stark gefühlsmäßige Situation kann dabei ähnliche physiologische Veränderungen auslösen. Im »Arousal« genannten, eher diffusen Aktivierungszustand des Organismus werden dabei vom autonomen Nervensystem noch weitere Reaktionen ausgelöst: aus der Nebennierenrinde wird das Hormon Adrenalin ausgeschüttet, das eine erhöhte Aufmerksamkeit zur Folge hat, der Blutzuckerspiegel steigt und liefert zusätzliche Energie, schnellere Atmung und erhöhter Herzschlag sorgen dafür, daß mehr Sauerstoff in die Muskulatur gepumpt wird. Gleichzeitig wird die Blutversorgung in den hautnahen Venen reduziert, um mögliche Blutungen im Falle einer Verletzung zu reduzieren; außerdem werden vermehrt Eiweiße zur Blutgerinnung produ-

Abb. 52: Das autonome Nervensystem. Der Sympathicus wirkt erregend, der Parasympathicus dämpfend

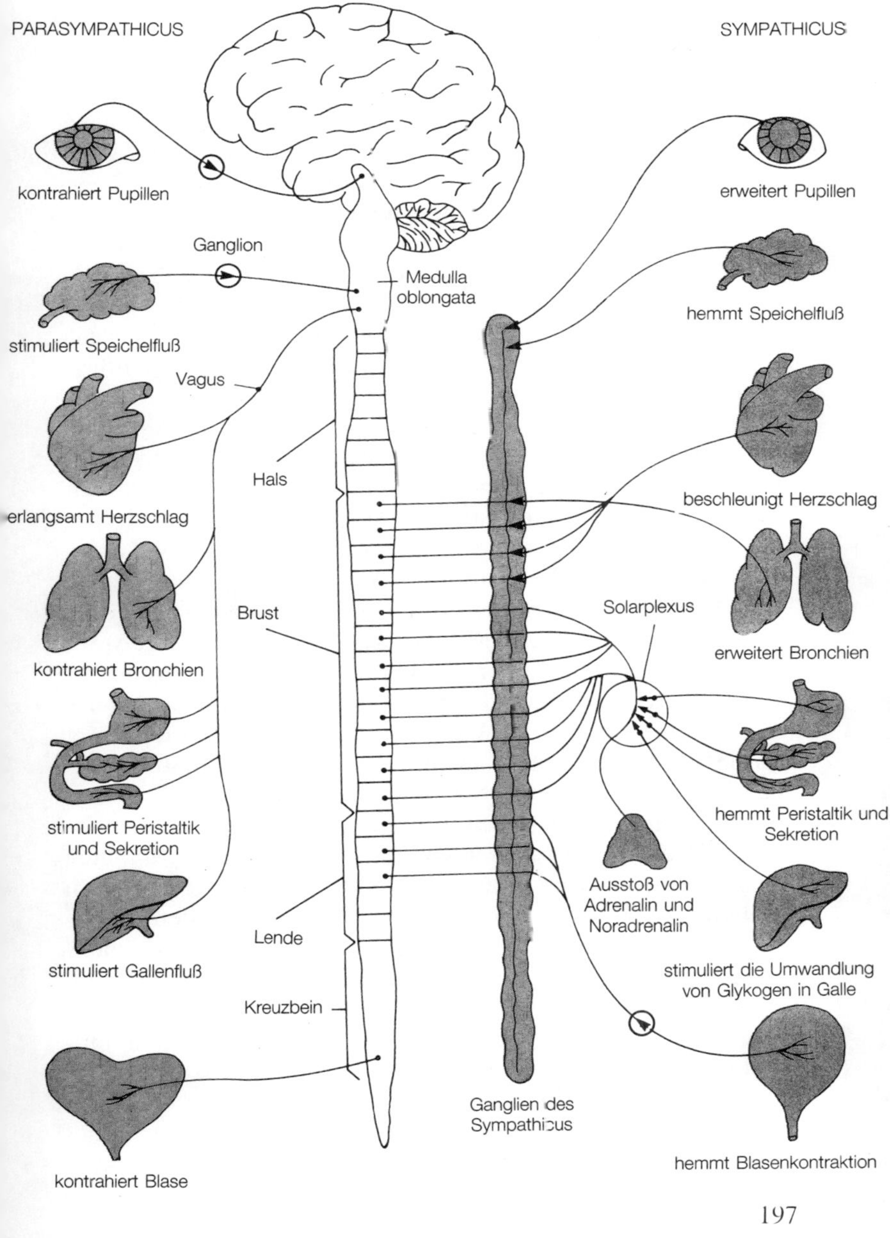
PARASYMPATHICUS
SYMPATHICUS
kontrahiert Pupillen
erweitert Pupillen
Ganglion
Medulla oblongata
stimuliert Speichelfluß
hemmt Speichelfluß
Vagus
erlangsamt Herzschlag
beschleunigt Herzschlag
Hals
kontrahiert Bronchien
Brust
Solarplexus
erweitert Bronchien
stimuliert Peristaltik und Sekretion
hemmt Peristaltik und Sekretion
Ausstoß von Adrenalin und Noradrenalin
stimuliert Gallenfluß
Lende
stimuliert die Umwandlung von Glykogen in Galle
Kreuzbein
kontrahiert Blase
Ganglien des Sympathicus
hemmt Blasenkontraktion

ziert, um im Falle einer Verletzung einen starken Blutverlust zu vermeiden.

Die Reaktionen des autonomen Nervensystems in emotionalen Situationen sind auch von Medizinern sorgfältig untersucht worden. Dieses Interesse wurde dadurch intensiviert, daß eine chronisch »gereizte« Reaktion des autonomen Nervensystems nachweislich mit bestimmten Krankheiten in Verbindung steht, die man *psychosomatische Störungen* nennt. Psychosomatische Störungen wie Magengeschwüre, Bluthochdruck oder Dermatitis und viele andere werden im wesentlichen von Emotionen mitverursacht. Die Beziehung physiologischer Reaktionen auf Gefühle und psychosomatische Krankheiten ist dabei eigentlich etwas paradox; ursprünglich sollten physiologische Reaktionen dem bedrohten Organismus ja helfen. Wenn heute allerdings etwa bestimmte Berufsgruppen (Manager, Soldaten, Fluglotsen, Polizisten etc.) fast dauernd unter »Streß« stehen, können sich diese ehemals gesundheitsfördernden physiologischen Mechanismen langsam, aber sicher gesundheitsschädlich auswirken.

Die Aktivierung des autonomen Nervensystems – das »Arousal«-Phänomen – war auch Grundlage, oder besser Anlaß für die Entwicklung von Lügendetektoren. Diese auch als Polygraphen bezeichneten Apparaturen zeichnen die Herzfrequenz, die Atemfrequenz und Veränderungen des Hautwiderstandes auf. In einem typischen Lügendetektor-Verhör werden zwei Arten von Fragen gestellt: neutrale und kritische. Neutrale Fragen sind etwa: »Wo sind Sie geboren« oder »Wo sind Sie zur Schule gegangen?« Da diese Fragen keine besonderen emotionalen Reaktionen auslösen, liefern sie eine Art Grundlinie (baseline): sie zeigen, wie der Befragte reagiert, wenn er sich nicht in einem Zustand emotionaler Erregung befindet.

Wenn diese »persönliche Eichung« feststeht und die Grundlinie ermittelt wurde, werden die kritischen Fragen gestellt. Zum Beispiel: »Waren Sie an dem Tag, an dem der Raubüberfall geschah, in der Bank?« Die unmittelbar nach den kritischen Fragen registrierten physiologischen Meßwerte werden danach mit denjenigen der neutralen Fragen verglichen, wobei deutliche Unterschiede als Hinweise auf eine emotionale Erregung dienen – und entsprechend als »Lügen« gelten. Doch die Lügendetektoren sind unzuverlässige Meßinstrumente, obwohl sie scheinbar auf rein objektiven Beobachtungen physiologischer Reaktionen beruhen. So können eine Reihe praktisch nicht kontrollierbarer Störvariablen die »objektiven« Testergebnisse verzerren; dies gilt beispielsweise für allgemein eher emotionslos reagierende Menschen oder bei Einfluß bestimmter Medikamente, ganz besonders jedoch bei »gewohnheitsmäßigen Lügnern«. Lügendetektoren sind auch aus anderen Gründen deshalb bis heute als Beweismittel vor Gericht nicht zulässig.

Die James-Lange-Theorie der Emotionen scheint sowohl durch Alltagserfahrungen als auch durch wissenschaftliche Beweise, die zeigen, daß Gefühle innere physiologische Reaktionen auslösen, gestützt zu werden. Dennoch hat sie einige große Schwächen. So reagiert beispielsweise das autonome Nervensystem oft nicht schnell genug, um eine emotionale Reaktion beeinflussen zu können, weil diese physiologischen Veränderungen häufig über die vergleichsweise langsam wirkenden Hormone (wie Adrenalin) gesteuert werden. Und deswegen bemer-

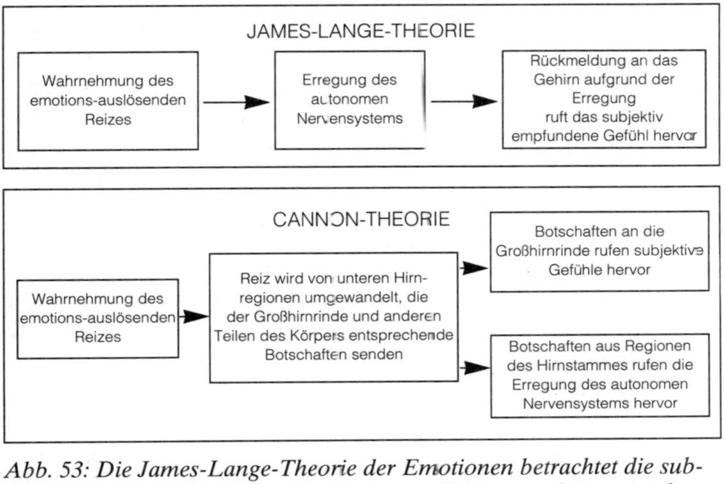

Abb. 53: Die James-Lange-Theorie der Emotionen betrachtet die subjektive emotionale Reaktion als Antwort auf Körperreaktionen aufgrund von Bedrohungen. Nach Cannon treten Emotionen auf, sobald die Großhirnrinde eine Botschaft aus unteren Hirnregionen erhält, unabhängig von Rückmeldungen aus anderen Körperorganen

ken wir auch gar nicht so selten, welches Gefühl wir gerade haben, und zwar noch bevor etwa das Adrenalin seine physiologische Wirkung in unserem Körper entfalten konnte.

Eine zweite, noch größere Schwäche der James-Lange-Theorie liegt im Postulat, jede Emotion müsse ein eigenes, charakteristisches Erregungsmuster aufweisen. Wären die physiologischen Begleiterscheinungen emotionaler Erregung nämlich immer dieselben, dann könnten wir ein Gefühl buchstäblich nie vom anderen unterscheiden. In den Jahrzehnten seit Veröffentlichung der James-Lange-Theorie haben Physiologen häufig versucht, vermeintlich eindeutige »physiologische Profile« jeweiliger Emotionen nachzuweisen – erfolglos. Die physiologische Erregung hat sich als unspezifisch erwiesen, ein und dasselbe Erregungsmuster wird zum Beispiel bei Angst und bei sexueller Erregung, ja sogar bei einem Wutanfall ausgelöst. Doch trotz der James-Lange-Theorie haben wir offensichtlich keine Schwierigkeiten, diese verschiedenen emotionalen Zustände auseinanderzuhalten.

Da die James-Lange-Theorie in den 20er Jahren endgültig unhaltbar geworden war, suchten die Emotionspsychologen nach alternativen Erklärungsmöglichkeiten. Dabei wurde der Name des Psychologen Walter Cannon wichtig. Gefühle würden genausowenig durch physiologische Reaktionen auf emotionale Situationen hervorgerufen wie physiologische Reaktionen durch Emotionen ausgelöst; Cannon vertrat vielmehr die Auffassung, beide würden durch eine dritte Instanz hervorgerufen – einer Zwischenhirn-Region namens *Thalamus.* Nach Cannon ruft eine emotional aufregende Situation (beispielsweise ein bedrohlich aussehender Mann auf einer dunklen Straße) eine Reaktion im Thalamus hervor, der seinerseits gleichzeitig eine Botschaft an das autonome Nervensystem wie an die Großhirnrinde schickt. Diese Botschaft wird von der Hirnrinde als eine Emotion gedeutet und vom autonomen Nervensystem als ein Signal betrachtet, die physiologische Erregung auszulösen, die mit der Emotion korrespondiert (Herzklopfen etc.). Mit anderen Worten: Die physiologischen Begleiterscheinungen der Emotionen und ihre kognitive Interpretation (in diesem Fall Angst) sind nicht direkt miteinander verbunden, seiner Ansicht nach werden beide durch eine Reaktion des Zwischenhirns auf eine emotional aufregende Situation hervorgerufen.

Nachfolgende physiologische Studien haben zwar erwiesen, daß der Thalamus bei emotionalen Reaktionen nicht beteiligt ist – der *Hypothalamus* und Teile des *limbischen Systems* dagegen spielen tatsächlich eine wesentliche Rolle. Der Hypothalamus ist eine kleine Hirnregion direkt über dem Hirnstamm, von dessen Zentren aus biologische Triebe wie Hunger, Durst und Sexualität gesteuert und hormonelle Aktivitäten kontrolliert werden. Eine elektrische Reizung verschiedener Teile des Hypothalamus ruft bei Tieren deutliche Anzeichen emotionalen Verhaltens hervor, insbesondere Angst und Wut. Das limbische System liegt im Mittelhirn, von dem aus das Erregungsniveau des Organismus kontrolliert und beispielsweise Vorgänge wie Wachen und Schlafen reguliert werden. Einen dramatischen Beweis für die Rolle des limbischen Systems bei emotionalem Verhalten lieferte ein Vorfall, der sich vor einigen Jahren in Texas ereignete. Ein Mann kletterte auf einen Turm der Universität und begann, wahllos mit seinem Gewehr um sich zu schießen. Er tötete mehr als ein Dutzend Menschen und verletzte zahlreiche weitere, bis er schließlich von der Polizei erschossen wurde. Eine Autopsie des Schützen ergab, daß er einen großen Tumor in der Hirnregion hatte, in der sich das limbische System befindet.

Es hat sich auch herausgestellt, daß eine geringfügige Reizung des Hypothalamus und des limbischen Systems zu gesteigerter Aktivität des autonomen Nervensystems führt, wie sie bei Emotionen auftritt. So irrte sich Cannon zwar, was die Rolle des Thalamus anging, doch er hatte recht, was die Beteiligung niederer Hirnregionen bei der Entstehung von Emotionen betraf. Er scheint zudem auch mit seiner Annahme recht behalten zu haben, daß es zwischen der Aktivität des autonomen Nervensystems und bestimmten Emotionen keine unmittelbare Verbindung gibt.

Konkrete Hinweise in diese Richtung lieferte ein französischer Arzt namens Maranon, der 210 Patienten Adrenalin injizierte. Das Hormon Adrenalin führte zu einer gesteigerten Aktivität des autonomen Nervensystems, die fast identisch war mit der, die bei Emotionen ausgelöst wird. Als er seine Patienten um eine Beschreibung ihrer derzeitigen Gefühlslage bat, schilderten über 70 Prozent nichts weiter als die physischen Reaktionen, ohne diesen bestimmte Gefühle zuzuordnen. Der Rest berichtete zwar von gewissen Empfindungen, charakterisierte diese allerdings als nur gefühlsähnlich und nicht als wirkliche Gefühle: Sie sagten nicht, sie fühlten sich glücklich oder ängstlich, sondern sie fühlten sich so, *als ob* sie ängstlich oder *als ob* sie glücklich wären. Dieses Ergebnis widerspricht der James-Lange-Theorie, bestätigt hingegen die Theorie von Cannon. Das heißt, die Versuchspersonen von Maranon empfanden keine bestimmten Gefühle aufgrund ihres physiologischen Arousals; sie konnten die körperlichen Auswirkungen der Injektion durchaus von der subjektiven Empfindung wirklicher Gefühle unterscheiden.

Maranons Befund brachte den Beweis, daß die James-Lange-Theorie tatsächlich falsch war und Cannons Theorie der Wahrheit näher kam. Doch damit war immer noch nicht geklärt, wieso wir überhaupt ganz bestimmte Gefühle entwickeln können, wenn doch die Reaktionen des autonomen Nervensystems unspezifisch sind. In anderen Worten: Wie wissen wir, daß wir glücklich oder traurig sind, wenn die jeweilige physiologische Erregung der beiden Emotionen dieselbe ist? Dies war die Frage, die das im folgenden beschriebene klassische Experiment beantworten sollte.

Stanley Schachter: Der kognitive Sozialpsychologe

Stanley Schachter wurde 1922 in New York geboren, besuchte staatliche Schulen und studierte an der Yale-Universität, wo er 1944 sein Examen absolvierte. Seine weitere Laufbahn wurde durch den Zweiten Weltkrieg unterbrochen, in dem er als Sergeant bei der Luftwaffe diente. Zu seinen militärischen Aufgaben gehörten psychologische Forschungen über die Sehschwierigkeiten von Piloten während des Luftkampfes. Nach dem Krieg arbeitete Schachter zwei Jahre am Massachusetts Institute of Technology, anschließend wechselte er an die Universität von Michigan, wo er 1950 promovierte.

Abb. 54: Stanley Schachter (1922) zeigte, wie der soziale Kontext bei der Entstehung von Emotionen die Erregung des autonomen Nervensystems beeinflußt

Schachters erste akademische Position war die eines Assistenzprofessors an der Universität von Minnesota in Minneapolis. Als er von dort 1958 an die Columbia-Universität überwechselte, war er bereits Professor für Psychologie. Mit Ausnahme von Gastprofessuren an anderen Universitäten blieb Schachter an der Columbia-Universität, wo er viele Jahre Dekan der psychologischen Fakultät war. Schachter hatte während seiner Zeit an der Columbia-Universität einen bedeutenden Einfluß auf seine Studenten und Kollegen. Zu letzteren gehörte Bibb Latané, der ihm von Minnesota nach Columbia folgte. Latanés klassische Forschung über das »Bystander«-Phänomen wird in Kapitel Acht beschrieben.

Schachter wurde mit dem Preis der Amerikanischen Psychologen-Vereinigung für Fortschritte auf dem Gebiet der Sozialpsychologie ausgezeichnet; 1969 verlieh ihm dieselbe Vereinigung den Preis für besondere wissenschaftliche Leistungen: »sein konsistentes, zusammenhängendes und kreatives Werk konnte unser Verständnis vom Verhalten in sozialem Kontext beträchtlich bereichern«.

Schachter hat tatsächlich auf mehreren Forschungsgebieten Bedeutendes geleistet, doch seine am häufigsten zitierte Forschungsarbeit ist das klassische Experiment über Emotionen. Dieses Experiment führte er zu Beginn der 60er Jahre gemeinsam mit seinem Kollegen Jerome Singer durch.

KLASSISCHES EXPERIMENT

Emotion und Kognition

Stanley Schachter

Schachter und Singer stimmten zwar Cannons Behauptung zu, daß Reaktionen des autonomen Nervensystems nicht spezifisch genug sind, um deutlich voneinander unterscheidbare Emotionen hervorzurufen; allerdings waren sie nicht ganz davon überzeugt, daß die James-Lange-Theorie vollkommen falsch war. Die beiden entwickelten eine Theorie, in der sie die gleichsam besten Teile der früheren Theorien mit einer dritten Größe – dem sozialen Kontext – vermittelten. Im wesentlichen postuliert ihre Theorie folgenden Zusammenhang: Ein Individuum, das einen Erregungszustand des autonomen Nervensystems erlebt, versucht dieses Arousal innerhalb des jeweiligen sozialen Kontextes zu interpretieren. So wird es beispielsweise ein Arousal während der Betrachtung einer Liebesszene im Kino als sexuelle Erregung deuten, bei Betrachtung eines Horrorfilmes dagegen als Angst. Schachter und Singer drückten es so aus:

Stellen Sie sich vor, ein Mann geht eine dunkle Straße entlang, plötzlich taucht vor ihm ein Mann mit einem Gewehr in der Hand auf. Die Wahrnehmungs-Denk-»Gestalt-mit-einem-Gewehr« löst irgendwie einen Zustand physiologischer Erregung aus; dieser Arousal-Zustand wird mit dem Wissen über dunkle Straßen und Gewehre interpretiert, und schließlich als »Angst« bezeichnet und erlebt.

Um diesen Zusammenhang experimentell nachweisen zu können, entwickelten sie eine etwas ausgeklügeltere Ver-

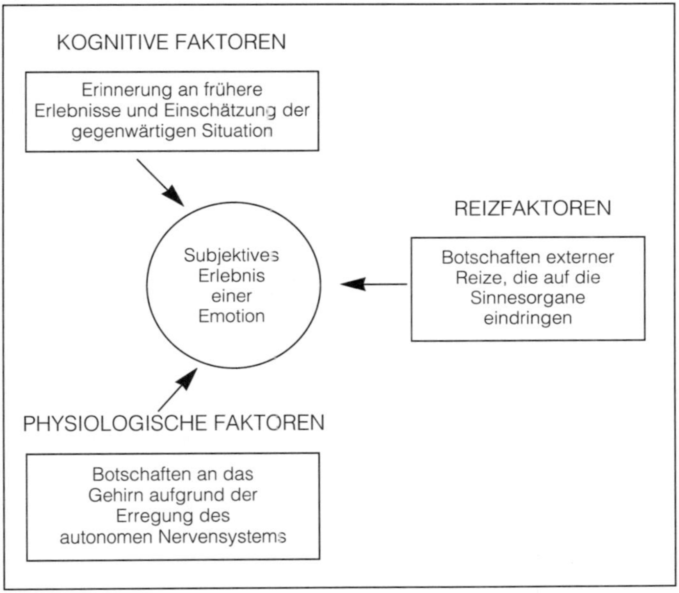

Abb. 55: Nach Schachters Theorie ist das subjektiv empfundene Gefühl das Resultat integrierter Informationen aus dem gegenwärtigen sozialen Kontext, vergangenen Erfahrungen und der Erregung des autonomen Nervensystems

sion des Experiments, das Maranon zwanzig Jahre zuvor durchgeführt hatte. Schachter und Singer behaupteten, Maranons Untersuchung sei keine angemessene Überprüfung der Theorien von Cannon oder James und Lange, denn da Maranons Patienten gewußt hätten, daß ihnen Adrenalin gespritzt wurde, sei es nur natürlich gewesen, ihr durch das Adrenalin hervorgerufene Arousal dem Medikament statt einem Gefühl zuzuschreiben. Wenn ihr Mund trocken wurde und ihr Herz schneller zu schlagen begann, schlossen Maranons Patienten nicht daraus, diese Symptome seien Hinweise auf ein bestimmtes Gefühl (wie es normalerweise der Fall wäre), sondern sie betrachteten sie als Auswirkungen der Injektion. Selbst solche Patienten, die »etwas ähnliches wie« bestimmte Gefühle empfanden, schrieben diese Empfindungen der Droge zu und sprachen daher auch von »Als-ob«-Emotionen.

Schachter und Singer fragten sich, was wohl geschehen wäre, wenn es Maranon irgendwie geschafft hätte, seinen Patienten die Droge einzuflößen, ohne daß diese es bemerkten (es ihnen zum Beispiel unbemerkt in den Kaffee geschüttet oder in die Luft gesprüht hätte). Denn unter diesen Umständen hätten die Patienten die Symptome der Erregung, die ihr autonomes Nervensystem produzierte, nicht der Droge zuschreiben können; sie hätten ja nicht einmal davon gewußt, daß sie mit dem Hormon in Berührung gekommen waren. Hätten sie in einem solchen Fall in ihrer momentanen Umgebung nach einer Erklärung für ihre plötzliche Erregung gesucht? Wenn beispielsweise etwas Komisches oder Bedrohliches passiert wäre, hätten sie sich dann etwa auch als fröhlich bezeichnet oder sich ängstlich gefühlt?

Dieses Experiment hätten Schachter und Singer gern durchgeführt, allerdings verbietet es der moralische Kodex wissenschaftlichen Experimentierens, Versuchspersonen ohne deren Zustimmung bestimmten Drogenwirkungen auszusetzen. Schachter und Singer konnten dies schließlich durch einen Kompromiß lösen, wobei die Ergebnisse ihres verantwortbaren Experimentes dennoch äußerst beeindruckend waren.

Schachter und Singer schrieben in ihrem Aushang, mit dem sie Versuchspersonen für ihr Experiment suchten, daß es sich um einen Versuch zur Auswirkung einer zusätzlichen Vitamingabe auf das Sehvermögen handle. Dieses Vitaminpräparat nannten sie Suproxin und erläuterten weiter, es werde den Versuchspersonen injiziert. In Wirklichkeit erhielten die Versuchspersonen entweder ein wirkungsloses Placebo (eine Salzlösung) oder eine geringe Dosis Adrena-

Abb. 56: Die Qualität von Emotionen wird durch eine Erwartung beeinflußt

lin. Den Versuchspersonen, die das Placebo erhielten, wurde gesagt, es sei nicht mit irgendwelchen Nebenwirkungen zu rechnen. Die übrigen Probanden – die allesamt Adrenalin erhielten – wurden drei Versuchsgruppen zugeordnet.

Den Versuchspersonen in der *informierten* Gruppe wurde erzählt, daß Suproxin Nebenwirkungen hat und daß sie nicht überrascht sein sollten, falls sie Herzklopfen und Hitzewallungen bekämen oder ihnen die Hände zitterten. Die Versuchsleiter gingen davon aus, daß diese Versuchsgruppe den Patienten von Maranon vergleichbar sei und ihre plötzliche Erregung des autonomen Nervensystems dem Medikament zuschreiben und über kaum oder gar keine Emotion berichten würden.

Den Versuchspersonen der zweiten Gruppe wurde versichert, bei Suproxin handle es sich um ein harmloses Medikament ohne Nebenwirkungen. Diese Instruktion sollte sie zwar davon abhalten, ihr Arousal der Droge zuzuschreiben, doch war sie nicht ganz unproblematisch; schließlich hatte man den Mitgliedern der informierten Gruppe mitgeteilt, daß sie Nebenwirkungen erwarten sollten, und allein die Erwartung von Symptomen hätte sie angespannt und nervös machen können, besonders im Vergleich mit der zweiten Gruppe, der ausdrücklich keine Nebenwirkungen vorausgesagt worden waren. Aus diesem Grund richteten die Versuchsleiter noch eine dritte Gruppe ein: die *falsch informierte* Gruppe. Diesen Versuchspersonen wurde mitgeteilt, es sei mit Nebenwirkungen zu rechnen – auf die sie ebenso gespannt warten würden wie die Mitglieder der *informierten* Gruppe –, doch waren diese Nebenwirkungen nicht diejenigen, die Adrenalin tatsächlich hervorruft: Statt Hitzewallungen und Herzklopfen wurden diesen Versuchspersonen kalte Füße, Hautjucken und leichte Kopfschmerzen vorhergesagt. Die *falsch informierte* Gruppe diente als Kontrollgruppe, um die Angst vor den vorausgesagten Nebenwirkungen experimentell kontrollieren zu können.

Schachter und Singer realisierten damit also eine experimentelle Situation, in der alle Versuchspersonen (außer denen, die ein Placebo erhielten) dasselbe Muster eines physiologischen Arousals erleben würden. Die eine Gruppe wußte, daß ihre Symptome von der erhaltenen Injektion stammten, während die anderen ihre Erregung nicht der Medikamentengabe zuschreiben konnten, weil ihnen entweder gesagt worden war, daß es nicht zu Nebenwirkungen kommen könnte oder weil sie ganz andere Nebenwirkungen erwarteten. Schachter und Singer glaubten, daß diejenigen Versuchspersonen, die nicht darauf gefaßt waren, daß die Droge ein Arousal auslöst, die Reaktionen ihres autonomen Nervensystems nicht der Droge zuschreiben und daher eine Emotion empfinden würden. Aus ihrer Theorie leiteten sie dabei die äußerst wichtige Voraussage ab, wonach das dann tatsächlich erlebte Gefühl vom sozialen Kontext abhängig sei, und Versuchspersonen in unterschiedlichen sozialen Situationen ihre Emotionen auch unterschiedlich deuten und erleben würden.

Schachter manipulierte den sozialen Kontext mit Hilfe eines Verbündeten. Nach der Injektion sollten die Versuchspersonen 20 Minuten warten, bevor weitere Tests mit ihnen gemacht würden, da das Medikament – so wurde ihnen mitgeteilt – erst nach diesen 20 Minuten wirken würde. In dieser Zeit sollte die Versuchsperson in einem Raum warten, zusammen mit einer anderen Person, die angeblich auch Versuchsperson, in Wirklichkeit aber Mitarbeiter des Projektes war. Nachdem der Versuchsleiter sich zurückgezogen hatte, um sich anderen Versuchspersonen zuzuwenden, trat dieser Mitarbeiter in Aktion. Bei der Hälfte der Versuchspersonen führte er sich »fröhlich« auf: Er malte Männchen auf einem Notizblock, spielte »Basketball«, indem er Papierkügelchen in eine Tasse warf, ließ Papierflugzeuge fliegen, spielte mit einem Hula-Hoop-Reifen und bemühte sich auf alle nur erdenkliche Weise, eine fröhliche Atmosphäre zu schaffen. Bei der anderen Hälfte der Versuchspersonen reagierte der Verbündete des Versuchsleiters ärgerlich bis wütend. Er regte sich insbesondere über einen Fragebogen auf, den beide in der Wartezeit ausfüllen sollten. Und dieser Fragebogen war auch tatsächlich ärgerlich, so enthielt er zum Beispiel die Frage: »Mit wieviel Männern hatte Ihre Mutter außereheliche Beziehungen? Unter vier ...; fünf bis neun ...; zehn und mehr ...« Der als Pseudo-Versuchsperson agierende Verbündete des Versuchsleiters wurde beim Ausfüllen des Fragebogens immer »wütender«, schließlich zerriß er den Fragebogen und warf ihn auf den Boden, mit den Worten: »Ich verschwende hier nur meine Zeit. Ich ... gehe.«

Schachter und Singer erwarteten, daß die Versuchspersonen, die vorher von der Wirkung des Adrenalins informiert worden waren, nur wenig Emotionen empfinden, da sie ihr Arousal der Droge statt dem Verhalten der anderen Person zuschreiben würden. Anders die Versuchspersonen, die entweder keine oder ganz andere Wirkungen der Droge erwarteten. Diese sollten sich in genau die Stimmung versetzt fühlen, die der Vertraute des Versuchsleiters zu schaffen versucht hatte (fröhlich oder ärgerlich).

Die beiden Psychologen beobachten das Geschehen durch einen Einweg-Spiegel, mit Fragebögen ermittelten sie die jeweilige »Stimmungslage« ihrer Versuchspersonen. Die Ergebnisse kamen ihren Vorhersagen schließlich sehr nahe. *Falsch informierte* Versuchspersonen verhielten sich eher wie der Mitarbeiter des Versuchsleiters und berichteten von einer ähnlichen Stimmung, wie dieser sie hervorrufen wollte. Die Forscher schlußfolgerten daraus, daß ihre Hypothese sich bestätigt hatte: Wer sich in einem Zustand physiologischer Erregung befindet, gibt diesem Zustand eine emotionale Bedeutung je nach dem sozialen Kontext, in dem er oder sie sich gerade befindet. Verändert man den Kontext, dann verändert sich damit auch die Emotion, selbst wenn der physiologische Zustand unverändert bleibt.

Ein etwas anderes Bild ergab sich bei der Placebo-Gruppe. Von ihr war ja erwartet worden, daß sie in diesem Experiment wenig Gefühl zeigen würde, da sie keine Arousal-produzierende Droge erhalten hatte. Dennoch stellte sich heraus, daß diese Versuchspersonen sehr wohl angaben, gerade ein bestimmtes Gefühl zu haben, und sie verhielten sich auch ähnlich wie der Verbündete des Versuchsleiters. Schachter und Singer nahmen an, daß diese Placebo-Versuchspersonen schon allein deshalb eine physiologische Erregung spürten, weil sie das Verhalten der Pseudo-Versuchsperson beobachteten. Die Forscher führten daraufhin ein weiteres Experiment durch, in dem der Adrenalin-Effekt nicht mit einem Placebo verglichen wurde, sondern mit einem Tranquilizer, der die Versuchsperson in den *entgegengesetzten* Zustand versetzte, also ihr autonomes Nervensystem nicht anregte, sondern dämpfte. In diesem Experiment wurde allen Versuchspersonen ein lustiger Film gezeigt. Als Reaktion auf den Film wurde jedes Schmunzeln

		ERWARTUNGEN DER VERSUCHSPERSON	
		Erwartet Symptome	Erwartet keine Symptome
VERHALTEN DES »KOMPLIZEN«	Wütend	Versuchsperson wird nicht durch »Komplizen« beeinflußt	Versuchsperson wird ärgerlich
	Fröhlich	Versuchsperson wird nicht durch »Komplizen« beeinflußt	Versuchsperson wird fröhlich

Abb. 57: Der Versuchsplan von Schachters Experiment. Die Versuchspersonen wurden einer von vier Versuchsbedingungen zugeordnet, je nachdem, was man ihnen über die Nebenwirkungen des Medikaments erzählt hatte und je nachdem, wie sich der Komplize des Versuchsleiters verhielt

oder Lachen jedes Zuschauers aufgezeichnet. Wie erwartet, fanden diejenigen, die Adrenalin injiziert bekommen hatten, den Film lustiger als diejenigen, die ein Beruhigungsmittel bekommen hatten.

Genau das war ja auch erwartet worden: Versuchspersonen mit angeregtem autonomen Nervensystem suchten in dem Kontext, der sie in dieser emotionalen Situation umgab, nach einer Erklärung. Da nichts anderes vorhanden war, was zu diesem Zeitpunkt eine emotionale Erregung bei ihnen hätte auslösen können, schlossen sie daraus, daß es der Film gewesen sein mußte, sie fanden ihn also lustig und fühlten sich fröhlich.

Die Ergebnisse dieses klassischen Experiments von Schachter und Singer und ihr zusätzlicher Befund stützen ihre Theorie der Emotionen. Die physiologischen Veränderungen, die eine Aktivierung des autonomen Nervensystems hervorrufen, sind tatsächlich unspezifisch. Das Gefühl eines Menschen (wenn er überhaupt ein solches empfindet) richtet sich nach dem jeweils wahrgenommenen Kontext, in dem er eine Aktivierung seines autonomen Nervensystems erlebt.

Ein anderer Psychologe, George Mandler, verglich Schachters und Singers Theorie der Emotionen mit einer Musikbox: Um sie in Gang zu setzen, muß man erst eine Münze einwerfen und dann eine Wahl treffen. Jedes davon kann man unabhängig voneinander tun, doch beides ist notwendig, um die Musik erklingen zu lassen. Die Münze setzt den Apparat in Bewegung, doch sie kann die Musik noch nicht zum Spielen bringen. Dazu muß man erst die Titel lesen und sich entscheiden, welchen man hören will. In dieser Analogie würde die Münze also der Erregung des autonomen Nervensystems entsprechen, sie kann eine große Vielzahl an Emotionen freisetzen, hat jedoch kein bestimmtes Muster, das die eine oder andere Emotion favorisiert. Und die kognitive Interpretation des sozialen Kontexts wäre der Auswahl eines Titels vergleichbar: Sie bestimmt die Emotion, die wir spüren – bzw. das Lied, das wir hören.

Die Theorie von Schachter und Singer konnte durch weitere Befunde belegt werden. Eine Richtung, aus der diese unterstützenden Ergebnisse kamen, sind medizinische Untersuchungen an gelähmten Menschen, also solchen, die eine schwere Verletzung der Wirbelsäule erlitten haben. Eine solche Verletzung führt dazu, daß der Betreffende in den entsprechenden Körperregionen nichts mehr empfindet und daher auch unfähig ist, eine Erregung des autonomen Nervensystems zu erleben. Nach Schachters Theorie dürften diese Schwerverletzten keine Emotion empfinden können, und diese Voraussage scheint tendenziell richtig zu sein.

In einer Studie wurden Veteranen der amerikanischen Armee, die aufgrund von Kriegsverletzungen gelähmt waren, in fünf Gruppen eingeteilt, je nach der Stelle in der Wirbelsäule, an der die Verletzung aufgetreten war. In der einen Gruppe waren Patienten, deren Verletzung am unteren Ende der Wirbelsäule lag und die daher nur zum Teil die Fähigkeit verloren hatten, eine Erregung des autonomen Nervensystems zu spüren. In einer anderen Gruppe waren Patienten, deren Verletzung in der Halsgegend lag und die infolgedessen so gut wie keine Reaktion ihres autonomen Nervensystems spüren konnten. Die anderen Patienten hatten Verletzungen, die zwischen diesen Extremen lagen. Alle Versuchspersonen wurden in angsterregende Situationen versetzt und gebeten, ihre Gefühle zu benennen, außerdem sollten sie die Intensität der erlebten Emotionen mit denen in ähnlichen Situationen vor ihrer Verletzung vergleichen. Die Forscher stellten fest, daß die Fähigkeit, Emotionalität zu erleben, mit aufsteigender Lähmung abnahm. Verglichen mit ihren Reaktionen vor der Verletzung berichteten die Versuchspersonen mit der stärksten Lähmung auch den stärksten Emotionalitätsverlust, die Patienten, deren Verletzung am unteren Ende der Wirbelsäule lag, dagegen die geringsten Verluste. Die Beschreibungen der Patienten zeigten auch, daß sich ihr Gefühlsleben nach der Verletzung verändert hatte. Manche sagten, sie seien in der Lage, ärgerlich zu reagieren, wenn dies erforderlich sei, doch sie erlebten jetzt nur »kalte« Wut, mehr eine Art »geistigen Zorn« als ein wirkliches Gefühl. Eine Versuchsperson schilderte dies so: »Ich sage, ich habe Angst, es ist, als wenn ich zu einer wirklich schweren Prüfung in der Schule müßte, aber ich spüre die Angst nicht wirklich, nicht diese Anspannung, dieses Zittern, dieses flaue Gefühl im Magen, wie das früher war.«

Der Psychologe Richard Lazarus konnte empirische Hinweise liefern, daß die Interpretation einer Situation nicht nur darüber entscheidet, welches Gefühl man bekommt, sondern auch darüber, ob es überhaupt zu einer Aktivierung des autonomen Nervensystems kommt. In einem gemeinsam mit mehreren Kollegen durchgeführten Experiment sahen studentische Versuchspersonen einen emotionsgeladenen Film, der die Initiationsriten eines Stammes australischer Ureinwohner zeigte, in diesem Fall eine primitive Operation am Geschlechtsorgan pubertierender Jungen. Drei verschiedene Tonspuren liefen mit dem Film zusammen ab und erzeugten einen jeweils verschiedenen »Wahrnehmungs-Hintergrund«. Im *Trauma-Soundtrack* wurden die blutrünstigen Teile des Filmes besonders betont, im *Verleugnungs-Soundtrack* ignoriert oder heruntergespielt, und in der *Rationalisierungs-Bedingung* wurde der Ritus ausschließlich vom Blickwinkel seiner anthropologischen Bedeutung aus erzählt. Verschiedene Gruppen von Versuchspersonen sahen den Film mit je einer dieser Tonspuren, die Kontrollgruppe sah ihn als Stummfilm. Die Forscher registrierten dabei die Herzfrequenz und den elektrischen Hautwiderstand der Versuchspersonen, zwei Indikatoren für eine Erregung des autonomen Nervensystems. Wie sich herausstellte, waren Herzschlag und Hautreaktion besonders bei den Versuchspersonen erhöht, die den *Trauma*-Soundtrack gehört hatten, im Vergleich etwa zu denjenigen, denen der Stummfilm vorgeführt worden war. Doch unter den Bedingungen *Verleugnung* und *Rationalisierung* blieben die Zuschauer innerlich fast völlig unbeteiligt, es waren so gut wie keine Veränderungen im Herzschlag und Hautwiderstand erkennbar. Die Forscher folgerten daraus, daß diese beiden Bedingungen die Versuchspersonen zu Interpretationen des Films veranlaßten, die seine emotionalen Aspekte herunterspielten. Ein Beleg also dafür, daß die kognitive Interpretation einer Situation die Reaktion des autonomen Nervensystems stark beeinflussen kann.

Einige Psychologen wie etwa Stuart Valins schätzen die physiologischen Bestandteile von Emotionen nicht so hoch ein wie Schachter und Singer, sondern betonen demgegenüber die Bedeutung kognitiver Aspekte. In einem Experiment von Valins saßen die Versuchspersonen dabei in einem abgedunkelten Raum, ein Mikrofon an die Brust geklebt. Eine Schnur verlief vom Mikrofon zu einem Tonband, und man erklärte den Versuchspersonen, während sie einige Fotos aus dem *Playboy* betrachteten, daß damit ihre Herzfrequenz aufgezeichnet und die Herztöne dann so verstärkt würden, daß die Versuchspersonen sie schon während der Aufzeichnung hören könnten. In Wirklichkeit wurde nichts aufgezeichnet, der Herzschlag, den die Versuchspersonen hörten, kam von einem vorbereiteten Tonband. An mehreren Stellen während der Diavorführung wurde dann nach dem Zufallsprinzip das Tonband schneller gestellt, so daß die Probanden »ihr« Herz schneller schlagen hörten. Am Ende des Experiments sollte jede Versuchsperson ihr Lieblingsfoto von all denen, die sie gesehen hatten, auswählen. Es zeigte sich, daß die Probanden am häufigsten die Fotos auswählten, bei deren Darbietung »ihr« Herz schneller geschlagen hatte: Offenbar diente ihnen dabei der falsche Herzschlag als »Beweis« ihrer eigenen psychischen Erregung, und sie interpretierten daher die Fotos als besonders aufregend. Auf den ersten Blick scheint dieser Befund mit der Theorie von Schachter und Singer unvereinbar zu sein, doch Nachfolgestudien zeigten, daß das Anhören eines angeblich eigenen schnellen Herzschlages *tatsächlich* ein Arousal hervorruft und so das Herz der Versuchspersonen wirklich beginnt, schneller zu schlagen. Valins Ergebnisse haben damit Schachters Theorie und die darin als notwendig postulierte physiologische Erregung letztlich nicht widerlegen können, allerdings rückten sie die kognitiven Aspekte von Emotionen noch stärker in den Vordergrund.

Es hat auch einige Versuche gegeben, medizinische Behandlungen auf Schachters Emotionstheorie aufzubauen. In einem Experiment beispielsweise gab man Patienten mit Einschlafstörungen ein Placebo: eine Zuckerpille. Der Hälfte der Versuchspersonen erklärte man, die Tablette bewirke, daß sich Spannungen lösten und man sich entspanne, während man die andere Hälfte darauf hinwies, sie könne eine physiologische Erregung hervorrufen (Anspannung, Herzklopfen). Dann beobachteten die Forscher, wie lange die Versuchspersonen nach Einnahme der Pille brauchten, um einzuschlafen. Die Ergebnisse wirkten zunächst paradox: 40 Prozent der Patienten mit der »Entspannungs«-Pille brauchten länger zum Einschlafen; dagegen schliefen 20 Prozent derjenigen, die eine »Anregungs«-Pille genommen hatten, schneller ein als vorher. Erklärung: Die Fähigkeit, die empfundene innere Anspannung äußeren Ursachen anlasten zu können, reduzierte wahrscheinlich bei diesen Patienten die Gefühle, die sie bislang vom Schlafen abgehalten hatten. Doch wer eine »Entspannungs«-Pille erhalten zu haben glaubte, konnte sich nur selbst für die mangelnde Entspannung verantwortlich machen (die möglicherweise noch schlimmer war als zuvor, da man sich ja »trotz« der Pille angespannt fühlte). Diese Versuchspersonen bekamen *stärkere* Gefühle und hatten daher mehr Einschlafprobleme als zuvor.

Schachters Theorie und sein gemeinsam mit Singer durchgeführtes klassisches Experiment haben den Psychologen dabei geholfen zu verstehen, wie derselbe körperliche Erregungszustand unterschiedliche Emotionen hervorrufen kann. Damit schuf sie die Grundlage für detailliertere Forschungen über das Wechselspiel zwischen sozialem Kontext, Erregung des autonomen Nervensystems und kognitiver Interpretation – Forschungen, die bis heute andauern.

Zum Weiterlesen

Darwin, C. R.: *Der Ausdruck der Gefühle bei Mensch und Tier.* Greno, Nördlingen 1987.

Euler, H. A., und Mandler, H. (Hrsg.): *Emotionspsychologie.* Urban & Schwarzenberg, München, 1983.

Schachter, S., und Singer, J. E.: *Cognitive, Social and Physiological of Emotional State.* In: Psychological Review, 69, S. 379–399, 1962.

Ulrich, D.: *Das Gefühl.* Urban & Schwarzenberg, München 1982.

Nachwort

Die fünfzehn Experimente, die in den beiden Bänden »Wie Pawlow auf den Hund kam ...« und »Wie Lorenz auf die Graugans kam« dargestellt wurden, beschäftigten sich mit einer Vielzahl von Fragestellungen, die von der Entwicklungspsychologie über die Neurophysiologie bis zur Sozialpsychologie reichen. Es gibt allerdings zahlreiche psychologische Themen, die nicht einmal erwähnt worden sind. Psycholinguistik, moralische Entwicklung, Alterspsychologie, Psychopharmakologie, Parapsychologie – die Liste ließe sich beliebig verlängern. All diese Forschungsgebiete entwickeln sich noch und werden sicherlich auch einmal Experimente hervorbringen, die man eines Tages als »Klassiker« bezeichnen wird.

Eines der neuen psychologischen Forschungsgebiete ist seit den 60er Jahren rasch gewachsen und bezieht seine wichtigsten Ideen aus der Computerwissenschaft. Die Psychologen, die auf diesem Gebiet arbeiten, betrachten den Computer dabei als eine Art Metapher für menschliches Denken. Da sowohl Computer wie Menschen Informationen prozeßhaft verarbeiten, versuchen die Psychologen, kognitive Prozesse im Computer zu *simulieren* und interpretieren ihre Computerprogramme als komplexe Theorien des menschlichen Denkens. Theorien über Informationsverarbeitungs-Prozesse gelten als bedeutende Beiträge bei der Erforschung des menschlichen Verhaltens. Ein führender Vertreter dieser Forschung, Herbert Simon, hat für seine Arbeit den Nobelpreis erhalten.

Ein weiterer Trend in der modernen Psychologie ist die Betonung angewandter Forschung und praktischer Probleme. Dies wurde in Kapitel Vier annäherungsweise deutlich, als es um das Eingreifen oder Nichteingreifen von Augenzeugen in Notsituationen ging. In den letzten Jahren haben sich die Psychologen auch mit der Luft- und Raumfahrttechnik beschäftig, in ergonomischen Untersuchungen »benutzerfreundliche« Maschinen mitentwickelt und Wohn-Umwelten mitgeplant, die den Bedürfnissen der Menschen entgegenkommen.

Die Psychologie entwickelt und verändert sich also stetig weiter. In jeder ihrer Disziplinen gibt es große Diskussionen, wenn neue Theorien die alten ersetzen, und neue Forschergenerationen weiterführen oder in Frage stellen, was die vorherigen begonnen haben. Die Tatsache, daß die Psychologie als Wissenschaft heute über gesicherte Fundamente verfügt, verdankt sie großenteils der in diesem Buch erwähnten Forscher. Drei von ihnen – Pawlow, Sperry und Lorenz – wurden mit dem Nobelpreis ausgezeichnet, die anderen mit zahlreichen weiteren wissenschaftlichen Auszeichnungen geehrt. Obwohl sie alle wesentliche Beiträge für den Fortschritt der Psychologie geleistet haben und sehr viele von ihnen über 80 Jahre alt wurden, stellen die klassischen Experimentalpsychologen keine homogene Gruppe dar. Sie stammen aus zahlreichen verschiedenen Ländern – USA, Australien, Österreich, Großbritannien, Deutschland, Polen, Rußland, Schweiz – und lebten zu verschiedenen Zeiten. Es gibt allerdings ein bedeutendes Merkmal, das ihnen allen gemeinsam ist: ein besonderes Interesse am Verhalten von Menschen, verbunden mit der notwendigen Entschlossenheit und Fähigkeit, qualitativ hochwertige Forschungsarbeiten durchzuführen. Solange die Psychologie solche Wissenschaftler hervorbringt, kann diese Wissenschaft nur gedeihen.

Bildnachweis

Abb. 1: W. Meischner/E. Eschler, Wilhelm Wundt. Köln 1979, Seite 2.
Abb. 2, 7: The Granger Collection. New York.
Abb. 3, 22: Archiv Gerstenberg, Wietze.
Abb. 4: D. Krech/R. S. Crutchfield u. a., Grundlagen der Psychologie Band 3. Weinheim und Basel 1985, Seite 13.
Abb. 5: Henry Gleitman, Basic Psychology. New York/London 1987.
Abb. 6, 11, 12, 24, 25, 27, 30, 31, 36, 38, 40, 41, 42, 43, 44, 45, 53, 55, 57, 60, 61, 69, 71, 74, 75, 87, 89: Steven Schwartz (Originalausgabe), Pavlov's Heirs. North Ryde (Australien) und London 1987. © Steven Schwartz.
Abb. 8: Sigmund Freud Copyrights Ltd., London.
Abb. 9: Mit freundlicher Genehmigung von Professor Benjamin Harris, aus Watsons Film »Experimental Investigation of Babies« (1919).
Abb. 10, 14, 15: L. C. McHenry, Garrison's History of Neurology, 1969. Abgedruckt mit freundlicher Genehmigung von Charles C. Thomas Verlag, Springfield, Illinois.
Abb. 13: John Davies, Princeton/New Jersey.
Abb. 16: N. Geschwind, Specializations of the human brain. Scientific American 241 (3), 1979.
Abb. 17: Ullstein Bilderdienst, Berlin.
Abb. 18, 19: M. Gazzaniga/E. Le Doux, The Integrated Mind. Plenum Publishing Co., New York 1978.
Abb. 20: R. Sperry, Hemispheric deconnection and unity in conscious awareness. American Psychologist 23, 1968. © 1968 American Psychological Association. Abgedruckt mit freundlicher Genehmigung des Verlages und des Autors.
Abb. 21: P. Russell, The Brain Book. Routledge & Kegan Paul, London (E. P. Dutton, Inc., New York) 1979.
Abb. 23, 88: National Library of Medicine. In: Gleitman, a.a.O.
Abb. 26, 28: Woodworth and Schlosberg's Experimental Psychology. Hrsg. von J. W. Kling/L. A. Riggs. © 1971 Holt, Rinehard & Winston, Inc.; abgedruckt mit Genehmigung von CBS College Publishing.
Abb. 29: Wellcome Institute Library, London.
Abb. 32: Werner F. Bonin, Die großen Psychologen (Hermes Handlexikon). Düsseldorf 1983, Seite 345 unten.
Abb. 33: F. C. Bartlett, Remembering. Cambridge University Press. Cambridge 1932.
Abb. 34: E. Loftus/C. Loftus, Journal of Verbal Learning and Verbal Behavior 13. Academic Press. New York 1974.
Abb. 35: R. S. Nickerson/M. J.Adams, »Long-term memory for a common object«. Cognitive Psychology 11, 1979.
Abb. 37: J. P. Frisby, Seeing. Oxford University Press 1979. Abgedruckt mit Genehmigung von Roxby Press, London.

Abb. 39: R. N. Haber/M. Hershenson, The Psychology of Visual Perception. Holt, Rinehart & Winston. New York 1973.
Abb. 46, 52, 58, 82, 85: R. L.Atkinson et al, Introduction to Psychology (8. Aufl.). Harcourt Brace Jovanovich. New York 1983.
Abb. 47: Eleanor J. Gibson. Ithaca, New York.
Abb. 48: J. J. Gibson, »Observations on active touch«. Psychological Review 69, 1962. © 1962 American Psychological Association. Abgedruckt mit Genehmigung des Verlages.
Abb. 49: R. Plutchik, »A language for the emotions«. Psychology Today 13, 1980.
Abb. 50: P. Ekman, Darwin and Facial Expression. Academic Press. New York 1973.
Abb. 51: L. F. Schaffer, »Fear and courage in aerial combat«. Journal of Consulting Psychology 11, 1947.
Abb. 54: Privatarchiv S. Schachter
Abb. 56: Psychologie heute 2, 1978.

Register

Die **fett gedruckten** Seitenzahlen verweisen auf Experimentbeschreibungen

Z